全国司法警官院校“十二五”规划教材

总主编　王恒勤

法律援助理论与实务

主　　编　付少军　刘燕玲

副 主 编　蒋若薇　黄共兴

编写人员　（以撰写章节先后为序）

刘燕玲　蒋若薇　付少军

董　键　郭　辉　黄共兴

齐蕴博

中国检察出版社

图书在版编目（CIP）数据

法律援助理论与实务/付少军，刘燕玲主编．—北京：中国检察出版社，2013.2
ISBN 978－7－5102－0822－5

Ⅰ.①法… Ⅱ.①付… ②刘… Ⅲ.①法律援助－中国－高等学校－教材
Ⅳ.①D926

中国版本图书馆 CIP 数据核字（2013）第 004352 号

法律援助理论与实务

主编/付少军　刘燕玲　　副主编/蒋若薇　黄共兴

出版发行：中国检察出版社
社　　址：北京市石景山区鲁谷东街 5 号（100040）
网　　址：中国检察出版社（www.zgjccbs.com）
电　　话：(010)68650028(编辑)　68650015(发行)　68636518(门市)
经　　销：新华书店
印　　刷：三河市西华印务有限公司
开　　本：720 mm×960 mm　16 开
印　　张：14.75 印张
字　　数：265 千字
版　　次：2013 年 2 月第一版　　2014 年 1 月第二次印刷
书　　号：ISBN 978－7－5102－0822－5
定　　价：28.00 元

全国司法警官院校"十二五"规划教材
编　委　会

薄锡年　河北司法警官职业学院副院长、副教授
刘志刚　四川司法警官职业学院党委副书记
陈志林　四川司法警官职业学院副院长、副教授
肇启军　辽宁警官高等专科学校副校长、副教授
周云伟　云南司法警官职业学院副院长
段战平　陕西警官学院副院长、教授
张　伟　新疆兵团警官高等专科学校副校长、副研究员
胡配军　江苏省司法警官高等职业学校副校长、副教授
周桂祥　黑龙江司法警官职业学院院长助理
李永清　湖南司法警官职业学院司法系主任、副教授

总　序

王恒勤*

为深入贯彻落实科学发展观，实现经济社会又好又快发展，促进社会主义和谐社会建设，我国制定了国民经济和社会发展第十二个五年规划。这一规划，对于继承和发扬新中国成立60年以来的成就，巩固和发展改革开放30年以来的成果，加快推进社会主义现代化建设，实现全面建设小康社会的宏伟目标，具有十分重大的意义。当前，各行各业都在设计和描绘未来中国社会发展的美好蓝图。在教育领域，国家已经制定了符合中国国情和时代要求的《国家中长期教育改革和发展规划纲要（2010—2020年）》，为办好人民满意的教育作出不懈努力。在司法行政领域，司法行政机关作为政府的重要部门，担负着执行国家法律、为社会提供法律服务、开展法制宣传等重要职责。党和国家历来高度重视司法行政工作，特别是近年来，在构建社会主义和谐社会的伟大进程中，司法行政工作在维护社会稳定、实现社会公平正义方面发挥着越来越重要的作用，司法行政的职能不断拓展，任务越来越艰巨。为适应司法行政事业的发展和司法警官队伍专业化、职业化建设的需求，我国迅速建起了以中央司法警官学院为代表，各省司法警官职业学院为基础的具有学历教育性质的司法警官教育体系。主动适应新时期司法行政工作对司法警官队伍建设的要求，满足我国司法警官院校培养高素质人才的需要，探索、建设适应这种需要的教材体系，是当前司法警官院校教学改革和教材建设中面临的一项重要任务。鉴于此，我们面向全国司法警官院校，遴选、组织了一批学术水平高、治学作风严谨、教学经验丰富、注重理论联系实际的专家学者，在充分吸收已有的优秀教改成果、认真探讨和研究教学内容改革的

* 作者为第十届、第十一届全国人大代表，中央司法警官学院党委书记、院长、教授。

基础上，编写了一套具有司法警官教育专业特色的、适应性强的“全国司法警官院校‘十二五’规划教材”。

编写本套教材的指导思想是：以中国特色社会主义理论体系为指导，全面贯彻落实科学发展观，贯彻党的教育方针，坚持社会主义法治理念，以我国现行法律法规为依据，以司法警官院校人才培养目标为导向，在认真总结我国司法工作实践经验的基础上，强调理论联系实际，突出继承性、前沿性和应用性，同时有选择地吸收国外的相关理论和经验，全面、系统、科学、规范地反映我国司法实践的全貌。本套教材具有以下几个突出特点：

第一，具有整合性。主要是指学科内容和学科队伍的整合。本套教材包括司法警官教育相关专业所确定的主要专业课程和专业基础课程。刑事司法活动，涉及侦查、审判与执行的各个方面，对这些内容需要整体把握和系统考虑，需要运用多学科的知识，多视角、多层面地进行综合研究。为此，必须通过学科整合的方式才能达到理想的效果。参加本套教材编写的主编及作者，涉及法学、犯罪学、监狱学、侦查学、心理学、社会学等领域的专家学者，也涉及监狱、公安、检察、法院、司法行政等部门的领导和专家，他们学术功底扎实，学风踏实，且绝大多数是各学科的学术骨干，专业理论造诣较为深厚，教学实践经验较为丰富，形成了实力较强、朝气蓬勃的编写阵容。

第二，具有继承性和创新性。本套教材首先注重总结和吸纳改革开放以来我国司法实践中已经取得的成功经验和形成的理论体系，贴近司法实践，体现司法改革，反映司法成果。在此基础上，突出创新性，把握各学科的知识前沿。特别是通过教材中的“延伸阅读”部分，将各学科研究的前沿成果介绍给未来的司法警官们，让他们在学习基本知识、掌握学科体系的同时，把握学科研究的最新方向，了解最新研究成果。这样，既注意创新，又注意守恒，将知识的系统性、学术性、新颖性有机结合起来，很好地适应了新时期司法警官教育教学的需要和学生的特点。

第三，具有应用性。本套教材在强调知识的继承与创新的同时，更加注重对司法实践工作的指导价值。以实现高等司法警官教育人才培养目标为导向，强调理论联系实际，突出应用性和操作性。为了更好地促进司法系统应用型高级专门人才的培养，根据现代司法活动运作机制与司法实践的需要，注重学生实际操作能力的训练和提高。

这套“全国司法警官院校‘十二五’规划教材”的出版，从某种意义上讲，是近年来各司法警官院校在教学和科研中所取得成果的一次集中展示，也是对各司法警官院校在专业教材编写上的一次综合检验。组织编撰和编辑出版大规模的规划教材，是一项十分繁重的工程。我们首先要感谢各位主编和参编的专家学者，是他们的艰辛努力和无私奉献，使得本套丛书的研究任务得以完成。同时，我们要感谢中国检察出版社的领导和编辑，尤其是庞建兵主任，是他们将本套教材列入检察出版社的出版规划，使之成为奉献给新世纪司法警官教育的精品教材。我们相信，在今后的教学实践中，这套教材将会不断完善，并对提高我国司法警官院校的教育教学质量，培养高素质的专门人才发挥积极的作用。

司法行政专业系列教材
出版说明

司法部党组高举中国特色社会主义伟大旗帜，坚持以邓小平理论和“三个代表”重要思想为指导，深入贯彻落实科学发展观，积极推进司法行政体制和工作机制改革，在监狱劳教（戒毒）、律师公证、人民调解、社区矫正、安置帮教、法律援助、司法鉴定、法制宣传、司法行政队伍建设和基层司法所建设等领域都取得了突出成绩，为构建社会主义和谐社会作出了突出贡献。

中央司法警官学院是司法部直属的唯一普通高等院校，是司法行政系统的最高学府，作为司法行政后备人才培养基地、司法行政领导干部和高级警官培训基地、司法行政理论研究创新基地，始终围绕司法部中心工作，为司法行政事业健康发展服务。在后备人才培养方面，根据司法行政工作对后备人才培养的需求，在加强监狱劳教专业的同时，先后增设社会学（社会工作与社区矫正方向）、法学（司法行政方向）、法学（知识产权方向）、汉语言文学（法制宣传与法制文学方向）、信息管理与信息系统（司法信息安全方向）、法学（律师方向）等本科专业及专业方向，建成了独具特色的学科专业体系。在司法行政领导干部和高级警官培训方面，学院根据司法部党组的安排，2002 年以来，先后承办了全国监狱局长、政委及劳教局长、政委培训，全国监狱长、政委及劳教所长、政委培训，全国地市司法局长培训，全国县、市（区）司法局长培训，全国各省司法厅公证执业管理处、法制宣传处、司法考试处、司法鉴定处、外事协作处等业务处处长培训，司法部机关纪检监察领导干部培训，全国律师事务所主任、全国律师事务所党支部书记培训等各类培训班 152 期，培训司法行政系统领导干部、高级警官 22740 人，为司法行政系统干部队伍整体素质的提高作出了贡献。在司法行政理论研究创新方面，学院先后建立了全国监狱劳教文献信息中心、现代监管技术实验中心、现代教育技术中心、监狱理论研究中心、矫正教育研究中心、律师工作研究中心、人民调解研究中心等专门研究机构和研究辅助机构，法律系还设立了司法行政教研室，加强对司法行政学科领域有重大影响的全局性、战略性、基础性、前瞻性课题的研究。组织编写了学院重大课题《构建和谐社会进程中的司法行政工作研究》、《人民调解理论与实务》、《劳教戒毒工作标准化与质量评估体系研究》、《世界矫正发展趋势与中国特色社会主义监狱理论体系研究》并已出版，有的研究成果获得司法部及有关部门奖励。

近年来，为了进一步推进司法行政事业的改革发展，提升司法行政工作水平，司法部党组高度重视司法行政理论研究工作。2010 年 7 月吴爱英部长在全国司法厅（局）长会议上明确提出："必须把司法行政工作作为一门学问来看待，把每一项工作作为一门专业来研究，切实加强专业化建设，以专业化建设推进司法行政事业发展。""要大力加强司法行政学科建设，增强基础理论研究的系统性、科学性，提高司法行政基础理论研究层次和水平。"2011 年 7 月 18 日吴爱英部长在全国司法厅（局）长研讨班上的讲话中进一步强调："要把司法行政工作当做一门学问来钻研，进一步深化对司法行政各业务领域理论实践问题研究，努力形成监狱学、律师学、公证学等多学科共同支撑的司法行政学科体系，为促进司法行政工作又好又快发展提供强有力的理论支持。"

为贯彻落实司法部党组的指示精神，确保后备人才培养质量，更好地为司法行政工作服务，2010 年 8 月学院在总结近年来专业人才培养经验的基础上，着手编写适应司法行政工作需要的，符合教育教学规律的法学（司法行政专业方向）本科系列教材。本系列教材作为法学（司法行政专业方向）的专业教材，是司法行政专业学科建设的核心，是特色人才培养和提高人才培养质量、深化教学改革的需要和保证，在编写中力求体现以下几个特点：

第一，科学性。教材的编写必须符合司法行政工作对专业后备人才的需求，符合司法行政专业方向的培养目标。既要体现司法行政制度的一般性特征，也要反映适合我国国情的独特特色；既要符合课程建设的要求，又要体现课程体系改革的需要。同时，教材的编写还应当在满足教学大纲要求的前提下，根据学生的实际基础和接受能力，努力做到理论与实际相结合，难易相结合，突出重点和难点，便于学生对知识的理解和接受。

第二，先进性。作为司法行政方向的专业系列教材，应当反映司法行政实际工作中的先进经验和改革成果，吸收理论界公认的最新研究成果，不仅要反映学科发展的现状，而且要反映学科发展的趋势，努力做到体现现代教育思想、教育理念，符合司法行政工作对人才素质的要求。

第三，应用性。教材应根据司法行政各项业务工作的特点，充分体现其科学的管理理念、管理方式和管理手段，反映司法行政各项业务工作的运行机制、工作程序和操作流程，发挥教材为应用型人才培养服务的功能和作用。

第四，教育教学性。教材作为传播知识的载体，着重培养学生的思维能力、分析问题和解决问题的能力以及创新思维的能力，努力使教材做到不仅传授给学生丰富的专业知识，而且使其学会获取新知识的方式方法，培养其发展后劲，为将来更好地为司法行政工作服务奠定坚实基础。

需要说明的是，司法行政学科作为一个新兴学科，其建设发展刚刚起步，尚不成熟，学界还没有完全揭示其特色与规律，加之编者水平有限，本系列教材难免有不当之处，还望专家学者批评指正。

司法行政专业系列教材总主编 王恒勤

目　录

第一章　法律援助概述

【本章要点】

本章重点阐述了法律援助的概念、性质和特征，介绍了法律援助的价值、功能以及我国建立法律援助制度的意义。

第一节　法律援助的概念、性质和特征

一、法律援助的概念

“法律援助”是一个在西方国家有数百年历史的古老的法律制度，但在中国，法律援助出现较晚。

“法律援助”最早源于英国，英文表述为“Legal Aid”，字面意思为法律帮助。最初在我国，法律界人士对于“Legal Aid”的意译有所不同，主要有“法律援助”、“法律救助”、“法律扶助”、“法律救援”等。在日本和我国台湾，均称为“法律扶助”。1994 年司法部明确提出了中国特色法律援助的提法，并逐渐为学术界和实务界普遍采用。

要研究法律援助问题，首先应对其概念进行明确和界定。

在制度文本上，由于各国法律援助制度运行的模式不同，对法律援助的定义也不相同。例如 2000 年《日本民事法律援助法》第 2 条明确规定：“本法所称民事案件法律援助服务，是指公民因经济困难不能负担因准备和进行法庭上的民事案件、家事案件或行政案件的法律程序而发生的必要费用，或因负担该费用而可能导致严重的经济困难而提供的服务。”《美国法律服务公司法》第 1002 条第 5 款规定：“法律援助（Legal Assisance）是指与本条款相符合的任何有关法律服务的规定。”《韩国法律援助法》第 2 条规定：“本法中的‘法律援助’指为了达到第 1 条规定的宗旨，由律师或《公设律师法案》规定的公设律师提供的法律咨询、诉讼代理和所有与法律事务有关的其他形式的支持。”

从以上各国立法对法律援助的定义来看，大都体现了这样一种基本内涵，即法律援助已经从传统的慈善和道义行为，演变为国家对公民的一种法律保障职

责，虽然对法律援助的定义有所不同，但都体现了国家通过设立专门的组织或机构，为特定群体提供法律上的帮助和服务的制度定位。

我国的《法律援助条例》和其他现行法中并没有明确法律援助的定义，1997年司法部下发的《关于开展法律援助工作的通知》曾对法律援助的定义有所涉及，并指出法律援助是“在国家设立的法律援助机构的指导和协调下，律师、公证员、基层法律工作者等法律服务人员为经济困难或特殊案件的当事人给予减、免收费，提供法律援助的一项法律制度”。但该表述并不科学和严谨，没有准确反映法律援助的责任性质、服务范围等核心内容，因此不能作为法律援助的定义使用。

法律援助的本质是提供法律服务，这一点毋庸置疑。从现有的研究看，对法律援助的定义通常考虑四个要素：法律援助的主体、责任性质、援助对象以及服务范围。由于各国之间历史文化背景、政治经济制度的差异，专家学者们从不同角度和侧重点出发，对法律援助的概念也有不同的界定。

（一）法律援助的主体

在理论界，对于法律援助的主体有多元说和单一说两种观点。

主体多元说是指把法律援助的主体定义为律师、公证员、基层法律工作者等法律服务人员。如我国司法部在《司法部关于开展法律援助工作的通知》中所称：“法律援助，是指在国家设立的法律援助机构的指导和协调下，律师、公证员、基层法律工作者等法律服务人员为经济困难或特殊案件的当事人给予减、免收费提供法律帮助的一项法律制度。”

主体单一说是把法律援助仅仅看成是律师提供的法律援助。如在国外，《牛津法律词典》中关于“法律援助规则”的词条规定，“法律援助是指律师从公共基金中提取费用并对无力负担诉讼的民事当事人和刑事被告人提供法律帮助。”在国内，有学者也主张法律援助仅仅是律师提供的法律援助，并认为“法律援助，是指在当事人确须律师的法律服务，却又无力支付律师费用时，由国家负责为其提供法律帮助的制度”。

我们认为法律援助的主体应当是多元化的。既要有律师参与并提供的法律服务，也要有基层法律工作者、公证员等法律服务人员提供的法律帮助。

（二）法律援助的责任

法律援助应当是一种国家责任，还是国家和社会的共同责任，在理论上一直存在着争议，由此形成了绝对国家责任说、相对国家责任说、国家和社会责任结合说。

绝对国家责任说，是指把法律援助定义为国家绝对的责任，有学者撰文指出：“法律援助是政府为经济上有困难的当事人以及无能力为自己辩护的未成年人、残疾人减免费用，提供法律帮助的一项制度。"① 另有学者这样给法律援助下定义："法律援助制度，是指国家在司法制度运行的各个环节和各个层次上，对因经济困难及其他因素而难以通过通常意义上的法律救济手段保障自身基本社会权利的弱者，减免收费提供法律帮助的一项法律保障制度。"②

相对国家责任说，是指国家虽然对法律援助负有责任，但只负责指导和协调，而不是纯领导式的。如有学者认为"法律援助是指在国家设立的法律援助机构的指导和协调下，为经济困难的或特殊案件的当事人给予减、免收费提供法律帮助的一项法律制度"。

国家和社会责任结合说，是指认为法律援助是国家和社会共同的责任，有学者撰文指出："法律援助制度，是国家和社会对某些经济困难和特殊案件的当事人给予减免费用或者义务提供法律帮助的一项法律制度。"还有学者认为，法律援助应当是指以政府为主导兼有政府和社会相结合的一种援助行为。

我们认为法律援助应当是国家和社会的共同责任，但应以国家为主导，社会进行积极配合和帮助。例如法律援助资金可以接受社会的捐赠、可以积极引导和鼓励更多的公民成为法律援助志愿者等。

（三）法律援助的对象

对于应当具备何种条件的人才能成为法律援助的对象，存在着单一说和复合说两种看法。

单一说是指把法律援助的对象定为"穷人"，这种观点为西方大多数国家所赞同。如英国《简明不列颠百科全书》中称"法律援助是指法律上对诉讼案件中在伸张正义和维护权利的困难者予以援助的社会制度"。1996 年版的电子出版物《格洛莱尔百科全书》也称："法律援助是为穷人提供法律帮助的一项制度。"

复合说是指法律援助的对象不但包括"穷人"，而且还包括"特殊案件当事人"。如有学者撰文指出："法律援助制度，是为世界各国普遍采用的国家对因经济困难无力支付法律服务费用的当事人或特殊案件的当事人减、免收费提供法律帮助的一项司法救济制度。"③ 司法部在《关于开展法律援助工作的通知》中也持这种观点。

我们认为，法律援助的对象不仅应当包括经济困难的群体，也应当包括一些特殊案件的当事人。如可能判处死刑案件的犯罪嫌疑人、被告人；抚恤金案件的

① 周在祥：《法律援助工作需要关注的几个问题》，载《中国律师报》1997 年 7 月 16 日。

② 张耕主编：《法律援助制度比较研究》，法律出版社 1997 年版，第 4 页。

③ 郑天姝：《法律援助：一种慈善行为》，载《检察日报》1996 年 8 月 21 日。

当事人等。

（四）法律援助的范围

从法律援助的范围和方式来说，在理论上有诉讼说和诉讼或非诉说两种不同观点。

所谓诉讼说，是指把法律援助的范围仅限于诉讼事务，如日本《新法律学辞典》对法律援助作如下解释："法律援助是指法律上对诉讼案件中在伸张正义和维护权利的困难者予以援助的社会制度。"台湾地区一些学者也持这种观点，认为"平民之法律扶助，乃对无力聘请律师之诉讼当事人，予以免费为法律上之扶助，而维护其合法之权益"。①

所谓诉讼或非诉说，是指法律援助的范围既包括诉讼事务又包括非诉讼事务，如《美国大百科全书》将法律援助解释为"由政府或行政性的法律组织，免费或者少收费为因经济困难而不能聘请律师的人提供法律咨询、法庭代理等项帮助的一种法律制度"。国内有学者指出："提供法律援助主要采取以下形式：法律咨询、代拟法律文书、提供法律意见；刑事辩护和刑事代理；民事诉讼代理；行政诉讼代理；非诉讼法事务代理；公证证明等。"

从我国关于法律援助的研究和相关规定看，法律援助的范围既包括诉讼事务，如刑事案件的辩护、民事诉讼案件的代理；也包括非诉讼事务，如代写法律文书、对民事纠纷进行调解等。

基于以上考察，根据我国的国情以及我国现有关于法律援助的相关规定，结合法律援助从主体、责任、对象、范围等四方面的分析和探讨，我们这样为法律援助定义：法律援助是指在国家和社会共担责任的前提下，由国家设立法律援助专门机构，组织律师、公证员、基层法律工作者等法律服务人员为经济困难或特殊案件当事人给予减免收费、提供诉讼或非诉法律帮助的一项法律救济制度。

二、法律援助的性质

法律援助的性质是指法律援助内在的根本属性。明确法律援助的性质，具有重大的理论与现实意义，法律援助的性质决定了它的价值定位与发展模式。

通过对法律援助理论研究和制度实践的比较分析，我们认为法律援助应当是政府和社会相结合的一种法律救济行为，但应当以政府为主导。这样的性质定位更符合法律援助的根本属性。理由如下：其一，从各国法律援助的发展状况来看，法律援助主体呈现出多元化发展的态势。法律援助主体向多元化发展，不仅能够弥补政府法律援助资源的不足，而且可以为困难群众提供全方位、多角度的

---

① 蒋耀祖：《中美司法制度比较研究》，台湾商务印书馆1976年版，第230页。

法律服务。因此，将法律援助确定为政府和社会的共同责任，动员一切可以利用的社会力量参与这一事业，有利于法律援助的完善和稳步发展；其二，把法律援助定位为法律救济行为，既体现了对弱势群体权利的保护，也是对社会不平等的调整。正如有学者所言："给穷人以诉讼，给弱者以法律援助，这或许是对畸形发展的社会的一次矫正。"① 把法律援助定位为一种法律救济行为，体现了法律援助的特性。

对于法律援助的性质，理论界也有着不同的看法，归纳起来主要有以下四种观点：

（一）"慈善行为"说

在法律援助制度产生的初期，法律援助是私人宗教组织、慈善组织等民间团体针对穷人所开展的一种慈善行为，他们均基于良心或道义从事这种慈善行为，并且在相当长的时期内持续。因此，早期的法律援助，较为经常地表述为"法律救济"、"法律救助"、"法律扶助"。我国学者中持有这种观点的人以郑天姝为代表，他认为法律援助是"一种慈善行为"，是人们出于善心而自发的行为，不是一种法律上的责任，无任何强制性，提供法律援助完全系自身道德理念所驱使，人们并无法定义务，政府不能以强制力作后盾加以干涉。

（二）"社会保障制度"说

法律援助制度发展到一定历史阶段，以瑞典、丹麦为代表的高福利国家将法律援助制度纳入本国福利制度体系，法律援助由国家统一实施，法律援助的资金投入和实际操作主要采取"政府包办"的形式，法律援助实际被作为社会保障制度来看待。在我国，持有这种观点的人以张志越为代表，他认为法律援助是"一种社会保障制度"。法律援助是弱者的福音，是国家、政府伸向"穷人"的援助之手，法律援助是实现社会保障权能的程序性保障，当公民的权利无法实现或被侵害时，他们有权利借助法律援助制度保障自己合法权利的最终实现。

（三）"国家责任"说

有学者认为"法律援助是国家的责任"。将法律援助定义为国家责任，有利于国家依法对法律援助制度的实施进行管理，便于明确国家权力的执行者即各级政府在依法设立法律援助机构、保障法律援助经费等方面的义务。在我国，持有这种观点的人以章武生为代表，他认为"法律援助是国家的责任。国家责任的重要体现是国家财政对法律援助的投入，当然还包括国家的管理责任等内容"。②"法律面前人人平等"是我国宪法规定的基本原则，宪法和法律也规定了公民享

① 张耕主编：《法律援助制度比较研究》，法律出版社 1997 年版，第 170 页。

② 章武生：《中国律师制度研究》，中国法制出版社 1999 年版，第 246 页。

有广泛的政治、经济和其他社会权利，国家有责任为实现这些权利提供物质和制度保障。当社会成员因经济困难无力获得必需的法律帮助时，国家有义务提供帮助，给予他们平等的保护其合法权利的机会，以实现社会公平和正义。

（四）“政府行为与社会行为相结合”说

有学者认为“法律援助的提供者包括政府和非政府组织，最好把两者结合起来。吸纳多种服务提供者能使法律援助计划更接近推广司法公正的目标”。①还有学者认为，我国的法律援助应该定性为政府行为和社会行为的结合。

上述四种观点均有合理之处，第四种观点是目前大多数学者认可的观点。

三、法律援助的特征

法律援助具有以下几个基本特征：

（一）受援对象的特定性

法律援助的对象通常为经济困难群体或特殊案件的当事人，并非一般的当事人。由于经济困难，当该类群体需要法律帮助时却无力支付法律服务费用，正是为了保证经济困难者能够平等地获得法律帮助，许多国家设立了法律援助制度。因此，法律援助制度从设立之日起，它的对象就具有特殊性，主要是经济上的困难者或特殊案件的当事人。

我国《法律援助条例》第10条就规定了法律援助的对象条件，公民对“（一）依法请求国家赔偿的；（二）请求给予社会保险待遇或者最低生活保障待遇的；（三）请求发给抚恤金、救济金的；（四）请求给付赡养费、抚养费、扶养费的；（五）请求支付劳动报酬的；（六）主张因见义勇为行为产生的民事权益的”等六种情形，需要代理的事项，因经济困难没有委托代理人的，可以向法律援助机构申请法律援助。

（二）援助内容的特殊性

法律援助不同于其他的援助，援助内容并非纯粹的金钱或者物质救助，而是法律知识和技能，也就是与法律相关的活动和行为。法律援助的这一特征决定了提供援助的主体必须具备一定的条件或能力。在我国，律师、公证员、基层法律服务人员等都可以成为法律援助的主体，他们都是熟悉或精通法律专业知识，具备一定的法律服务经验和技能的人，能够为法律援助对象提供代理诉讼、担任辩护人、解答法律咨询、代写法律文书、公证证明等帮助，他们行为的内容具有较强的法律专业性。

---

① 贾午光主编：《国外境外法律援助制度新编》，崔杨、郑自文译，中国方正出版社2008年第1版，第164—172页。

（三）援助行为的无偿性或福利性

法律援助的本质属性决定了其具有无偿性和福利性的特征。法律援助作为一项公益事业，只要是符合条件的经济困难者和特殊案件的当事人，都能够得到法律援助主体所提供的法律服务，对受援者来说他们所得到的服务一般是免收或减收费用的，这些费用原则上由政府来支付，具有一定的福利性。但对于不符合法律援助条件者，当他们需要获得法律服务时，是必须支付相应报酬的。

（四）援助形式的多样性

法律援助具有多样化的形式，既有诉讼法律援助，也有非诉讼法律援助。主要有：第一，法律咨询。让公民知道自己有哪些合法权益，哪些权益遭到了侵害，如何获得相应的救济和保护。第二，代理诉讼活动。主要包括刑事辩护和刑事代理、民事诉讼代理、行政诉讼代理，援助者代理受援者参与整个诉讼活动。第三，代理非诉讼法律活动。如代拟法律文书、仲裁代理及其他非诉讼法律事务代理。

（五）援助力量的二元化

从法律援助的力量来源看，有政府力量（公力）和社会力量（私力）两种。其中，政府力量援助体现为一种国家法定责任，也是最为可靠的力量，因为维护整个社会的公平正义是政府的重要责任，而法律援助是责任政府、法治政府的重要体现。社会力量援助体现为一种自愿性，包括高校、社会团体、个人都可以加入到法律援助中，一切可以动员的力量都可以发动起来。从实际情况看，公力援助虽然有一定的局限性，但更具有保障性和稳定性；社会力量援助更具广泛性，但也具有一定的易变性和不稳定性。

第二节　法律援助的价值与功能

一、法律援助的价值基础

目前，国际上较为普遍地将“法治”、“公正”和“平等”这三项基本价值作为法律援助制度价值基础。除此以外，效率也应当成为法律援助的价值基础。

（一）法治价值

“法治”是一种治国方略或社会调控方式，其核心价值在于权力制约和权利保障。简而言之，法律必须被尊重和遵守，追求法治是人类对秩序的内在需求。

从法治的内容来讲，资产阶级启蒙思想家们所倡导的“法治”，其价值包括法律至上、法律面前人人平等、人民主权、权力制衡等基本原则。就现代社会而言，“法治”价值的内涵则随着时代的发展和法制的完善不断向着人权扩张和如何有效实现民权的方向发展。其具体内容应当包括“人民主权”原则、“公民的权利和自由必须由法律予以尊重和保护”、“法律面前人人平等”、“法律对一切正当的利益应予以无差别保护”等内容。

从法治的基础来讲，法律程序的正当性是公民权利的重要保障。法律上的正当程序尤其要求参与诉讼的当事人有权获得法律专业人员的帮助。尤其是在一些诉讼案件中，如果没有法律专业人员的帮助，当事人便无法清楚地了解诉讼的相关程序、诉讼权利及其结果，更无法及时主张权利、有效维护自己的权益。

然而由于经济困难，有一部分人因负担不起高昂的法律服务费用而无法被纳入司法的途径来解决纠纷和保障权利，这就需要国家建立某种制度来解决此类问题，避免法外的粗暴解决机制可能造成的冲突或矛盾。

因此，法治原则使得政府有责任为公民获得法律保护提供必要的保障，以使公民充分享有权利并得以实现权利。也就是说，法律援助的正当理由之一是国家对法治的承诺，而法律援助制度是建立法治国家的必要条件之一。

（二）公正价值

公平正义是人类社会的基本理念和核心价值追求。正如有学者所说，正义是社会制度的首要价值，正像真理是思想体系的首要价值一样；在一个公正的社会里，平等的公民自由是确定不移的，由正义所保障的权利绝不受制于政治的交易和社会利益的权衡。公正与一定的社会基本制度密切相关，从某种意义上说，公正表现为社会制度能够给公民提供一个“给每一个人所应得的”基本生存环境。

在当代中国，公平正义是社会主义法治的基本理念之一，而要实现公平正义，必须建立能够实现公平正义的制度保障。公正的司法制度能够矫正社会权利分配不公和社会体制造成的不合理，保护社会弱势群体，是公民实现实体权利的有力保障。

在现行司法制度中，公民占有经济资源的多少与获得司法资源的多寡密切相关，进而直接影响着公民维护自身合法权益的能力。也就是说，获得司法资源多的公民往往在司法活动中处于优势地位，维护自身合法权益的能力也就越强。如果缺乏一种保障社会弱势群体平等地进入司法程序并获得法律帮助的机制，公正也就无从谈起。法律援助正是对贫弱者实现公平司法保护的一种保障性制度安排。公民要维护自身的合法权益，必须使其有效地接近法律规范，得到具备专业法律知识和服务技能的人员的帮助。法律援助的功能就此彰显，具体表现在：第一，通过提供法律援助能有效帮助经济困难的人们真正实现法律上的平等权利；第二，使刑事程序正当化成为可能，使控、辩两方势力获得平衡，使犯罪嫌疑人、被告人依法获得有效辩护的机会。如果忽视甚至否定法律援助，将会造成贫弱群体对司法公正及社会公平正义的信任危机。对司法公正与法律权威的动摇恰恰是导致社会不安定的一个重要因素。如果否定法律援助，一些特殊刑事案件中的被告人则享受不到充分且公正的辩护，控辩双方的力量对比失衡将会导致被告得不到公正审判，这将有悖于程序正当原则，且不利于实体正义的实现。因此，法律援助制度是保障司法公正乃至社会公平正义的必要制度。

（三）平等价值

平等意味着对社会成员基本尊严和基本权利同等的认可和保护，我国宪法明文规定了“公民在法律面前一律平等”的原则。“法律面前人人平等”的要义包括两方面：一是法律面前人的主体的平等，即任何人在法律面前地位平等，不允许超越法律的特权人员存在；二是所有的主体都能平等地获得法律的保护。主体平等是平等保护的前提，平等保护是主体平等的保障，二者不可偏废。

随着社会发展和人民物质生活水平的不断提高，广大人民群众对平等享有、平等保护、平等参与、平等发展的要求越来越强烈，特别是困难群体更加渴望公平和平等，不仅要求有效解决问题，还期待感受法律的正义；不仅要求实体权益得到保护，还期待程序的公正；不仅要求合法权益得到维护，还期待降低维权成本、减少讼累。因此，为了使宪法、法律上规定的形式平等变成实质平等，政府有责任在必要时给弱势群体提供获得法律帮助的机会。对于弱势群体而言，由于经济困难无力支付相应的法律服务费用，他们往往失去获得法律保护的机会。让每一个公民平等地享有司法资源，在司法程序上获得平等的救济机会，保障所有的社会公民不会因其自身的不利原因而被法律拒之门外，受到法律平等的保护，是法律援助制度所追求的核心目标，也是法律援助制度的司法利益所在。

尤其是在刑事诉讼中，处于控方的追诉者具有较高或者很高的业务素质，熟知控诉和追诉技巧，且有国家强制力作后盾，相对于刑事犯罪嫌疑人、被告人的人身自由受到限制乃至剥夺，且很多人不懂法律而言，控方优势地位显著。因此，在上述控辩双方对抗的诉讼过程中，法律有义务对处于弱势、劣势的刑事被告人提供法律援助，使其得到法律上、诉讼技巧上、诉讼力量上的帮助，纠正控辩失衡的状态，才能实现控辩双方在诉讼中的平衡或者大体平衡，实现矛盾双方平等对抗的实质价值。

（四）效率价值

法律援助是国家和政府的责任。国家有义务为寻求法律救济的个人提供获得公平的司法帮助的机会，法律援助制度要求“应援尽援”，但经费不足是许多建立了法律援助制度国家的共性问题，也成为制约法律援助事业发展的“瓶颈”。如何利用有限的资源实现法律援助司法利益的最大化，效率理所当然地成为法律援助制度所追求的价值。

质量和效益是法律援助效率价值追求的基本内容。一方面，国家必须投入必要的人力、财力来建立和完善法律援助制度，切实履行法律援助义务，保证让公民享有实实在在的获得法律援助的机会。因此，应重视法律援助的成本效益，不断提高法律援助资金的使用效益。另一方面，法律服务质量是法律援助的生命。法律援助制度比较发达的国家在法律援助不断发展过程中逐步确立了“以当事人为中心”的制度观念，非常重视法律援助服务的质量和效果。因此，我们要在保障法律援助服务资金的前提下，不断改进和完善法律援助服务标准和评价体系。法律援助机构必须依法为不能支付法律服务费用的公民提供有效、高质的法律帮助，使其获得法律救济的机会，才能真正体现法律援助以扶弱助困为己任的价值目标。

二、法律援助的功能

法律援助作为司法制度的一部分，追求社会公平和正义的目的决定了其具有以下功能：

(一) 人权保障功能

大多数国家都在宪法中以公民基本权利的形式规定了“人权”的内容，并在一般法律中以各种具体权利的形式将其明确化和具体化。尊重和保护公民人权，也是我国宪法和法律的重要任务。我国法律援助制度是国家给予那些需要依照法定程序实现和保护自己合法权益，但因经济困难、无力支付法律服务费用的公民以经济上的帮助，使法律赋予公民的权利在实际中能得以公平实现，侧重于司法救济和保障。这一内涵本身决定了国家法律援助制度与保障人权之间密不可分的联系，它不仅是国家保障人权的重要手段，而且是公民基本人权的内容之一。

从法理上讲，人的一切合法权利都不受非法侵犯，遭到侵犯就可以诉诸法律途径而得到救济。法律援助就是典型的人权工程，其实质也是民生工程，可以帮助困难群众及时有效地运用法律武器维护其合法权益，依法解决就学、就业、就医、居住、养老等事关群众切身利益的问题。尤其是公力援助，一定要最大限度发挥其应有的作用，要严格按照法律的规定启动法律援助程序，对于符合条件的要坚决、及时给予援助，积极帮助援助对象解决问题。要为那些因缺钱而“打不起”官司，因缺法律知识而不知“怎样打”官司，因缺诉讼能力而“不能打”官司，因缺胆量而“不敢打”官司，在诉讼过程中或权利实现过程中明显可能处于劣势地位的人，通过提供法律援助来保护他们的合法权益。法律援助制度可以为他们提供获得平等的法律专业服务的机会，使其权利的平等实现能够得以保障，尤其在刑事诉讼过程中和其他涉及人权的领域中，法律援助的人权保障功能更加凸显。从这个意义上说，法律援助制度的具体实施是一项保障人权的重要制度。

（二）弥补功能

法律援助的弥补功能可以从两个层面来理解：

首先，从法律制度这个层面来理解，它能弥补法律制度的某些缺陷。"法律面前人人平等"是宪法规定的一项原则，它以法律的形式赋予了公民平等权，而这些平等权的实现需要一系列具体制度加以落实。在市场经济条件下，随着法治的日益健全，社会成员所享有的政治权利、经济权利和其他社会权利愈来愈广泛；同时随着社会的进步，法治文明的推进，社会成员的平等意识、法治观念也日益增强，社会成员之间出现的各种权利纷争必然会大量地采用诉讼或非诉讼的途径解决。但是，由于贫困的客观存在以及市场经济不可避免地造成个人贫富差距的扩大，使得一部分社会成员在遇到法律纠纷时无钱请律师或其他法律服务人员，于是矛盾就出现了，这种矛盾体现为存在法定权利的平等与保障权利实现的经济条件的不平等。法律援助的建立，给经济困难的社会成员提供无偿的法律服务，不但有助于消除经济上的困难，帮助经济上处于弱势的当事人，而且从法律制度这个层面上，弥补了因经济不平等的矛盾所造成的缺陷。

其次，从司法公正层面上来看，法律援助弥补了司法机制存在的某些缺陷。司法公正是诉讼的总价值目标，也是一个现代法治国家的重要标志，尤其是在刑事诉讼过程中，司法公正的意义显得更加重要。以刑事诉讼为例，在刑事案件中，犯罪嫌疑人、被告人处于特殊地位，法律知识的缺乏、人身自由的限制以及心理上的恐吓，往往使得他们没有能力很好地维护自己的合法权益，他们需要掌握法律知识又有诉讼技能的律师的帮助。尤其是一些经济困难或生理上存在缺陷的刑事案件犯罪嫌疑人、被告人，如果没有律师提供帮助，面对强大的控诉方他们无法或无力收集证据、提供证据、发表自己的辩护意见，犯罪嫌疑人、被告人的辩护权得不到最充分的行使，既不利于保护他们的合法权利，也不利于司法机关准确定罪量刑。就刑事诉讼而言，对刑事被告人实施法律援助，是一个国家刑事司法公正的标志。依据我国《刑事诉讼法》的相关规定，在公诉人出庭的公诉案件中，被告人中有的因经济困难或者因其他原因不能聘请律师为自己辩护，有的被告人因是盲、聋、哑或者未成年人特别需要律师为其辩护以弥补生理缺陷或者智力之不足，或者有的可能被判处死刑因为无钱或者本人放弃聘请律师为其辩护的权利等而没有委托律师。对上述被告人无论属何种情形，为了保障他们依法享有的基本人权的需要，人民法院可以或者应当依法指定律师为他们辩护。现代法治对于刑事审判公正原则的基本要求之一，"就是任何涉及对刑事被告人是否构成犯罪以及如何处罚的审判，都必须给予他充分的辩护权，包括保障其获得律师帮助的权利，没有律师辩护的刑事审判，在程序上不能说是公正的审判。”①

因此，建立法律援助制度，对经济上确有困难的诉讼案件当事人提供法律服务，是弥补司法机制缺陷的重要措施之一。

（三）对法律服务资源再分配功能

我国《律师法》第2条规定律师为“执业人员”，律师的性质决定了其工作的有偿性，也就是说律师提供的法律服务绝大部分是收费的，以提供法律服务获取相应报酬。律师服务的有偿性使法律服务资源流向在社会上具备一定经济条件的成员，在社会中具备一定经济条件的成员能够凭自己雄厚的经济实力享受社会法律服务资源。但贫穷总是不可避免地存在着，经济困难群体由于经济上的困境很难甚至无法享受到有偿的法律服务资源，如果没有一种制度对法律服务资源予以再分配，那么法律服务的“盲区”就会出现。而如果不能和经济上的“富裕”者平等共享法律服务资源，对“贫穷”者来说就意味着“不平等”，即使法律赋予了公民许多权利，当经济困难群体需要运用法律武器捍卫自己的合法权利时，也会因为请不起律师或其他法律服务人员而无法更好地保护自己的权利，如果这样，社会的不公平、不平等现象就会越来越多。

法律援助对经济困难群体提供无偿的法律服务，使法律服务资源流向的缺陷得到矫正，“贫穷”者的“平等”、“正义”能够得到和其他成员一样合法的维护，法律援助能够使法律服务资源在所有社会成员之间得到共享。因此，“法律援助实质上是国家通过制度化的形式，对法律服务资源进行分配，以保障贫弱残疾者不因经济能力、生理缺陷所限而平等地获得法律帮助。”②

（四）安定功能

稳定是社会发展的前提，现代社会的稳定和发展是建立在全体社会成员的平等相处、和谐一致的基础上的，如果一个社会普遍存在以富压贫、以强凌弱的现象，因贫困或其他特殊情况而在社会中处于弱势的群体如果因为没有良好的法律机制给予救助，其合法权益经常性地得不到保护和实现，社会的稳定就会遭到破坏，矛盾和冲突就会日渐增加。

法律作为社会关系的调节器，对于维护和促进整个社会的协调、稳定发展具有巨大作用。法的核心价值是公平正义，法律应当普遍地和公平地保护社会成员的权益，当法律具备了公平的要件时就会得到全社会成员的信仰和遵守。贫、

① 张耕主编：《法律援助制度比较研究》，法律出版社1997年版，第11页。

② ［美］威廉·里斯·小史密斯：《法律援助在美国：未来方向》，载宫晓冰主编：《各国法律援助理论研究》，中国方正出版社1999年版，第178页。

弱、残疾者等社会弱势群体，往往处于社会的最底层，生存压力显然要比其他人更大，因生存而走上违法犯罪道路的也不在少数。因此，保护他们的合法权益，既是政府的责任，也是社会的责任。法律援助作为一种专门保护弱者的法律制度，有利于把因经济困难和其他特殊原因未能纳入法律调整的社会关系重新纳入法律的轨道，可以更加切实维护弱势群体的合法权益，有效避免新的社会矛盾甚至冲突，使这类最易引发社会矛盾和影响社会稳定的纠纷得以较好地解决。对社会弱势群体提供法律援助，体现了国家和社会对他们的人文关怀，促使公民树立对法治的坚定信念。同时，法律援助也可以成为国家与特殊社会群体之间交流的重要纽带，通过提供法律援助，能够有效地维护社会稳定，其安定的功能得到了充分显现，国际律协主席 William Reece Smith. Jr. 说："社会的安定和国家的稳定依赖于保障穷人有能力求助于司法制度的切实保护。"①

第三节　我国建立法律援助制度的意义

法律援助制度的确立，翻开了我国法制建设新的一页，是健全我国社会主义法制的重要内容，促进了我国民主化、法制化的进程，意义重大。

一、法律援助制度是我国司法诉讼制度的重要配套机制

20 世纪 80 年代以后，我国的司法诉讼制度出现了重大改革，从过去推行多年的"职权主义"审判模式逐步转变为"控辩式"的诉讼方式。

在原来的刑事诉讼中，由于实行"职权主义"的诉讼方式，法院主动调查、收集刑事被告人的被控证据，在事实上承担了本应由检察机关承担的部分控告和举证责任，由此给公众造成一种印象，法院似乎集控审职能于一身。因为调查和收集证据，法官往往提前介入案件的审理，容易造成先入为主的印象，从而导致案件先定后审，法官中立的地位被破坏，开庭审判不过是走形式、走过场。在改革后的"控辩式"诉讼制度中，检察机关依法行使控告和举证的职能，刑事被告人的辩护律师依法行使为其辩护，证明其无罪、罪轻或者从轻、减轻情节的职能。法官不再主动收集证据，而是保持中立的裁判地位，客观、公正听取控辩双方的举证、质证、辩论，以客观事实为根据，以法律规定为准绳，最终作出公正的判决。在"控辩式"刑事诉讼中，控诉、辩护、审判职能进行了严格的分工，基本形成了公诉人、律师和法官"三足鼎立"的局面。刑事诉讼中如果没有律

---

①［美］威廉·里斯·小史密斯：《法律援助在美国：未来方向》，载宫晓冰主编：《各国法律援助理论研究》，中国方正出版社 1999 年版，第 170 页。

师的辩护，恐怕无法被称为严格意义上的诉讼。因此，律师在“控辩式”的刑事诉讼中的地位和作用显而易见。

在民事诉讼中，原被告的法律地位完全平等。在“职权主义”的诉讼模式中，法院主动调查和收集证据，证据的可信度较高，质证、认证过程中出现的问题并不突出。但同样容易导致法官先入为主，先判后审，从而忽略对当事人诉讼权利的保障，可能导致实体审判的不公正。在我国审判制度改革后，法律越来越强调民事诉讼当事人在诉讼中的主体地位，明确规定了民事诉讼中的当事人对自己的诉讼主张承担举证责任，绝大部分的证据都需要当事人自己提供，由此对当事人收集和调查证据的能力提出了一定的要求。而另一方面，基于双方对各自诉讼利益的追求，双方当事人通常都只提供对自己有利的证据，证据的可信度就出现了问题，由此决定了诉讼中质证环节的重要性，又对当事人质证的法律技能提出了要求。简而言之，在“控辩式”诉讼模式中，对诉讼当事人在主张权利、举证、质证和辩论等方面的法律知识和诉讼技能的要求有了很大的提高，而一般情况下，当事人都不具备适应“控辩式”审判模式所需要的法律知识和诉讼技能条件，因此，必须借助于律师提供的专门法律服务，律师在诉讼中的法律服务一方面体现了双方当事人程序性权利的实现，另一方面，确保了民事诉讼中原被告双方“平等”对抗的结果，有利于通过程序公正的实现来得到实体公正，促进了司法公正的实现。

由此可见，在“控辩式”诉讼制度中，无论是在刑事诉讼中还是在民事诉讼中，律师对当事人提供法律服务的作用越来越重要。而我国和大多数国家一样，对执业律师实行的是有偿法律服务的制度，所以当事人经济状况的好坏与其能否支付服务费用获得律师的帮助有着直接的关系。因此，我国司法诉讼制度的改革还远远没有结束。必须进一步完善与之相配套的一系列相关机制，才能使得“控辩式”的诉讼制度真正发挥其预期的效果，真正实现司法公正。而建立和实施法律援助制度，就是从法律层面调节贫富差距，保障司法公正的必然选择，也是完善我国司法诉讼制度的重要的配套机制。

二、法律援助制度是社会保障法律体系的重要组成部分

社会保障措施的落实与社会保障体系的完善，对于一个国家社会稳定局面的维系具有举足轻重的作用。依法治国的战略目标决定了要实现完善社会保障的目标，必然要建立完善的社会保障法律体系。

社会保障法律体系不仅包括实体性保障法律制度，还包括程序性保障法律制度。实体性保障主要以国家通过立法形式，对社会保障对象在什么条件下可以享受国家提供的各种社会保障以及应获得的各种权益的数量、形式、内容等作出明

确规定，并予以具体落实。而程序性保障主要涉及社会保障对象依照实体性保障法律规范的规定所享有的各种物质利益和合法权益，应通过何种法定程序得以实现以及在实现该利益的过程中产生纷争了该如何解决等。由于社会保障的对象往往是经济困难群体，他们实现程序性权利所需要的法律服务费用个人无力负担，无法维护自己的合法权益，一旦合法权益受到侵害，遇到要通过非诉讼或诉讼形式解决的纷争时，需要政府提供法律帮助。

而法律援助就是对需要获得法律帮助的困难群体通过保障其程序性权利的实现，从而最终实现实体权利的必要制度。因此，建立健全符合我国国情的法律援助制度，是完善社会保障法律体系的重要内容，而完善的社会保障法律体系，是实现“完善社会保障”，有效化解利益纷争和社会矛盾，保障社会稳定的必要条件。

三、法律援助制度是保障法律规定的社会关系得以实现的重要方式

法律援助制度的建立，为法律社会关系的实现提供了司法程序上的保证。① 法律作为复杂社会关系的调节器，它以国家强制力为后盾，以国家意志的形式确定公民的具体权利与义务来规范公民在社会各个领域中的复杂关系，所以也可将其称为法律社会关系。但法律规范所规定的社会关系不会自动转化为现实的社会关系，它需要与之相配套的司法程序制度加以保障。英国政治家波林鲁克曾指出：“制定法律是一件易事，难的是使它们有效。”

司法实践中大量的事例也充分证明，在法律规范的适用过程中，存在诸多的困难与阻碍，其中因公民经济收入差异而影响法律社会关系的实现就是困难之一。各国的法律援助制度，多是基于这样的事实而建立起来的。法律援助制度的建立，其意义不仅在于减免了当事人的法律服务费用，使其获得法律帮助，更重要的是最大限度弥补了法律规范调整的缺陷甚至“死角”，通过保护当事人平等的诉讼权利，使司法程序制度得到进一步完善，切实保障了法律所规定的社会关系得以实现。

【思考题】

1. 如何界定法律援助的概念？
2. 怎样理解法律援助的性质？

---

① 参见桑宁：《建立法律援助制度保障法律社会关系的实现》，载肖扬主编：《探索有中国特色的法律援助制度》，法律出版社 1996 年版，第 15 页。

3. 简述法律援助的特征。

4. 怎样理解和把握法律援助的价值与功能?

5. 简述我国建立法律援助制度的意义。

第二章 法律援助制度的历史沿革

【本章要点】

本章介绍了西方国家法律援助制度的萌芽以及西方国家近现代法律援助制度的确立，重点讲述了我国法律援助制度的确立与发展，特别是新中国法律援助制度的确立与发展的历史进程。

法律援助制度是人类社会法治文明和法律文化发展到一定阶段的必然产物，是否拥有完善的法律援助制度是现代社会衡量一个国家法治水平和文明进步程度的重要标志。无论是在中国还是在其他国家，这项制度都经历了萌芽、产生、发展的历史过程。

第一节 西方法律援助制度的历史进程

法律援助制度在西方社会产生和发展，经历了由最初律师自发地对穷人提供免费服务的小范围的道义行为或社会团体的慈善行为，逐步演变为国家保障公民实现合法权益的国家义务和政府责任行为的历史过程。

一、西方国家法律援助制度的萌芽

法律援助制度的发展与律师职业的发展具有不可分割的密切联系。律师职业在古罗马时代已经产生，但是，在之后相当长一段历史时期内，享受律师所提供的法律服务一直是社会统治阶级及富有阶层的特权，穷人则与此无缘。进入中世纪以后，英国已经废除了农奴制度，农民在法律上获得了人身自由，资本主义生产方式开始萌芽和发展。一种专门为“穷人”服务的法律服务方式也悄然兴起。

早在 1424 年，苏格兰的一项法规创立了穷人登记册制度。根据该制度，有提起诉讼的需要但受财产条件限制的人，有资格免费得到法律顾问和代理人的帮助①。15 世纪末（1495 年），苏格兰王亨利七世的一个法案中规定“正义应当

① 陶髦、宋英辉、肖胜喜：《律师制度比较研究》，中国政法大学出版社 1995 年版，第 211 页。

同样给予贫困的人，根据正义原则任命的律师应当同样地为穷苦人服务”，要求当时的律师公会为关押、待审判的穷人提供免费的法律代理，还承认穷人享有免付诉讼费的权利。他还作出一项开明的决定：“正义……应当同样给予贫困的人以及那些根据他们自己的自由裁量权行事的人……同样地，应当根据正义原则任命律师，律师应同样地为穷苦人……服务。”① 在英格兰，高等法院和上诉法院依据《最高法院章程》，对不能支付民事诉讼费用的人给予法律援助。这些法案和制度的提出，掀开了西方法律援助历史的扉页，称得上是近现代法律援助制度的雏形和起源。据此，较多的法制史学者认为法律援助制度起源于英国。

二、西方国家近现代法律援助制度的确立

近现代法律援助制度的产生与发展，大致可以分为以下三个阶段：②

（一）慈善事业阶段的法律援助制度

欧洲进入中世纪后，文艺复兴运动推动封建社会向资本主义社会过渡，随着资本主义生产方式的出现和社会变革的兴起，新兴的资产阶级为了争得平等的社会地位而提出了“天赋人权”、“主权在民”、“法律面前人人平等”等口号，并积极支持在有关法律制度中订立给予穷人提供法律援助的内容。

1771 年，西班牙国王查理三世颁布皇室法令，命令律师协会处理涉及关押在法院拘留所的穷人的案件时，建立轮换为穷人免费辩护的制度；1855 年西班牙的第一部《民事诉讼法》第 179 条进一步以法律形式对无偿法律援助作出了规定。1781 年《奥地利法院程序法典》第 8 条规定了国家为穷苦当事人支付案件费用的义务。1873 年法国《雅各宾宪法》第 96 条也规定“被告人应有自行选定的辩护人或公设辩护人”。公设辩护人一般附属于法院，领取固定薪金，其职责是为无力聘请或不愿聘请律师的被告人辩护。在这一阶段提供法律援助的对象主要限于在刑事案件中贫穷的被告人，而没有涉及民事案件和非诉讼领域。

当时提供法律援助的组织机关主要有以下三种：（1）宗教组织。宗教组织向“穷人”提供法律援助，基于乐善好施的动机，它们通过这一途径不仅可以赢得社会赞誉，而且还能够吸引更多的信徒。（2）慈善机构和民间社团组织。在 19 世纪以前慈善机构和民间社团组织空前活跃，他们成为这一时期提供法律援助的主体。“1876 年，美国纽约市的一群富裕的德国裔美国人成立了一个‘德

① 司法部法律援助中心：《中国法律援助制度诞生的前前后后》，中国方正出版社 1998 年版，第 3 页。

② 肖扬主编：《探索有中国特色的法律援助制度》，法律出版社 1996 年版，第 20—30 页。

国人法律援助社’，目的是使新一拨德国移民免遭美国司法制度的伤害。几年之后，‘德国人法律援助社’易名为纽约法律援助社。”① 这是世界上第一个法律援助协会，这个组织当时所实施的“是作为民间自治组织的慈善行为，与政府没有任何的联系”②。(3) 某些行政机关。这些行政机关偶尔提供的一些法律援助，完全是出于道义的当做积德行善的“善”举，而非法定义务。

在这一时期法律援助被定位为一种慈善行为，提供法律援助完全是律师的自发行为，是出于律师的道德和“良知”，具有随意性，而不具有国家强制性，更没有上升到国家责任的高度。但也正是通过这一“慈善事业阶段”法律援助工作的开展，在一定程度上缓和了资产阶级残酷剥削带来的两极分化所导致的矛盾，维护了资产阶级的统治秩序，为法律援助制度的进一步发展提供了良好的基础。于是，德国、法国、意大利、加拿大、美国、日本等资本主义国家相继制订了法律援助制度。特别值得一提的是1887 年，第一部法律援助法在法国诞生。

（二）转型阶段的法律援助制度

从19 世纪末到第二次世界大战前，法律援助完成了从慈善行为向国家责任的转变。在这一时期，法律社会化思想开始萌芽，法律尝试将个人权利置于社会利益框架内进行考量，并对经济上的弱者从程序层面予以更多倾斜关注。该思想推翻了传统的以“穷人”阶层为施舍对象的法律援助基础，而将法律援助作为人人都享有的一项政治权利，通过恰当的法律援助计划，为包括穷人在内的每一个人公平地提供诉诸法院的机会，被公认为是国家法律制度的责任。这一新的观念标志着法律援助开始由律师的单纯的慈善行为向国家责任转化，法律援助制度开始进入政府积极干预的有组织的发展阶段。如1851 年1 月22 日法国通过了一部涉及法律援助内容的法律，“规定每个法院设立法律援助局，负责为穷人提供法律帮助。”1903 年，英国颁布的《贫困被告人辩护法案》“使得法院有权认为在审判中没有足够的手段对抗起诉而有司法利益的需求时，而授予他们法律援助”。1913 年美国的洛杉矶出现了“公设辩护人制度”，成立了第一家公设辩护者机构。“早期的公设辩护人制度的目的是向贫穷的刑事被告人提供有经验的辩护律师，以取代仅从慈善角度为穷人提供服务的私人律师。”③在公设辩护人机构里，全部由领取工资的律师为刑事案件中贫穷的被告人提供辩护，辩护者基金的75%以上来自税收，体现了国家对法律援助承担的责任。1932 年，美国有判例确认，国家应该为可能被判处死刑的刑事被告提供法律援助；其后，美国法律又

① 马小虎：《美国法律援助的简史及现状》，载《中国律师》1996 年第6 期。

②③［美］道格拉斯：《美国法律援助，你能从中得到什么（上）》，载《中国律师》1998 年第8 期。

进一步把国家提供法律援助的范围扩大到有可能被判处 30 天监禁的刑事被告人。

在这一时期，政府开始对法律援助进行积极的、有组织的干预，由地方行政机关提供的法律援助开始占据主导地位。首先，法律援助成为与律师职业密切相关的一项职责；其次，法律援助的社会组织开始形成，如美国纽约 1876 年成立的第一个法律援助协会，1913 年洛杉矶成立的第一家公设辩护者机构等；最后，对法律援助的公共干预得到了发展，由地方行政机关提供的法律援助开始占据主导地位。法律援助被定位成政治权利和国家责任，这一根本性的转变为法律援助的全面发展创造了有利条件。

（三）全面发展阶段的法律援助制度

第二次世界大战后，法律援助制度迎来了全面发展阶段。英国大法官丹宁勋爵说“自第二次世界大战以来，法律方面最重要的革命就是法律援助”。① 这一时期，法律社会化思想的发展和普及有力地推动了法律援助的进一步发展，公民的福利权利观念得到普遍认可，强调基于国家福利，公民享有主张取得律师帮助的权利。越来越多的国家认识到法律援助在法律体系建设中的重要性，开始纷纷以立法形式确立法律援助的法律地位，维护贫弱者的法律援助权利，规范法律援助制度的实施。许多国家将获得律师帮助权写入宪法，如《美国联邦宪法》第 6 条规定：“每位公民在涉及刑事诉讼的情形下，特别是以犯罪嫌疑人或被告人的身份审查时，都有权请求律师帮助。”联邦德国宪法第 101 条、第 103 条以及日本 1946 年宪法第 32 条都对取得律师帮助权作出了规定。

此外，还有一些国家专门制定了法律援助的单行法，如英国在 1949 年颁布了《法律援助和咨询法》，在 1988 年又颁布了《法律援助法》，确立了由政府买单的司法保障法律援助模式；加拿大于 1967 年颁布了《法律援助服务法》，规定了符合资格的人获得法律援助的法定权利；法国于 1972 年制定了《审判援助法》，基本采用司法保障模式，只不过在机构设置上有所不同，在各级法院内设司法援助局，把法律援助工作镶嵌在各级法院的法庭程序运作中；瑞典 1972 年制定了《审判援助法》；德国于 1980 年颁布了《咨询援助法》；韩国于 1986 年制定了《法律援助法》；英国于 1999 年另行颁布了《接近正义法》，废止了法律援助委员会，取而代之以法律服务委员会；日本于 2000 年 10 月制定了《民事法律扶助法》，将法律援助制度的改革纳入整个国家司法改革的总体规划。

“二战”后，不仅在英、德、法、意、美、加、日等资本主义国家相继出现法律援助制度，而且苏联和东欧社会主义国家亦把法律援助作为一项宪法原则

① ［英］丹宁勋爵：《法律的未来》，刘庸安、张文镇译，法律出版社 1999 年版，第 97 页。

予以订立。非洲大部分国家在确立本国的法律制度时亦明确规定了法律援助制度。目前，全世界已有近150个国家和地区建立了法律援助制度。

作为法律援助责任主体的国家纷纷建立了管理、组织、实施法律援助的机构，从财政上保障法律援助的必要开支。20世纪60年代，美国总统约翰逊发起“向贫困宣战”的运动，自此美国成立了贫困法中心，由反贫困协会通过该中心为实施民事法律援助的律师提供资源。1974年，美国总统尼克松决定成立美国法律援助公司。1975年起，由联邦政府按年度为该公司拨款，用于支付对穷人的民事法律援助的律师费用①。

“二战”后，法律援助越来越呈现全球化趋势，在一些国际条约、公约和国际习惯中不断出现了关于法律援助的内容。1950年11月4日在罗马订立的《欧洲人权公约》第6条规定：“凡受刑事犯罪的控告者具有下列最低限度的权利：由他本人或由他自己选择的律师协助为自己进行辩护，或者如果他无力支付法律援助的费用，则为公平的利益所要求时，可予免费。”1955年8月第一届联合国预防犯罪和罪犯待遇大会通过的《囚犯待遇最低限度标准规则》第93条规定：“未经审讯的囚犯为了准备辩护，而社会又有义务法律援助，应准申请此项援助，以便商讨辩护，写出机密指示，交给律师……”特别是1966年联合国出台了《公民权利和政治权利国际公约》，1990年联合国预防犯罪和罪犯待遇大会通过了《关于律师作用的基本原则》，越来越多的国家成为这些公约的缔约国，法律援助逐渐从律师的道义行为、社会团体的慈善行为或公益性的福利措施，转变为国家对公民的责任，作为国家保障公民合法权益得以实现的应尽义务。以这一时期为标志，现代意义上的世界法律援助体系逐渐建立和完善。

第二节　我国法律援助制度的确立与发展

一、清末法律援助意识的萌发

一般认为，在中国漫长的封建社会里，实行的是“行政司法合一”、“纠问式免费诉讼”，老百姓打官司不需要聘请律师和交纳诉讼费，古代讼师地位很低，不仅一直受到官方的诋毁贬损，而且也不为公众所接受，这都决定了法律援助制度不可能在封建社会产生。然而，到清朝末年尤其是鸦片战争以后，随着西方法律思想的渗入和律师制度的引入，西方法律援助的意识在中国开始萌发，旧中国的法律援助制度也开始出现在了有关的法律草案中。现在所见最早涉及法律

① 宫晓冰主编：《中国法律援助制度研究》，中国方正出版社2004年版，第1—12页。

援助这项制度的材料是光绪三十二年四月初二修律大臣沈家本关于进呈《刑事民事诉讼法草案》的奏折。他在说明草案内容时写道："其中有为各国通例而我国亟应取法者，厥有两端。一、宜设陪审员也……二、宜用律师也。按律师一名代言人，日本谓之辩护士。盖人因诉，对簿公堂，惶惊之下，言词每多失措，故用律师代理一切质问对诘覆问各事宜。各国俱以法律学堂毕业证给予文凭充补是职。若遇重大案件，则由国家拨予律师，贫民或由救助会派律师代伸权利，不取报酬，补助于公私之交，实非浅鲜。"① 文中所说"由国家拨予律师，贫民或由救助会派律师代伸权利，不取报酬"，就是指许多国家实行的法律扶助制度，即由专门办理法律援助的民间机构安排律师，无偿为贫困者提供诉讼帮助。

尽管在沈家本主持拟订的《刑事民事诉讼法草案》中尚未出现关于法律援助的具体规定，上述材料至少说明，西方和日本的法律援助制度已为清朝的某些官员所了解并予以肯定。因而在其后不久，沈家本主持制定的《刑事诉讼律草案》、《民事诉讼律草案》均规定了法律援助的内容。但这两部草案均未颁布更未实施，法律援助意识仅有所体现而已。

二、民国时期的法律援助制度

民国时期是中国走向近代化的重要时期，法律援助制度在这一时期有明显的发展并逐步成形。②

（一）北京政府的"指定辩护"

民国时期的法律援助，发端于北京政府的"指定辩护"。1912 年 9 月北京政府公布的《律师暂行章程》规定，律师无正当理由"不得辞法院所命之职务"。所谓法院对律师"所命之职务"，主要就是指刑事诉讼中的指定辩护。然而，这时虽然提出了律师担任"指定辩护"的任务，却没有规定实施指定辩护的办法。指定辩护不成制度。

1914 年 2 月 26 日，北京政府司法部发布《核准指定辩护人办法令》，第一次规定了实施指定辩护的基本办法。《核准指定辩护人办法令》首先阐明了为什么要实施指定辩护的理由，又解决了哪些刑事被告能获得指定辩护和哪些人能担任指定辩护等问题。

---

① 沈家本：《修订法律大臣沈家本等奏进呈刑律草案折》，载《大清光绪新法令》第 20 册，商务印书馆 1909 年版，第 15 页。

② 此部分内容参见刘兆阳硕士学位论文：《我国法律援助制度发展历程概略》，曲阜师范大学 2009 年，第 7—11 页。

（二）南京政府的法律援助制度

南京国民政府时期，法律援助制度有较大发展。法律援助的内容主要包括两方面：一是律师公会平民法律扶助制度；二是公设辩护人制度。

1. 律师公会平民法律扶助制度

平民法律扶助是南京国民政府要求律师公会对一般平民履行的法律援助义务。中国近代律师公会平民法律扶助会的雏形，是1924年在上海成立的“上海律师援助会”，其功能是帮助老百姓指明其法律上的途径，这种“使其有所告”，虽为贫苦民众所不可少，但他们缺乏财力无法延聘律师的实际困难并未解决。1928年，上海律师公会建议设立一个专供无力延请律师的劳动团体和劳动群众需要的法律救助机关，这一做法为推动全国性的贫民法律扶助运动的开始起到了重要作用。1934年3月，全国律师协会常务委员刘陆民、牟始周、刘哲以及沈钧儒等人，发起组织了全国性的贫民法律扶助会，并称“法律本旨在谋人类社会之公平，是在法律面前，应无问贫富贵贱，一律平等。惟年来人心险诈，诉讼繁兴，一般贫苦无知之民众，恒以不谙法律冤沉海底。吾人侧身律师界，以保障人权为天职，每观此状，殊堪痛心，今为维护法律威信计，为解除贫民痛苦计，贫民法律扶助会之设，实属刻不容缓。”① 上述组织的建立均为律师的自发行为。

1934年5月，南京国民政府司法部批准了中华民国律师协会制订的《律师公会附设贫民法律扶助会暂行规则》，作为实施贫民法律扶助的基本规范，将律师自发的实施贫民法律扶助提高到了国家法律规范的高度。该规则共七条，要求各律师公会成立贫民法律扶助会，开展法律援助。《规则》规定，贫民法律扶助会以对贫苦无资力的民众无偿予以法律上之扶助为宗旨，其任务是为贫民提供法律咨询、解答法律疑问、证明法律关系、办理正当的诉讼事务；凡因贫苦请求给予法律扶助者，应取其地方自治团体或慈善团体或该职业团体及其他法定团体说明其贫苦实况的保证书作为证明；贫民法律扶助会的各会员轮流值日，在各该律师公会办理扶助事件，对其应予扶助事件应为善良管理人之注意，对于请求扶助人不得收受或要求任何报酬，其违反纪律者由各该律师公会惩戒。

在全国律师协会的号召下，青岛律师公会、天津律师公会、江苏省的江宁律师公会、吴县律师公会、浙江金华律师公会、山东福山律师公会纷纷成立了贫民法律扶助会。在此基础上，1941年1月，国民政府公布的《律师法》第15条规定，《律师公会章程》应该规定的事项中，要求规定“平民法律扶助之实施办法”。1941年9月司法行政部公布的《律师公会平民法律扶助实施办法大纲》共14条，将扶助对象由“贫民”改为“平民”。主要规定：律师公会开展平民法

① 《法律丛刊》第3卷第1期，1935年1月15日，第5—6页。

律扶助的事项包括：（1）办理民事诉讼案件；（2）办理刑事诉讼案件；（3）办理非诉事件；（4）解答法律疑问。这两个法律法规，将开展平民法律扶助明确规定为具有国家意志力的每个律师的法定义务。

2. 公设辩护人制度

关于公设辩护人制度的基本内容和公设辩护人办理案件的程序，《公设辩护人条例》和《公设辩护人服务规则》有明确规定。

《公设辩护人条例》规定，公设辩护人设于高等以下各级法院所在地，其名额视该地刑事诉讼案件的繁简而定。公设辩护人在刑事诉讼案件中担任的指定辩护包括：（1）地方法院审理的本刑五年以上有期徒刑案，本人未选任辩护人者；（2）高等法院管辖的第一审案件，本人未选任辩护人者；（3）在刑事案件中，被告因无资力而申请指定公设辩护人辩护，受法院指定者；（4）最高法院命令实行辩论，被告无资力选任辩护人，申请最高法院指定公设辩护人为其辩护的案件等。

《公设辩护人条例》还规定，公设辩护人得享受国家公务员的待遇和要求，或者说享受检察官、推事官的待遇和要求。公设辩护人应在法院内办公；公设辩护人应就现任或曾任推事、检察官，现任或曾任候补推事、检察官成绩优良者中遴选；公设辩护人曾充公设辩护人的年资，视为曾任推事或检察官之年资，俸给比照推事、检察官之俸给核给；公设辩护人受该高等法院院长之监督；对公设辩护人的考绩准用关于推事、检察官考绩之规定；非有法定原因，并依法定程序，不得将公设辩护人停职、免职、减俸；公设辩护人如有废弛职务，侵越权限或行止不检者，若情节较重或经警告不悛，得依公务员惩戒法办理等。

《公设辩护人服务规则》关于公设辩护人办理案件的程序主要规定，公设辩护人除受该高等法院院长监督外，如在高等法院分院或地方法院办公者，并应受所在地法院院长之监督。公设辩护人须遵守所在法院的办公时间，并于考勤簿内签注；如有疾病或事故，必须向院长请假。公设辩护人办理案件，适用刑事诉讼法关于辩护人之规定。公设辩护人承办指定辩护的回避，准用刑事诉讼法关于推事回避的规定；公设辩护人接受法院指定辩护案件的通知后，应立即调阅诉讼卷宗或接见在押被告，必要时并得亲赴犯罪地或其他有关处所，搜集有利于被告的证据；制作的文书应署名并加盖私章；就辩护案件制作的辩护书应于审判前向法院提出。

三、新中国法律援助制度的确立与发展

（一）建国初期法律援助制度的雏形

在新中国第一部《宪法》和第一部《人民法院组织法》中均明确规定“被告人有权获得辩护”。《人民法院组织法》更明确地规定“被告人行使辩护时，除自己行使辩护权外，还可以委托律师为其进行辩护。人民法院认为有必要的时候，也可以指定辩护人为被告人辩护”。在新中国立法史上第一次确立了法院指定辩护制度。这是最高法律和基本法律对律师制度的确认，也体现出法律援助的最核心的精神。1956 年 10 月，司法部发布的《律师收费暂行办法》中规定：“有下列情况之一者，律师应免费给予法律帮助：（一）关于因生产事故致受损伤请求赔偿的案件；（二）关于请求赡养费和抚育费的案件；（三）关于请求抚恤金的案件；（四）关于当事人请求法律帮助给予口头解答的案件，但对具体诉讼案件提供口头意见的除外；（五）经证明当事人确属经济困难，无力负担的。”这就是以律师免费或减费法律帮助为基础的法律援助制度的最基本的雏形。

从总体上来说，这一时期我国的民主法制建设还不够健全，特别是由于国家的经济实力不雄厚，律师数量极少，还不具备建立法律援助制度的经济条件和组织力量条件。

（二）法律援助制度的试点和初步建立

我国的法律援助制度是 20 世纪末期才开始发展起来的。法律援助逐渐引起社会与国家的关注主要是因为这一时期的社会背景发生了很大变化。在 20 世纪末期，伴随着改革开放的进程，我国的司法状况也发生了变化。其一，随着社会的快速改革与发展，私权意识逐渐觉醒，新型的纠纷不断涌现，纠纷数量激增。其二，国家在这一时期重点建设社会主义法律体系，一方面不断完善立法，另一方面强调以诉讼作为解决纠纷的主要途径，大量纠纷涌入法院，有一些学者将这一现象称之为“诉讼爆炸”。其三，由于纠纷数量激增，且主要通过法律来解决，人们对法律服务需求空前高涨起来，但是我国的法律服务人员数量远远满足不了社会的需求。很多当事人都感到，寻求法律服务难，法律服务贵。一些社会弱势群体对于寻求法律服务的困难更是难以想象。因此，在面临维权时，常常因为不懂法律又无力聘请法律服务人员而导致维权无力或者失败。为此，1993 年司法部在探索律师工作改革问题时，研究了大量介绍各国司法、律师制度的资料，特别是对一些国家的法律援助制度进行了重点的调研，提出了建立法律援助制度的设想，并着手进行试点改革。

1994 年初，时任司法部部长的肖扬提出建立和实施中国法律援助制度的计划，并明确批示“法律援助，世界上许多国家都有，香港地区也有，主要是对

那些无能力支付律师费用的被告人或当事人实行法律帮助，也为无力支付费用的‘官司’实行援助，这既是人道主义的体现，也是人权斗争的需要”。司法部决定利用各省市政府的本地资源在一些大城市进行法律援助试点。建立中国特色的法律援助制度的设想一经提出，便得到了许多省市的热烈响应，北京、广州、上海、武汉、郑州等大城市率先行动，积极开展法律援助的试点，并很快探索出了一些成功的经验。继广东、四川两省级法律援助中心成立之后，第一家市级法律援助中心——广州市法律援助中心，于 1995 年 2 月成立，成为全国第一家政府批准设立的法律援助专门机构，为全国树起了一面旗帜。该中心设立了法律援助机构管理人员，负责审查、批准法律援助申请，并设立了法律援助专职律师专门办理法律援助案件，同时还指派社会执业律师参与办理法律援助案件。广州市法律援助中心挂牌成立后，仅 100 天时间就办理刑事、民事法律援助案件 75 件，产生了强大的社会辐射效应。从 1996 年上半年，法律援助制度逐渐向更多的地区发展。法律援助工作的开展，得到了各级党政领导的关心和支持，得到了广大人民群众的欢迎和赞誉，引起了社会各界的普遍关注。

1996 年 3 月，司法部成立国家法律援助中心筹备组，旨在进一步推动法律援助制度的建立。1996 年 12 月 28 日，中央编制办公室批复同意成立司法部法律援助中心，核批事业编制 35 名，经费实行全额拨款。至此，共和国历史上第一个专司法律援助工作的国家级机构正式诞生。全国各省、市、县在司法部、国家法律援助中心和地方司法局的指导下设立了法律援助中心。1997 年 5 月 26 日，中国法律援助基金会成立暨司法部法律援助中心揭牌大会在人民大会堂举行。这为中国特色的社会主义法律援助制度的建立和实施奠定了良好的组织基础。

与此同时，国家加强了法律援助工作的制度化建设。1996 年的《刑事诉讼法》和《律师法》在法律上对法律援助制度加以确认。《刑事诉讼法》第 11 条明确规定：“被告人有权获得辩护，人民法院有义务保证被告人获得辩护。”第 34 条规定：“公诉人出庭公诉的案件，被告人因经济困难或者其他原因没有委托辩护人的，人民法院可以指定承担法律援助义务的律师为其提供辩护。被告人是盲、聋、哑或者未成年人而没有委托辩护人的，人民法院应当指定承担法律援助义务的律师为其辩护。被告人可能被判处死刑而没有委托辩护人的，人民法院应当指定承担法律援助义务的律师为其辩护。”此为我国首次以立法形式规定了刑事法律援助制度的基本原则和框架。

1996 年 5 月 15 日颁布的《律师法》第 6 章对律师法律援助作出专章规定，明确了律师要为经济困难无力支付法律服务费用的当事人提供法律帮助，从而确立了有中国特色的法律援助制度的主要原则和基本框架。该法关于法律援助的规定，较之《律师暂行条例》无疑是一个巨大的飞跃，为今后法律援助专门立法奠定了法律基础，具有无比重要的法律意义。

1997年年底，最高人民法院与司法部联合下发了《关于刑事法律援助工作的联合通知》。1999年5月，最高人民法院与司法部下发《关于民事法律援助工作若干问题的联合通知》。同年，青岛市地方人大颁布了全国第一个地方性法律援助法规。我国法律援助制度逐渐步入法律化、制度化的轨道。

（三）具有中国特色的法律援助制度的初创和形成

2000年4月，最高人民检察院和司法部联合下发了《关于在检察机关的刑事诉讼活动中开展法律援助的联合通知》，解决了检察机关办理自侦案件中在侦查阶段和审查起诉阶段与法律援助工作衔接的问题。2001年4月，司法部和公安部联合下发了《关于在公安机关刑事诉讼活动中开展法律援助工作的联合通知》，进一步理顺了法律援助机构在办理刑事法律援助案件中与公安机关的关系，为法律援助律师更好地为犯罪嫌疑人提供法律咨询、代理申诉、控告，为已逮捕的犯罪嫌疑人申请取保候审以及为刑事被告人履行法律援助辩护职能提供了便利条件。特别值得提出的是，2001年3月全国人民代表大会通过的《国民经济和社会发展第十个五年计划纲要》第一次将法律援助制度写入国家的经济和社会发展总体规划中，明确提出要“建立法律援助体系”的目标。这标志着我国法律援助制度的一个新发展阶段的开始。

从1994年初司法部提出探索建立法律援助制度，到2003年9月国务院《法律援助条例》施行前，我国法律援助机构从无到有、从零星试点发展到2700多个，其中包括32个省级、357个地市级和2676个县区级法律援助机构宣布成立，表明我国法律援助机构在全国范围内初步建立并初具规模；法律援助专职人员发展到近8千人；办理诉讼案件数量每年接近16万件。① 法律援助这一项在我国法律领域里处于空白状态的法律制度，在社会各界经历了一个从不知法律援助为何物到逐步认识和重视法律援助作用的过程后，在这一时期完成了初创。

2003年7月21日，国务院总理签署第385号国务院令，公布《中华人民共和国法律援助条例》，这是我国法律援助事业发展史和民主法制建设史上一件具有里程碑意义的大事。《法律援助条例》是我国第一部全国性的关于法律援助的专门法规，它确定了我国法律援助制度的基本框架，明确了经济困难的公民有权

① 贾午光、郑自文：《关于法律援助体制改革的几点思考》，载《中国司法》2006年第5期。

获得免费法律服务，法律援助是政府责任，司法行政部门负责监督管理法律援助工作，法律援助机构具体负责组织实施法律援助义务，鼓励社会力量参与法律援助工作，规定了法律援助的范围、标准、实施程序以及法律援助各方的权利义务、法律责任等，为促进和规范法律援助工作提供了重要的法律依据。《条例》是在总结我国法律援助工作的成功经验，借鉴国外法律援助制度的有益做法的基础上制定的，既有鲜明的中国特色，又体现了法律援助制度自身的规律，构筑了中国特色法律援助制度的基本框架。以此为标志，我国法律援助制度在全国范围内正式建立和实施，法律援助工作从初创时期进一步走上了法制化、规范化的发展阶段，法律援助制度体系基本形成。截至 2003 年年底，全国法律援助机构已发展到 2774 个，工作人员为 9457 名；共办理法律援助案件 166433 件。

（四）法律援助制度的全面发展

2004 年以来，随着法律援助政府责任的确立并逐步落实，保障公民的法律援助权利成为一项国家的承诺，我国法律援助制度进入了一个发展和完善的新阶段。① 法律援助财政拨款年均增长 30%，截至 2009 年年底，各级法律援助财政拨款达到 7.48 亿元，同比增长 11%；2005 年，中央财政开始下拨中央补助地方法律援助办案专款，2010 年中央补助地方法律援助办案专款已经从 2009 年的 6000 万元增至 1 亿元，地方财政也加大了对法律援助经费的投入力度。②

目前，我国的刑事法律援助事务主要由各级法律援助中心承办。截至 2009 年年底，全国已建法律援助机构总数为 3274 个，法律援助机构工作人员共有 13081 人，法律专业人员总数为 10337 人，在法律援助机构注册律师数为 5866 人，法律援助案件总数为 641065 件。③ 法律援助机构与公检法及各相关政府部门之间的工作衔接机制日趋完善，一些地方已经开始建立涉及法律援助机构管理、服务等方面的基本工作规范。我国法律援助制度已经进入到了全面发展的新时期。

① 袁定波：《中国法律援助制度的历史性飞跃》，载《法制日报》2008 年 2 月 10 日。

② 马栩生：《当代中国法律援助：制度与理论的深层分析》，人民出版社 2010 年版，第 150 页。

③ 数据来源：中国法律援助网。

附：全国法律援助制度数据表①

项目	单位	1999 年	2001 年	2003 年	2005 年	2007 年	2009 年
法律援助机构	个	1235	2274	2774	3129	3259	3274
组成人员	人	3920	8458	9457	11377	12519	13081
法律专业人员	人	2801	5837	7643	7419	9971	10337
案件批准总数	件	117545	149051	166433	253665	420104	641065
受援人总数	人	190645	260355	293715	433965	524547	736544
财政拨款	万元	1869. 79	4504. 5	15211. 66	26220. 94	51671. 02	74875. 03

【思考题】

1. 简述西方国家近现代法律援助制度的确立历程。
2. 简述新中国法律援助制度的确立与发展的几个阶段。

① 此表数据来源：中国法律援助网。

第三章　法律援助的对象、范围与形式

【本章要点】

理解与明确法律援助对象的特征，掌握我国法律援助一般对象及其资格条件、法律援助特殊对象及其资格条件。明确我国法律援助的范围，了解我国法律援助的方式。

第一节　法律援助的对象

一、法律援助对象的特征

所谓法律援助的对象也称法律援助的受援人或法律援助的当事人，是指具备什么样条件的人可以成为法律援助的权利主体，获得法律援助。一个国家建立和完善法律援助制度，首先需要解决的问题是要确定谁拥有成为法律援助的权利主体资格、谁能够成为法律援助的对象，法律援助对象是法律援助制度的重要组成部分，在当今世界几乎所有已经建立法律援助制度的国家和地区，都在相应的法律规范中设定了相应的条款，来具体规定哪些人有权或有资格申请法律援助，哪些人不属于法律援助的受援对象。

从世界各个国家和地区的法律援助制度看，法律援助的对象有如下特征：

(一) 法律援助对象一般是自然人，法人原则上不能成为法律援助的对象

之所以作出这种限制是因为法律援助制度是对社会贫困公民采取的一种法律帮助措施，其目的是为经济困难的当事人提供法律援助，保障其能够像非经济困难者那样平等地实现法律赋予的公民权利，保证“法律面前人人平等”这一宪法原则，不因个人经济困难而受限，均机会平等地得以实现。

把法律援助对象限定为自然人，是世界上大多数国家的通例。世界上大多数国家如英国、美国、德国等都只规定了自然人才可以申请并获得法律援助，而将法人排除在外。只有奥地利、塞浦路斯、我国澳门特区等少数国家和地区规定了法人或某些特定的组织可以成为法律援助的对象，但他们所谓的法人和社团也只是符合一定条件的自然人的组合，如某一团体的大部分成员为经济困难者，而

非我国通常意义上所说的法人或社团。另外，按照法国、加拿大某些省和土耳其的法律，也只有非营利性法人才可以例外地享有法律援助的权利。我国法律援助对象一般也仅限于自然人。《法律援助条例》第 2 条规定："符合本条例规定的公民，可以依照本条例获得法律咨询、代理、刑事辩护等无偿法律服务。"同时，一些经济发达省份，根据本省经济发展情况，除了自然人以外，也将一些非营利性社会组织纳入到法律援助对象当中。如《广东省法律援助条例》第 10 条规定："民政部门直属管理的非营利性质的福利组织，因维护其合法的民事权益需要法律帮助的，法律援助机构根据其申请可以提供法律援助。"

（二）法律援助对象一般是本国公民

各国法律援助制度中法律援助的对象一般均是本国公民，法律援助法也只是属于一国国内法的范畴，它构成一国法律制度的重要组成部分。外国人能否成为法律援助对象在学术界一直存在一定争论，但在各国法律援助实践中，出于适应国际交往的需要和体现主权国司法人权保障的考虑，大多允许外国人可以成为本国法律援助的对象，并按照有关国际公约区别案件的性质，作出不同的规定。从我国相关法律法规来看，我国法律援助的对象是中华人民共和国公民。至于外国人，并不能当然地成为我国法律援助的对象，只有在特殊条件下才可能获得我国法律援助。

在刑事诉讼中，最高人民法院《关于执行〈中华人民共和国刑事诉讼法〉若干问题的解释》第 37 条第 5 项规定，具有外国国籍的被告人没有委托辩护人的，人民法院可以为其指定辩护人。最高人民法院、司法部《关于刑事法律援助工作的联合通知》也规定，外国国籍被告人没有委托辩护人的，人民法院根据案情认为确须律师辩护的，法律援助机构应于接受人民法院指定辩护 3 日内，指派承担法律援助义务的律师提供辩护。这些规定均表明，当外国人（包括盲、聋、哑或未成年外国人，但享有外交特权和豁免权者除外）作为犯罪嫌疑人或被告人时，在特定条件下可以成为我国法律援助对象。

在民事诉讼中，能否给予外国人法律援助主要的判定标准不能仅以经济困难为标准。因为经济困难的标准因各个国家经济发展水平的不同而差异很大，因此无法用本国经济困难标准去判定外国人的经济困难状况。那么，在民事诉讼中，外国人成为一国法律援助对象的判断标准是什么呢？各国在实施法律援助制度时对外国人一般采取国民待遇的原则，但同时，为了不损害本国的独立、主权和国家利益，对外国人法律援助的国民待遇会施加一定的限制。根据我国现行法律和有关司法协助条约的规定，在华的外国人是可以享有相应的民事和诉讼权利的，但是，如果外国法院或组织对我国公民的权利加以限制，我国也对该国的公民实行相应的限制。因此，虽然外国人不能成为我国民事法律援助的当然对象，但只要依据我国所缔结的双边司法协助协定或条约的规定，仍然可以成为我国民事法律援助的对象。

（三）法律援助对象一般限于经济困难者

世界各个国家和地区法律援助制度均以经济困难者为法律援助的首要对象，对因经济困难打不起官司的公民提供法律援助有利于保障弱势群体享有平等公正的司法保护。当事人经济困难，无力支付法律服务费用，是法律援助的一个基本条件、首要条件。当然，对于某些特定的案件当事人，依据相关法律规定在需要法律援助时，不受经济困难的标准限制。

二、法律援助的一般对象及其资格条件

法律援助的一般对象是指只要符合法律规定的经济条件和案情条件两个方面，就可以成为法律援助的权利主体。各国法律援助法基本上都将具备经济条件和案情条件的公民作为法律援助的首选对象。

（一）经济条件

申请人确因经济困难，无能力或无完全能力按市场价格支付法律服务费用。这是法律援助对象所应当具备的一个最基本、最主要的条件。只有经济困难者才可以申请法律援助，所有申请者都必须通过经济状况审查、证明自己的经济状况低到需要法律援助的程度时，才有获得法律援助的资格。《法律援助条例》第17条规定，公民申请代理、刑事辩护的法律援助应当提交“经济困难”的证明材料，那么由哪类机关确定“经济困难”标准以及如何确定，《法律援助条例》中并未给出一个全国统一的固定标准，第13条第1款中规定：“本条例所称公民经济困难的标准，由省、自治区、直辖市人民政府根据本行政区域经济发展状况和法律援助事业的需要规定。”从该条款规定可知，各省、自治区、直辖市的人民政府是确定本地区经济困难标准的机构。目前各地执行的经济困难标准基本上以当地居民最低生活保障线作为参照标准。确定的依据一般包括：本地经济发展状况、政府对法律援助事业的财政投入、社会对法律援助的需求量和律师收费水平等因素酌情划定标准。如果申请人及其家庭经济状况不低于当地最低生活保障线，即使有充分理由证明自己为保障合法权益需要法律援助，一般也不能获得法律援助，而需要通过有偿的法律服务来获得法律帮助。

在实践中，2006年1月31日国务院发布的《关于解决农民工问题的若干意见》规定，对农民工因请求支付劳动报酬和工伤赔偿申请法律援助的，不再审查其经济困难条件。各地也随着地方经济发展水平的提高不断调整当地的经济困难标准或放宽法律援助受理范围，以保障法律援助事业与经济、社会协调发展。例如，北京市从2003年开始，在没有全面调整经济困难标准的基础上，不断放

宽法律援助受理事项范围，对农民工因请求支付劳动报酬或者工伤赔偿申请法律援助的，公民因实施见义勇为行为致使自身合法权益受到损害的，规定不受经济困难条件的限制。对于属于农村五保供养对象的、领取最低生活保障金或者生活困难补助金的、在社会福利机构由政府供养的、重度残疾或者患有重大疾病且无固定生活来源的、人民法院给予司法救助的人员等情况，法律援助机构可以直接认定其经济困难，无须提供经济困难证明。

广东省于2003年就以法律援助“降低门槛、扩大范围”作为指导思想，将其经济困难标准在原有最低生活保障线基础上上浮50%。2006年广东省修订了《广东省法律援助条例》，对法律援助的事项范围已不作任何限制。在实践中，该省结合实际，灵活审查法律援助经济困难状况。对确因情况特殊或情况紧急的申请人，通过暂不进行条件审查，允许事后补交有关证明材料的方式先行受理。对农民工请求支付劳动报酬和工伤赔偿的法律援助申请，一律免予审查其经济困难条件。另外，部分地区对群体性案件，因交通事故、人身损害等导致死亡或重伤而追索医疗费的案件，也不设经济审查门槛。不仅如此，该省还试行辅助性法律援助和当事人分担费用制度，深圳市已于2009年5月先行实施了辅助性法律援助制度，对因家庭经济状况高于法律援助经济困难标准又低于上年度在岗职工人均月工资水平的申请人，可以通过辅助性法律援助获得相应的法律服务。

（二）案情条件

申请人有充分理由证明为保障自己的合法权益确需要法律帮助以及所申请事项符合法律规定。这是法律援助一般对象在案情方面应当具备的一个条件。这一条件包含两层含义：

1. 申请事项必须符合规定的法律援助事项范围

我国《律师法》第41条、《法律援助条例》第二章和经《法律援助条例》授权的各省、自治区、直辖市人民政府的补充规定里，都对法律援助事项范围作出了明确规定，申请人必须依据这些范围进行申请。具体事项范围见下一节“法律援助的范围”一部分。

2. 申请事项和所涉及的法律事务已经实际发生，而且是为了维护自身合法权益

只有在公民的合法权益受到事实上的侵害，或者公民行使某项法定权利因经济困难而无法实现时，申请人又缺乏相应的法律知识和诉讼技能，确实需要由专业法律人员提供法律帮助才能有效地保障自身的合法权益，此时法律援助才能真正发挥其效用。

以上两方面条件需要同时具备才能构成法律援助条件的整体，只有同时具备这两方面条件的当事人才可成为法律援助的一般对象。

三、法律援助的特殊对象及其资格条件

法律援助的特殊对象是指具备法律援助一般对象条件以外的特殊条件而获得特殊法律援助的公民。

在世界上大多数国家和我国的法律援助立法和理论及实践中，为了更好地发挥法律援助保障人权和实现司法公正的作用，除对需法律帮助确因经济困难无力支付法律服务费用的贫困者提供法律援助服务外，还根据法律援助制度建立的宗旨对法律援助的对象作了适当的扩充，将一些在生理、心理等身体和精神方面处于贫困状态的人（即社会弱者）和其他需要特殊保护的人作为特殊的对象也纳入了法律援助的范围。换句话说，这些人在某些情况下并不具备法律援助一般对象所具备的“经济条件”和“案情条件”，但是因身份特殊、所处境遇特殊导致在司法程序中处在相对弱势的地位，权利极易受到忽视或侵害，需要法律给予特殊的保护，当事人不须经过法律援助机构对法律援助一般条件的审查，即当然地获得法律援助。

要成为法律援助的特殊对象就必须满足某些特殊刑事案件这一条件。在刑事诉讼中某些特殊人群无须经济困难，即由法律法规规定直接可以成为法律援助的对象。由于案情特殊或者被告人自身的某些特殊情形而使其较易处于相对弱势地位，特别是如果没有律师出庭，法官面对的只是公诉人，容易偏听偏信，为避免当事人受到不公正的对待，需要法律给予特别保护。因此对某些特定的刑事案件被告人不设经济困难等条件门槛，同样可以获得法律援助。

从国际组织通过的一些法律文件或国际公约内容来看，如联合国及其组织所制定的针对向死刑犯提供法律援助的有 1984 年的《关于保护面对死刑的人的权利的保障措施》、针对少年犯提供法律援助的有 1985 年的《联合国少年司法最低限度标准规则》、针对被羁押的未决犯提供法律援助的有 1958 年的《保护所有遭受任何形式拘留或监禁的人的原则》等专门规定。从世界各国国内法律来看，对一些特殊对象提供法律援助也有专门规定。比如多数国家法律对可能判处死刑的被告人，均规定应有律师为其提供辩护，如其没有委托辩护律师，不论其经济条件如何，法院均为其提供辩护律师。这方面在英国 1988 年《法律援助法》、印度 1987 年《法律服务管理机构法案》、日本《法律援助法（草案）》中均有专门规范。

我国法律援助的特殊对象一般都限于刑事指定辩护案件。依据我国《刑事诉讼法》、《法律援助条例》等法律法规规定，下列特殊人群或特殊案件中的当事人不受经济条件限制，直接成为法律援助的对象，具体包括：（1）犯罪嫌疑人、被告人是盲、聋、哑人的，没有委托辩护人的；（2）犯罪嫌疑人、被告人

是尚未完全丧失辨认或者控制自己行为能力的精神病人，没有委托辩护人的；(3) 犯罪嫌疑人、被告人可能被判处无期徒刑、死刑，没有委托辩护人的。上述三种情形，人民法院、人民检察院和公安机关应当通知法律援助机构指派律师为其提供辩护。法律援助机构也应当提供法律援助，无须对被告人进行经济状况的审查。法律之所以对刑事案件中犯罪嫌疑人、被告人是盲、聋、哑人，或者是尚未完全丧失辨认或者控制自己行为能力的精神病人，如果没有委托辩护人的提供法律援助，是因为这类人群或者因生理上有缺陷，或者因精神状况问题，难以充分行使自己的诉讼权利，因而他们需要特别的帮助。对犯罪嫌疑人、被告人可能被判处无期徒刑、死刑的刑事案件，由于无期徒刑、死刑是最严厉的刑罚，一旦发生错案，后果将不可挽回，因此在司法实践中，对可能判处无期徒刑、死刑的案件一贯慎重。为了防止错案，保障人权，对可能判处无期徒刑、死刑的犯罪嫌疑人、被告人没有委托辩护人的案件，人民法院应当指定辩护人。法律援助机构必须按照有关规定提供法律援助。

第二节 法律援助的范围

法律援助的范围，是指提供法律援助的具体领域，即根据法律法规规定，对哪些案件或事项可以提供法律援助。也就是说法律援助对象是指人，法律援助范围是指事。世界各国关于法律援助案件范围规定均不尽相同。但基本上，法律援助案件范围包括刑事案件、民事案件、行政诉讼案件、非诉讼法律事务等。由于各国法律文化和法律制度的差异，在涉及上述各类案件时，其含义可能不尽相同。

一、法律援助范围的确定因素

法律援助的确定，受到诸多因素的影响，其中包括法律文化、援助资金、政治体制、法律制度等。应该说最直接、最明显的影响因素当属法律援助资金的多与少。

(一) 文化因素

西方国家一直以来有着较为重视个人权利、人自身的价值和尊严的悠久的传统，所以，在法律援助范围方面，只要申请人符合法律援助条件，便可获得法律援助服务。最具有对比意义的是英国和日本两国。作为世界上法律援助制度最完善国家之一的英国，从法律援助建立之初，提供法律援助的领域主要在刑事、民事和家庭法案件方面，但发展到今天，英国绝大多数案件都可以申请法律援助，法律援助范围十分宽泛。反观日本，情况却与之不同。[①] 日本是西方七国集团中唯一的东方国家，法律援助资金十分充裕，但日本的法律援助范围却受到种种制约，其中原因并不是日本政府无法保障法律援助资金，而是日本政府没有将为贫弱者提供法律援助服务视为国家义务、政府责任。故一国法律文化传统可以说对法律援助的发展有一定的影响。

（二）经济因素

在任何一种法律制度下，构建法律援助制度的基本初衷无外乎是使经济困难的公民能够享受到政府出资聘请的律师为他提供的法律服务。但是，政府对法律援助的出资永远是有限度的，政府提供的法律援助资金永远不可能达到使所有人及所有法律事项都能获得免费的法律服务。[②] 法律援助资金的充足与否不仅直接影响一国法律援助范围的宽窄，而且也直接决定了一国所能提供法律援助的总量的多少，又直接决定了法律援助案件的多少。在法律援助条件一定的情况下，只能是通过缩小法律援助的范围来达到减少法律援助案件总量的目的。英国的法律援助资金支出是各国最多的，所能资助的案件不仅涵盖刑事、民事案件，而且包括家庭法案件和咨询等非诉讼事项，援助范围较广泛。与此相比，加拿大与美国法律援助的范围就相对较小，援助条件标准也较严。这也验证了一点，法律援助资金的减少，会直接导致法律援助案件数量的减少。在理论上，只要是符合法律援助条件的申请人都应该获得法律援助，而不应该区分当事人法律纠纷的性质、案件类别。一个明显的例子是，两个经济条件完全相同的人，都符合法律援助条件，都申请法律援助，都拥有相同数额的债权，如果一个人的债权是拖欠的工资，另一个人的债权是普通民事债，那么前一个人可能更容易获得法律援助。在这个例子中，就不涉及法律援助条件问题，而是范围问题。在申请人都符合法律援助条件的情况下，当法律援助的资金不足时，有关案件的优先性问题，便成为决定何人受援助的至关重要的因素。在我国，法律援助资金较为紧张，不能满足所有的法律援助需求，在此情况下，除了严格当事人的经济条件外，就只能根据法律援助范围的有关特点，确定受理法律援助案件的先后顺序，即法律援助案件的优先性，以解决法律援助的供求矛盾。

（三）政治因素

政治因素的影响不会从根本上决定法律援助的范围，但却能使法律援助范围在一定的时期内发生变化。例如美国，里根政府成立之日起，就在削减法律援助

① 宫晓冰主编：《中国法律援助立法研究》，中国方正出版社2001年第1版，第93页。

② 国务院法制办政法司、司法部法律援助中心、司法部法规教育司：《法律援助条例通释》，中国法制出版社2003年第1版，第37页。

经费，使得该届政府期间法律援助范围不断缩小。而到克林顿政府时期则开始增加法律援助经费，使法律援助范围得以扩大。又例如加拿大，一度对是否为涉及移民管理的案件提供法律援助争议很大，争议焦点之一就是：加拿大纳税人的钱是否能用于新移民的非刑事领域的法律援助。因此政治因素在一定程度上也会影响法律援助的范围。

（四）制度设置因素

关于制度上的差异，有人称之为名称上、翻译上的差异，我们更愿意称之为国家“软实力”上的差异。如在我国轻微伤害一般情况是不作刑法评价的，仅从民事侵权方面进行分析。而在美国，轻微伤害是可能构成犯罪的，属刑法范畴。各国制度设置上的差异，虽然不会导致法律援助范围确定上的根本差异，但也应当将其作为考虑因素之一，不能仅从翻译的字面上去理解，而要从深层次上如案件本身的性质、所在国法律制度的设置等差异上去理解，不能望文生义，导致混淆。

二、我国法律援助的范围

（一）刑事法律援助范围

1. 刑事诉讼代理

依据《刑事诉讼法》、《法律援助条例》的相关规定，在刑事案件中，经济困难的公民可以向法律援助机构申请刑事诉讼代理。包括：（1）公诉案件中的被害人及其法定代理人或者近亲属，附带民事诉讼的当事人及其法定代理人，自案件移送审查起诉之日起，因经济困难没有委托诉讼代理人的。（2）自诉案件的自诉人及其法定代理人；自案件被人民法院受理之日起，因经济困难没有委托诉讼代理人的。（3）人民法院审理强制医疗案件，应当通知被申请人或者被告人的法定代理人到场。被申请人或者被告人没有委托诉讼代理人的，人民法院应当通知法律援助机构指派律师为其提供法律帮助。

2. 刑事辩护

依据《刑事诉讼法》的规定，法律援助机构应当指派律师为犯罪嫌疑人、被告人提供辩护的法定情形包括以下几种：

（1）犯罪嫌疑人、被告人因经济困难或者其他原因没有委托辩护人的，本人及其近亲属可以向法律援助机构提出申请。对符合法律援助条件的，法律援助机构应当指派律师为其提供辩护。

（2）犯罪嫌疑人、被告人是盲、聋、哑人，或者是尚未完全丧失辨认或者控制自己行为能力的精神病人，没有委托辩护人的，人民法院、人民检察院和公安机关应当通知法律援助机构指派律师为其提供辩护。

(3) 犯罪嫌疑人、被告人可能被判处无期徒刑、死刑，没有委托辩护人的，人民法院、人民检察院和公安机关应当通知法律援助机构指派律师为其提供辩护。

(4) 未成年犯罪嫌疑人、被告人没有委托辩护人的，人民法院、人民检察院、公安机关应当通知法律援助机构指派律师为其提供辩护。

(二) 民事法律援助范围

依据《法律援助条例》相关规定，为了维护自己的合法权益，经济困难的公民可以就下列事项向法律援助机构申请法律援助：

1. 请求给付赡养费、抚养费、扶养费的法律事项

婚姻家庭纠纷主要有赡养费纠纷、抚养费纠纷、扶养费纠纷三种类型。赡养费纠纷是指年老、无劳动能力、生活困难的父母或长辈享有追索赡养费的权利，有经济负担能力的子女或晚辈有相应的给付义务。赡养费纠纷是民事纠纷中比较多的一种纠纷，其权益受侵害人为老年人。因而，把这类纠纷案件列为法律援助的范围体现了对老年人权益保障的重视。《老年人权益保障法》第 39 条规定：老年人因其合法权益受侵害提起诉讼缴纳诉讼费确有困难，可以缓交减交或者免交；需要获得律师帮助，但无力支付律师费用的，可以获得法律援助。抚养费纠纷是指未成年子女或晚辈享有追索抚养费的权利，父母或长辈负有相应的给付义务。抚养是父母对未成年子女所负的一项法定义务，如果父母不履行抚养义务，将不利于未成年子女的健康成长和顺利发展。当然，由于请求给付抚养费的主体主要是未成年人，所以其因经济困难向法律援助机构申请法律援助权利时，应由其法定代理人代为行使。《婚姻法》第 21 条规定：父母对子女有抚养的义务；子女对父母有赡养扶助的义务。父母不履行抚养义务的，未成年的或不能独立生活的子女有要求父母付给抚养费的权利。按照最高人民法院《关于适用〈中华人民共和国婚姻法〉若干问题的解释（一）》的规定，“不能独立生活的子女”，是指尚在学校接受高中及其以下学历教育，或者丧失或未完全丧失劳动能力等非因主观原因而无法维持正常生活的成年子女。抚养费包括子女生活费、教育费和医疗费等费用。扶养费主要是为保障夫妻之间、兄弟姐妹之间的扶养义务。《婚姻法》第 20 条规定：“夫妻有互相扶养的义务。一方不履行扶养义务时，需要扶养的一方，有要求对方付给扶养费的权利。”权益受侵害一方即为法律援助的申请人，多为生活窘迫且无劳动能力者，他们是社会的弱势群体，应当受到法律特殊保障。

2. 请求支付劳动报酬的法律事项

劳动报酬是大多数公民最主要的生活来源，为请求支付劳动报酬的法律事项提供法律援助，是保障公民最基本生存条件的重要手段。在请求支付劳动报酬的

法律事项中，申请人除了为城镇的单位、企业职工外，另一主要申请主体为近年来进城打工的农民工群体。由于拖欠农民工工资问题在近些年成为较为普遍的现象，因久拖不结而引发的纠纷也不断增加。为此，国务院于2006年出台了《关于解决农民工问题的若干意见》，将农民工列为法律援助的重点对象。国务院《关于解决农民工问题的若干意见》第29条规定：对申请支付劳动报酬和工伤赔偿法律援助的，不再审查其经济困难条件。该意见还规定，对农民工申请法律援助，要简化程序，快速办理。有关行政机关和行业协会应引导法律服务机构和从业人员积极参与涉及农民工的诉讼活动、非诉讼协调及调解活动。鼓励和支持律师和相关法律从业人员接受农民工委托，并对经济确有困难而又达不到法律援助条件的农民工适当减少或免除律师费。政府要根据实际情况安排一定的法律援助资金，为农民工获得法律援助提供必要的经费支持。

3. 主张因见义勇为行为产生的民事权益的法律事项

见义勇为是中华民族的传统美德，公民在见义勇为过程中，有可能因见义勇为行为而使其个人或者家庭的财产或者其个人或者家庭成员的人身受到损害，为弘扬社会正气，鼓励公民的见义勇为行为，国家和社会都应当对见义勇为行为予以支持和鼓励。现实中，有些见义勇为者在其人身或者财产因见义勇为而遭受损失时，受益人不愿意或者没有能力予以补偿，或者没有具体的受益人，这就使见义勇为的行为人无法得到应有的补偿。因此将见义勇为行为产生的民事权益的法律事项列入法律援助范围是一种法律上的保护与救济，并且我国一些地方颁布的法律援助条例中，见义勇为者申请法律援助，不受经济困难条件限制，极大鼓励了见义勇为行为，弘扬了社会正气。如《重庆市法律援助条例》第13条规定：有下列情形之一的，法律援助机构应当提供法律援助，并无须对受援人进行经济状况审查：主张因见义勇为行为而产生的民事权益的。

4. 各地根据《法律援助条例》补充规定的民事法律援助范围

由于《法律援助条例》第10条中赋予了各省、自治区、直辖市人民政府可以根据本地情况对条例规定以外的法律援助事项作出补充规定。因此，近年来，各省、自治区、直辖市都本着“为民服务、量力而行”的原则，结合本地区的经济发展状况，不断扩大法律援助的范围，特别是民事法律援助范围不断扩大，并相继出台和修订了本地区的法律援助条例及相关补充规定。截至目前，全国已有24个省级地方颁布实施了地方性法律援助法规或规章，分别有28个省级地方明确了法律援助经济困难标准、法律援助事项补充范围，使法律援助机构在受理案件时有了具体依据。例如，《浙江省法律援助条例》规定，请求医疗事故、交通事故、工伤事故赔偿的可以申请法律援助。《河北省法律援助条例》规定，请求赔偿因使用伪劣化肥、农药、种子等直接用于农业生产的生产资料或者因遭受污染造成种植业、养殖业损失和其他损失的法律事项；主张因遭受家庭暴力、虐待、遗弃产生的民事权益的法律事项；主张适龄儿童、少年接受义务教育权利的事项都可以申请法律援助。2008 年，北京将法律援助的范围扩大为包括农民工权益保护等在内的四类新增事项。广东省自 2006 年修订了《广东省法律援助条例》起，对法律援助的事项范围已不作任何限制，只要是符合经济困难标准、有事实证明为保障自己的合法权益需要法律帮助的，都给予法律援助。

（三）行政法律援助范围

经济困难的公民除能向法律援助机构申请民事法律援助、刑事法律援助外，在一定范围内也可申请行政法律援助。

1. 请求给予社会保险待遇或者最低生活保障待遇的法律事项

社会保险待遇和最低生活保障待遇与公民的基本生存权利密切相关，没有这些待遇，公民的生活就会陷入极度的困难和被动。低收入群体在主张自己的此类权利时，没有法律的帮助可能遇到巨大的障碍。将此项请求事项纳入法律援助范围，是法律援助制度的本质要求。

2. 请求发给抚恤金、救济金的法律事项

抚恤金是国家机关、企事业单位、集体经济组织对死者家属或伤残职工发给的费用。救济金是对生活上发生困难的人给予物质补助的费用。由于抚恤金、救济金都具有社会保障的性质，且决定给予公民抚恤金、救济金，决定给予公民社会保险待遇或者最低生活保障待遇，都是政府的职责，由政府的特定部门（如民政部门、劳动部门）代表政府作出这种决定。政府部门的决定具有行政性，因此，将此类有关的法律事项划归行政法律援助事项的范畴。

3. 其他行政法律事项以及请求国家赔偿的法律事项

《法律援助条例》第 10 条规定，省、自治区、直辖市人民政府可以对条例规定以外的法律援助事项作出补充规定。一些地方的法律援助条例规定了除上述两类事项以外的其他行政法律援助事项。另外，《法律援助条例》第 10 条将依法请求国家赔偿的法律事项也列入法律援助的范围，在此，就不将其单列一类，一并放入行政法律范围。国家赔偿是指国家机关工作人员违法行使职权侵犯公民、法人和其他组织的合法权益造成损害时，受害人依法从国家获得赔偿的一项制度。根据《国家赔偿法》的规定，行使侦查、检察、审判、监狱管理职权的机关及其工作人员在行使职权时有下列侵犯人身权或财产权情形之一的，受害人有取得赔偿的权利：（1）对没有犯罪事实或者没有事实证明有犯罪重大嫌疑的人错误拘留的；（2）对没有犯罪事实的人错误逮捕的；（3）依照审判监督程序再审改判无罪，原判刑罚已经执行的；（4）刑讯逼供或者殴打等暴力行为或者唆使他人以殴打等暴力行为造成公民身体伤害或者死亡的；（5）违法使用武器、警械造成公民身体伤害或者死亡的；（6）违法对财产采取查封、扣押、冻结、追缴等措施的；（7）依照审判监督程序再审改判无罪，原判罚金、没收财产已经执行的。

（四）不能申请法律援助的事项

在目前政府法律援助经费资源和人力资源都相对缺乏的条件下，为保障那些确实需要法律援助的当事人能够及时获得法律帮助，就必须对不符合法律援助的事项范围作出不予提供法律援助的决定，以保证有限的法律援助资源产生更大的效应。

《法律援助条例》对哪些情形不属于法律援助的范围、不予提供法律援助的事项并未作出明确具体的规定，在法律援助实务操作中，各地的做法并不完全一致，但都结合具体的实践总结出相应的不予提供法律援助的事项，可归纳为以下几种情形：

1. 因申请人的过错责任侵犯他人的合法权益而引起的民事诉讼或刑事自诉案件。

2. 因申请人过错而引起的行政诉讼案件。

3. 申请人提供不出涉讼案件的有关证据而无法调查取证的案件。

4. 可由行政机关处理而不需通过诉讼程序的事务。

5. 申请人出具虚假证明骗取法律援助的。

6. 已经法律程序处理完结，申请人不服多次申诉的。

7. 其他不属于条例或者地方规章规定的，法律援助机构明确不予受理的事项。

另外，广州市法律援助中心规定了下列案件和情况不属援助范围：（1）案情及法律程序简单，无须聘请律师代理的案件；（2）标的不足3000元及以下的小额钱债纠纷；（3）因侵犯名誉权、姓名权、荣誉权等引起的涉及人身权利损害赔偿案件；（4）已竭尽法律救济的案件；（5）其他经主管机关批准法律援助机构对外声明不予受理的案件。

第三节 法律援助的形式

法律援助的形式，是指提供具体法律援助服务的方式。我国《法律援助条例》第2条规定："符合本条例规定的公民，可以依照本条例获得法律咨询、代理、刑事辩护等无偿法律服务。"根据该条例的规定以及各地法律援助机构的实际做法，公民个人提供法律援助的主要形式有采取法律咨询、代拟法律文书，代理，刑事辩护，其他形式法律服务等。

一、法律咨询、代拟法律文书

（一）法律咨询

法律咨询是指法律援助人员就公民个人提出的有关法律事务的询问作出解释与说明，或提供法律方面的解决意见或建议的一种法律服务活动。其特点是：

1. 法律咨询具有较强的针对性

咨询者寻求法律援助人员的帮助，其目的是解决某个或几个具体问题，法律援助人员应针对咨询者提出的问题，经过综合分析，依据法律进行解答，引导其行为符合法律的规定。

2. 法律咨询具有广泛性

法律咨询是法律援助人员运用法律知识向受援人提供法律帮助的一种普遍方式，法律咨询的范围十分广泛，从民事到刑事、从婚姻家庭到国家政策、从经济到行政，从国内法律问题到涉外法律问题，既有诉讼问题，也有非诉讼问题等。

3. 法律咨询的意见不具有法律效力

法律援助人员解答有关法律问题的询问不论是口头的，还是书面的，都只是向咨询者提供法律帮助。虽然这种帮助是依据国家的法律和政策提供的，但对咨询者并不具有法律约束力。

（二）代拟法律文书

代拟法律文书，简称代书，是指法律援助人员接受委托人的委托，就委托人所指定的事项，以委托人的名义，根据事实和法律，按照委托人的意见书写有关法律事务文书的一种法律服务活动。其范围主要有代写诉讼文书，主要是起诉状、上诉状、答辩状、申诉状等；代写非诉讼法律事务文书，主要有协议书、委托书、合同、遗嘱等。

代拟法律文书要做到格式规范化，应当根据不同法律文书的特定要求和法定格式代写文书，凡是有法定格式的，律师代书时不得任意改动或增减。内容上要叙述事实全面，观点明确，公正客观，以法服人。文字上要语言简练、准确、朴实，无病句和错别字等。

二、代理

由于受援人不具有相应的法律知识和诉讼技能，对受援人提供法律援助的主要形式就是代理，代理帮助受援人实施一定的法律行为以及代理参加诉讼，以便更好维护受援人的合法权益。法律援助的代理范围较为广泛，可分为诉讼代理和非诉讼代理。诉讼代理包括民事诉讼代理、刑事诉讼代理、行政诉讼代理等；非诉讼代理包括行政复议、劳动争议仲裁以及其他非诉讼代理。法律援助代理的内容主要包括代理起诉、代理应诉、反诉、庭前准备、参与调解、代理出庭、代理上诉、代理二审诉讼、代理执行等。

三、刑事辩护

法律援助中的刑事辩护是指依据法律规定或法院指定，对符合条件的犯罪嫌疑人、被告人提供法律援助，由法律援助人员担任其辩护人，针对控诉一方的指控而进行的论证犯罪嫌疑人、被告人无罪、罪轻、减轻或免除罪责的反驳或辩解，以保护其合法权益的诉讼行为。我国《刑事诉讼法》和《法律援助条例》对此都作出了明确规定。对因经济困难或其他特殊情况没有委托辩护人的犯罪嫌疑人、被告人提供法律援助、代为辩护，是为了维护被告人的合法权益，平衡控辩双方的诉讼地位，体现了法律的公正和公平。

四、其他形式法律服务

除了《法律援助条例》规定的几种法律援助形式外，各地法律援助条例规定中还包括办理公证证明、司法鉴定等法律服务。法律援助机构可根据受援人的申请，帮助受援人向国家公证机关提出申请，依法证明法律行为、有法律意义的文书和事实的真实性、合法性，以保护公共财产，保护公民身份上、财产上的权利和合法利益；也可根据受援人申请，帮助受援人进行司法鉴定等。

【思考题】

1. 法律援助对象有哪些特征？
2. 简述我国法律援助的一般对象及其资格条件。
3. 简述我国法律援助的特殊对象及其资格条件。
4. 简述民事法律援助的范围。
5. 简述行政法律援助的范围。
6. 法律援助的形式有哪些？

第四章　法律援助机构与人员

【本章要点】

明确法律援助机构的概念，了解我国法律援助机构的设置与职能。掌握法律援助人员，包括管理人员和服务人员的范围与职责，了解社会组织以及法律援助志愿者参与法律援助工作的形式和发展状况。

第一节　法律援助机构

一、法律援助机构的概念

法律援助机构有狭义和广义之分，狭义的法律援助机构一般仅指各级人民政府司法行政部门依法设立的负责受理、审查法律援助申请，指派或者安排人员为符合规定公民提供法律援助的机构。广义的法律援助机构还包括具体实施法律援助的律师事务所、基层法律服务所等法律援助服务机构。本章所指法律援助机构仅指狭义的法律援助机构。《法律援助条例》第 5 条规定："直辖市、设区的市或者县级人民政府司法行政部门根据需要确定本行政区域的法律援助机构。"在我国，县级以上司法行政部门设立的法律援助机构正式名称一般为法律援助中心。在乡镇（街道）设立的法律援助机构正式名称一般为法律援助工作站。

二、法律援助机构的设置

（一）各国法律援助机构的设置模式

任何国家或地区，无论采取何种管理模式和服务模式，都要建立统一的法律援助的管理和实施体系。从世界各国的实践看，凡是设有法院的地方，都有与之相对应的法律援助组织形式。虽然各国法律援助的具体组织形式千差万别，但综合各国法律援助机构设置的情况，大致可分为以下几类模式：

1. 管理机构与实施机构分别设置的模式

该种模式由独立的专门委员会对法律援助实施管理，并且由该管理机构委托法律服务组织提供法律援助服务。以英国为例，英国 2000 年 4 月 1 日通过实施

《获得司法公正法》在原有《法律援助法》的基础上进一步完善了整套法律援助管理体制和运行机制。依法设置独立的法律援助委员会（前身为专门负责民事法律援助工作的法律援助委员会）管理全国法律援助系统。委员会在英国全国各地区设有地区委员会，负责各地的法律援助管理工作。委员会职责是管理法律援助系统、制定政策以完善这一系统，并就如何达成政府资助的法律援助的目的向政府提出建议。而法律援助具体实施机构与管理机构是截然分开的，管理机构均不面向公众直接提供任何形式的法律援助，实施工作全部由各律师事务所和非营利性机构承担。非营利性机构主要有三类，即法律中心、独立咨询中心和公民咨询局。

2. 在管理机构之下设置实施机构的模式

该模式以加拿大较为典型。该种模式下，管理机构系在全国或全省有一个法律援助管理机构的总部，主要负责制定所辖区域的法律援助计划，经费预算计划，决定经济条件的审查标准、雇佣专职人员、指派私人律师，审核并支付律师办案经费、掌握法律援助服务质量、政策和发展的研究等。管理机构不直接提供法律援助服务。服务机构系指一般在管理机构所辖的区域与审判法庭的设置相对应，设置若干援助服务机构。这些机构主要负责接受申请人的申请、对申请进行审查，决定本机构人员提供法律援助服务或指派社会私人律师提供法律援助服务。这些法律援助的服务机构工作人员的工资和办案经费全部来源于管理机构，由管理机构来拨付，最后要将法律援助工作定期向管理机构报告。

3. 援助机构既管理又兼实施援助服务的混合模式

此种模式以我国香港特区法律援助署最为典型。香港特区法律援助署成立于1970 年，是香港法律援助工作的一个独立政府部门，他的行政人员隶属于政务司，工作人员约每 2 ~ 3 年或 3 ~ 5 年在政府其他部门交流一次。香港特区法律援助署独立开展法律援助，不受任何机构和部门的限制与干涉。援助署中的法律援助律师不仅是法律援助工作的主要承担者，而且是主要组织者与管理者。援助署的工作宗旨是为符合资格的援助申请人提供律师或大律师，协助他们在香港的法庭进行诉讼活动，以确保任一具备充分理由提出诉讼或抗辩的公民，不会因经济困难而无法将案件诉诸法庭。

（二）我国法律援助机构的设置

随着我国法治社会的发展与法律制度的完善，国家越来越尊重和保障公民的权利，为了保障经济贫困的公民或特殊案情中的公民司法权利，体现司法的公平与正义，早在 1994 年初司法部就正式提出建立和实施中国的法律援助制度，并在广州、深圳、上海、北京、南京、武汉等一些大中城市陆续开展了法律援助工作试点。1995 年 11 月 19 日，广州市法律援助中心正式挂牌成立，成为全国最早成立的法律援助机构，该机构是政府定编、全额拨款的行政事业单位。1996年6月，司法部发出了《关于迅速建立法律援助机构开展法律援助工作的通知》，提出全面推动建立国家法律援助制度，首当其冲的任务就是建立法律援助机构，为法律援助制度的建立和实施提供组织保障。

1995年10月10日，经司法部党组讨论决定，以司法部名义正式向中央编办提交司法部《关于成立国家法律援助中心的请示》，1996年12月18日，中央机构编制委员会办公室批复［中编字（1996）168号］同意成立司法部法律援助中心，核批事业编制35名，经费实行全额拨款，担负对全国法律援助工作的管理和监督。与此同时，省级地方的法律援助中心相继成立。到2001年8月22日，西藏自治区法律援助中心正式宣告成立，全国省级法律援助机构全部建成。截至2011年年底，全国各区县基本都建立了法律援助中心，乡镇（街道）也基本都建立了法律援助工作站，这对我国法律援助事业的发展提供了坚实的组织保障。

由于在法律援助初创阶段各地对法律援助性质等问题的理解不尽相同，因此各地法律援助机构的设置模式与机构性质也不尽相同。从中央来看，司法部内设法律援助工作司来监督管理全国法律援助工作，又设置了司法部法律援助中心来具体负责监督管理全国法律援助工作和其他工作。从地方来看，多数司法行政部门与司法部法律援助机构设置类似，将法律援助监管职能和法律援助实施职能分开设置。内设一个职能处（科）室负责监督管理法律援助工作，同时又设置独立的法律援助中心来具体负责组织实施法律援助工作。例如北京市司法局内设法律援助工作处，同时设立了北京市法律援助中心。吉林省司法厅内设法律服务监督处，同时设立了吉林省法律援助中心。类似这样设置法律援助机构模式的还有辽宁省、黑龙江省、安徽省、贵州省等全国大多数司法行政部门。

也有些地方司法行政部门法律援助机构的设置模式与司法部和大多数省份司法行政部门设置模式不同，将法律援助监管职能和法律援助实施职能合二为一，采用混合模式。采用这种设置模式的司法行政部门并不内设一个职能处室，而单独设立法律援助中心，法律援助中心具有双重职能，既负责监督管理法律援助工作，也负责组织实施法律援助工作等。例如福建省司法厅没有内设一个职能处室，只设置了福建省法律援助中心，类似这样设置法律援助工作机构模式的还有江苏省、海南省、湖北省等。

除了法律援助机构设置模式不尽相同外，法律援助机构的机构性质也不尽相同。司法部法律援助中心属于全额拨款的事业单位，大部分省份法律援助中心属于事业单位，但即使是事业单位，有全额拨款性质、差额补助性质以及自收自支性质等。也有个别省份法律援助中心属于行政机构，如广东省司法厅下设广东省法律援助局。目前我国法律援助机构的机构设置与机构性质较为混乱，以司法部及全国大多数地方司法行政部门法律援助机构来看，将法律援助监管职能和法律援助实施职能分开设置是目前主流的设置模式。法律援助机构主要负责组织实施法律援助工作，司法行政部门对法律援助工作进行监督管理。同时，鉴于法律援助工作属于公益性事业，在机构性质上应统一认定为事业单位，并全额财政拨款。尽早统一全国法律援助机构设置，明确法律援助机构性质，才有利于开展全国法律援助工作。

三、法律援助机构的职能

各级法律援助机构的职能应依其所处行政层次而有所区别。国家和省级法律援助中心的职能主要是组织、规划、指导等宏观管理上，即对下级法律援助管理机构的管理。它一般不应直接从事法律援助的申请审批、指派援助人员等具体管理工作。因而从名称上讲，这两级中心尤其是国家级法律援助中心称为法律援助局也许更为恰当。而地市级、县区级法律援助中心是法律援助的具体管理实施机构，具体负责本区域内法律援助的申请审批、援助人员的指定、援助经费使用的确定等工作。具体而言：

（一）司法部法律援助中心

司法部法律援助中心于 1996 年 12 月 18 日经中央编制办公室批准成立，是直属于司法部的行政性事业单位。司法部法律援助中心不同于地方法律援助中心，不具体组织实施法律援助工作，而是在司法部领导下，代表司法部具体负责指导、监督全国的法律援助工作，所以司法部法律援助中心从性质上属于法律援助的监管机构。司法部法律援助中心的主要职责包括：

1. 研究起草有关法律援助工作的政策和法律、法规、规章及规范性文件；
2. 指导、监督地方法律援助工作及其开展情况；
3. 组织宣传法律援助制度；
4. 管理法律援助经费；
5. 组织开展对法律援助制度的理论研究；
6. 组织法律援助工作的对外交流与合作；
7. 监督管理中国法律援助基金会工作及其资金使用；
8. 承办司法部交办的其他有关事项。

（二）省、自治区、直辖市法律援助中心的主要职责

1. 贯彻执行国家有关法律援助工作的方针、政策，拟定本省法律援助管理规定、实施办法；
2. 制定本行政区域内法律援助的发展规划和年度实施计划并组织实施；

3. 负责本区域法律援助工作的指导、监督、协调和检查；

4. 负责本区域法律援助的教育培训与对外宣传交流；

5. 筹集、管理和分配本级法律援助资金。

（三）地市、县区法律援助中心的主要职责

1. 受理、审查法律援助申请

受理、审查法律援助申请是法律援助机构最主要的职能之一。法律援助机构应该依法认真审查当事人的申请是否符合法律援助的条件，是否属于法律援助的范围，应在规定时限内依法作出是否提供法律援助的决定。

2. 组织办理人民法院指定的刑事辩护案件

法律援助机构组织办理的人民法院指定的刑事辩护案件在总办案量中占相当大的比重。有些地方甚至以承办指定辩护案件为主。据2011年全国法律援助业务统计报表分析，在刑事诉讼辩护中，律师辩护意见全部或部分被法律采纳的占88%，有的案件通过律师辩护，被告人被法院判决无罪释放。

3. 指派与安排法律援助人员

我国《法律援助条例》第21条规定："法律援助机构可以指派律师事务所安排律师或者安排本机构的工作人员办理法律援助案件；也可以根据其他社会组织的要求，安排其所属人员办理法律援助案件。"另外，根据司法部《律师和基层法律服务工作者开展法律援助工作暂行管理办法》的规定："基层法律服务工作者每年应当接受法律援助机构的指派，办理一定数量的法律援助案件。"司法部、共青团中央《关于实施法律援助志愿者服务计划的通知》规定，法律援助志愿者可以提供专业的法律援助。根据以上规定，法律援助机构可以指派律师，也可以安排本机构的工作人员、社会组织人员办理法律援助案件。

4. 对办理法律援助案件的管理、监督

这里的管理、监督是指对具体实施法律援助及办案过程的监督管理，包括法律援助的经费管理、法律援助的统计管理、法律援助案件的档案管理和对办案过程的监督等。同时，法律援助案件办理结束后，法律援助机构根据案件承办人提交的结案相关材料和结案报告，经审核后向承办人发放办案补贴。

5. 直接提供法律援助服务

法律援助机构主要职能是负责组织实施法律援助，但也可以为公民直接提供法律援助，直接提供法律援助服务的范围与法律援助服务机构提供的法律援助服务范围基本一样。

（四）乡镇（街道）法律援助工作站的主要职责

1. 接待上访群众，解答法律咨询，代拟法律文书。

2. 按照《法律援助条例》规定，受理并初步审查法律援助申请。审查内容包括：(1) 申请人的身份状况；(2) 申请事项是否属于法律援助的范围；(3) 申请人的家庭经济困难证明是否真实；(4) 申请材料是否齐全。对符合条件的申请，出具书面审查意见，即时移送法律援助中心。

3. 收集和总结典型案件。

4. 负责组织、协调本辖区法律援助宣传工作。

5. 负责组织管辖本辖区法律援助联络员工作。

6. 负责法律援助工作相关事宜的统计信息，法律援助对象的调查摸底工作。

7. 完成法律援助中心指派的其他事宜。

第二节　法律援助人员

法律援助人员是指在司法行政部门和法律援助机构及法律服务机构中，从事法律援助管理或接受法律援助机构的指派、安排提供法律援助服务的人员。包括法律援助管理人员和法律援助服务人员。

一、法律援助管理人员

（一）法律援助管理人员的特征

法律援助管理人员是指从事法律援助行政管理工作的人员。包括在司法行政部门中从事组织、指导、管理、监督和协调等法律援助管理工作的人员和法律援助机构中受理申请、审查、决定、指派（或者安排）等法律援助管理工作的人员。

法律援助管理人员一般具有以下特征：

1. 国家公务人员属性

世界上大多数国家的法律援助管理人员和专职法律援助律师都被认为是政府雇员。在我国，司法行政部门内的监督、管理法律援助工作的人员都具有国家公务员资格，如司法厅（局）内设立的法律援助管理处的工作人员。由于我国法律援助制度建立时间较晚，只有部分法律援助机构是行政机构，如广东省法律援助局就是行政机构，其管理人员具有国家公务员资格，而大部分法律援助机构属于事业单位编制，因此，一些法律援助机构内从事管理工作的人员不具有国家公务员资格。单位性质的不同决定了法律援助管理人员的身份有所区别，但是，不管是公务员还是事业单位工作人员参照公务员管理，法律援助管理人员代表国家行使管理职能，其公务人员的属性是不会改变的。

2. 法律职业人员属性

由于法律援助活动的特殊性，很多国家和地区要求法律援助机构工作人员应当具备法律职业资格。《香港法律援助条例》规定："任何人除非以具有资格在香港、联合王国或《执业律师条例》列出的地区以法律执业者身份执业，否则不得获委任为法律援助署署长、法律援助署副署长、法律援助署助理署长或法律援助主任，亦不得暂时署理该等职位。"在日本，法律援助协会的设立，须由日本律师协会联合推荐的律师和具有有关法律援助的学识经验者7人以上作为发起人。[①] 在我国，法律援助机构工作人员一般应通过司法考试取得法律执业资格或律师执业资格，没有一定的法律专业知识是很难胜任的。但目前由于客观条件的限制，有些地区的法律援助机构的工作人员尚未完全具备此项条件。法律援助机构的工作人员主要职责就是受理申请、审查、决定、指派（或安排）等工作。

（二）法律援助管理人员的范围

1. 司法行政部门中从事法律援助管理工作的人员

一般是指司法部法律援助工作司、地方司法厅（局）内设的法律援助工作（管理）处的工作人员。这类人员的主要职责是监督、指导法律援助工作，监督管理法律援助机构及工作人员的工作，开展法律援助理论研究，制订法律援助工作规划及相关政策，协调跨省、市法律援助事务等。一般不负责具体组织实施法律援助。

2. 法律援助机构中从事法律援助管理工作的人员

一般是指在法律援助机构中负责受理申请、审查、决定、指派（或者安排）等法律援助管理工作的人员。这类人员的主要职责就是负责受理、审查法律援助申请，指派或者安排人员为符合规定的公民提供法律援助。

二、法律援助服务人员

（一）法律援助服务人员的特征

法律援助服务人员是指接受法律援助机构的指派、安排或者聘请，提供法律援助服务的人员。包括律师、基层法律服务工作者、法律服务志愿者等。

作为法律援助服务人员一般具有以下特征：

1. 法律援助服务人员直接对受援人提供具体的法律援助服务

与法律援助管理人员不同，法律援助服务人员在接受法律援助机构指派或安排后，无偿为受援人直接提供法律援助服务，为受援人解答相关法律问题，代理受援人进行民事、行政诉讼，代理受援人进行刑事辩护、刑事诉讼等，是第一线的法律援助人员。法律援助服务人员的个人素质直接影响着所提供法律援助的服

① 刘爱君、郑自文主编：《法律援助实务》，中国政法大学出版社 2010 年第 1 版，第 29 页。

务质量。

2. 法律援助服务人员应具有相应的法律援助执业资格

目前我国的绝大部分法律援助案件是由执业律师（包括社会律师和法律援助机构专职律师）和具有法律服务执业证的基层法律服务者办理的。当然，也有一部分案件或者法律援助事项是由不具有法律服务职业资格的人员办理的。这是由我国的国情决定的。在实践中，一些省为具有专业法律知识（如法律院校学生）而没有取得法律服务职业资格的人授予了法律援助工作证，专门办理法律援助事项。

（二）法律援助服务人员的范围

《法律援助条例》第21条规定法律援助机构可以指派律师事务所安排律师或者安排本机构的工作人员办理法律援助案件；也可以根据其他社会组织的要求，安排其所属人员办理法律援助案件。依据此规定及其他法律法规，在我国，法律援助服务人员大体上包括律师、基层法律服务工作者、法律援助机构工作人员、公证人员以及其他社会组织中提供法律援助服务的工作人员和法律援助志愿者。

1. 律师

律师既包括社会律师，也包括法律援助机构的专职律师。由于其法律知识与诉讼技能的专业性，律师一直是提供法律援助服务的主体力量，《律师法》第42条规定："律师、律师事务所应当按照国家规定履行法律援助义务，为受援人提供符合标准的法律服务，维护受援人的合法权益。"《法律援助条例》第6条规定："律师应当依照律师法和本条例的规定履行法律援助义务，为受援人提供符合标准的法律服务，依法维护受援人的合法权益，接受律师协会和司法行政部门的监督。"

2. 基层法律服务工作者

基层法律服务工作者是具备一定的执业条件，经核准执业登记，领取《法律服务工作者执业证》，在基层法律服务所中执业，为社会提供法律服务的人员。基层法律服务工作者的工作与律师很相似，业务范围非常广泛，除不能办理刑事诉讼案件外，几乎可以涉足律师事务所的全部业务范围。司法部《律师和基层法律服务工作者开展法律援助工作暂行管理办法》第2条第2款规定："基层法律服务工作者应当根据司法部《基层法律服务工作者管理办法》和有关基层法律服务业务的规定，积极开展与其业务范围相适应的法律援助工作。"第3条规定："律师和基层法律服务工作者每年应当接受法律援助机构的指派，办理一定数量的法律援助案件。承办法律援助案件的年度工作量，由省、自治区、直辖市司法行政机关根据当地法律援助的需求量、律师和基层法律服务工作者的数量及分布等实际情况确定。”

3. 法律援助机构的工作人员

《法律援助条例》第21条规定，“法律援助机构可以……安排本机构的工作人员办理法律援助案件。”从此规定可以看出，法律援助机构工作人员，不管其是不是专职法律援助律师，都可以根据法律援助机构的安排，办理法律援助案件。

4. 公证人员

公证法律援助，是为那些家庭条件确实困难交不起公证费用的当事人所提供的一项服务，当调查结果属实后，通过申请公证法律援助，可以减免部分或者全免公证费用。免费是法律援助，减一部分也是法律援助。《公证法》第34条规定：“当事人应当按照规定支付公证费。对符合法律援助条件的当事人，公证机构应当按照规定减免公证费。”一些地方还对公证援助作出了更为细致的规定，如《安徽省公证条例》第46条规定：“公证机构办理公证，应按照国家标准和省定标准收费。公证机构、公证员有法律援助的义务，对符合公证法律援助条件的当事人，可减免收费。”

5. 社会组织中提供法律援助的工作人员和法律服务志愿者

包括在工会组织、共青团组织、妇女组织、老龄委、残疾人权益保障组织以及其他社会组织设立的法律援助机构中从事法律援助服务工作的人员，在高等院校设立的法律援助组织中从事法律援助服务工作的人员以及在其他民间社会团体中从事法律援助服务工作的人员和法律援助志愿者。他们是法律援助实施主体的补充。

（三）法律援助服务人员的权利

法律援助人员的权利是法律援助人员依法实施法律援助，切实履行法律援助制度应有之责任和义务的重要保障。法律援助人员权利的产生，是与法律援助机构、受援人及法律援助人员所承担的义务相对应的，它以法律援助作为法律服务工作者一项法定义务为大前提。

根据法律援助制度的宗旨和要求而确定，概括起来，法律援助服务人员主要应有以下权利：

1. 获得法律援助机构支持和帮助的权利

在法律援助的实施过程中，由于实施主体与义务主体相分离，法律援助人员对受援人承担了本应由政府承担的义务。因此，法律援助人员就有权向法律援助机构转交这种义务，或为这一义务的全面履行要求法律援助机构给予支持帮助。法律援助人员获得这一权利的必要性，是与政府义务相对应，以政府的职责为依托，保证法律援助机构（国家）对受援人应当承担的各项义务得到全面彻底的履行。

2. 获得合法报酬的权利

法律服务工作者承担法律援助义务，如果超过了规定的义务量，就有权获得报酬。法律服务工作者承担的法律援助义务，是以国家义务为主体的法律援助制度的一个组成部分或是补充，不是无限量的。如果超过了规定的义务量去承担法律援助机构指派的案件，就应当获得报酬。这与法律服务工作者为一般当事人提供法律服务获取合法劳动报酬的权利是基本相同的，其差别是在获取报酬的形式上，即法律援助人员只能从法律援助机构获得一定的报酬，不享有向受援方收取任何费用的权利。国外法律援助的立法中，对援助律师获得报酬的权利及标准规定得都比较详尽，目的是保证政府用于法律援助方面的资金被合法有效地使用，援助人员向受援人索取酬金的行为受到严格的禁止。我国目前的实际情况是政府对法律援助的资金投入较少，法律援助机构无力按标准支付法律援助人员应当获得的报酬，因此法律援助人员获得报酬的权利在一定程度上只是具有象征性的意义。无偿的法律服务，仍是法律援助的主要特征。

3. 拒绝或终止提供法律援助的权利

这是法律援助人员享有的在一定条件下可以拒绝或终止提供法律援助的权利。法律援助人员在接受指派后，为当事人提供法律援助便成为其法定的义务，所以许多国家对法律援助人员拒绝或终止法律援助权利的行使，都进行了严格的限制。只有在出现法定事由的情况下，拒绝或终止提供法律援助的行为才被认可。如英国的1989年民事法律援助（一般）条例中规定，由于存在受援人滥用法律援助的权利，某些情形下律师可行使拒绝代理或放弃案件的权利。香港法律援助条例规定律师只有以合理理由并经法律援助署署长许可，才能行使拒绝或放弃处理案件的权利。我国《法律援助条例》第23条规定："办理法律援助案件的人员遇有下列情形之一的，应当向法律援助机构报告，法律援助机构经审查核实的，应当终止该项法律援助：（一）受援人的经济收入状况发生变化，不再符合法律援助条件的；（二）案件终止审理或者已被撤销的；（三）受援人又自行委托律师或者其他代理人的；（四）受援人要求终止法律援助的。"因此只有在法定情形下，法律援助人员才能拒绝或终止提供法律援助的权利。

4. 调查取证的权利

法律援助人员在办理法律援助案件，依法维护受援人合法利益的过程中，应当享有法律规定的法律服务人员的各项权利。调查取证权就是法律援助人员在办案中所享有的各项权利之一。把调查取证权作为法律援助人员的一项权利提出，是由法律援助的特殊宗旨所决定的，是出于对受援人合法权益保护的实际需要。"以事实为依据，以法律为准绳"是我国法律制度的基本原则，法律援助人员要实现维护当事人合法权益的目的，就必须依据事实和法律。作为发现事实的途径，调查取证至关重要。我国的许多法律对法律服务人员的调查取证权均做了规定，但缺乏统一和协调，甚至还存在矛盾，导致了调查取证权实际落实的困难。法律援助案件的对象是贫者、弱者、残者等特殊群众，由于其所处的社会地位较低，法律援助人员在调查取证上往往比一般案件更困难，得不到充分的证据，保障贫、弱、残者的合法权益也就成为法律援助的一句空话。所以请求司法机关协助调查取证作为法律援助人员的一项权利有着非常实际的意义，它不仅可以改变法律援助人员取证难的状况，还可以改变法律援助受援人在诉讼中相对弱小的地位。国家作为法律援助的义务主体，在保障其宗旨的实现上负有重要的责任。要求司法机关协助调查取证，不仅是可行的，也是必要的。

5. 法律援助人员履行法律援助职责的相关保障权利

一是法律援助人员的人身权利应受法律保护。法律援助人员在履行法律援助职责时，其人身权利应受法律的保护，由于法律援助人员自身的职业特点，经常要介入各种矛盾和纷争之中，其人身权利较其他公民更容易受到伤害。因此，必须给法律援助人员人身权利以特殊的保护。主要内容应包括：人身自由不受非法限制或剥夺，住所和办公地点不受侵犯，名誉权不受侵犯。二是任何单位和个人不得非法干预法律援助人员独立、依法履行法律援助职责，包括采取非法手段和措施，限制法律援助人员所享有的执业权利，干预和打击履行法律援助职责的单位和个人，法律援助人员有权向相关部门提出控告，直至依法追究有关人员的行政责任、民事责任及刑事责任。

（四）法律援助服务人员的义务

法律援助人员既享有各项权利保障，也必须承担相应的义务。法律援助人员的义务是指法律援助人员在实施法律援助的过程中，应当履行的职责和应当遵守法定行为规范的责任。法律援助人员在办案过程中承担的义务，应与提供无偿的法律援助作为法律工作者的一项法定义务区别开来，后者是法律服务工作者的一种社会性义务，与有关当事人获得法律援助的权利相对应，是国家以强制性的手段保证每个社会成员平等、实现社会公正的国家意志。法律援助人员在办案中应承担的义务，则是法律援助人员在从事办案和与之相关的活动时应当作出或不作出一定行为的约束性行为规范。主要应有：

1. 尽职尽责地维护受援人的合法权益

尽职尽责地维护受援人合法权益的义务，是法律援助人员所承担的全部义务的核心。其他一切义务都是由此派生出来的。维护受援人合法权益是法律援助制度的最高使命，也是法律援助人员的根本职责和实施法律援助的基本准则。法律援助案件中的受援人，由于贫困和孱弱，其合法权益往往容易受到更多的侵害，加之为其提供的法律服务是无偿的，如果不加以严格的要求，将有可能使法律援助变成一种随意的、不合格的服务，受援人的合法权益就得不到切实保障。美国小查尔斯·奥格利特里指出："在这些案件中被告及其家属因为过于贫穷而无力支付保释金或聘请律师……那些付费当事人才是其真正的关心的社会指定的律师，很轻易地使自己确信他已经履行了其对贫困当事人的义务。"① 为使法律援助不流于形式，各国都对援助案件的服务质量提出了较高的要求。美国法律援助服务要求，提供法律帮助的律师必须遵守《职业责任准则》、《道德规则》和法律职业的高标准，具有充分的自由来保护其当事人的最佳利益。维护当事人的合法权益，是我国法律服务工作者的一项基本义务，要求尽职尽责地维护受援人的合法权益，则是在考虑受援人的特殊情况后，对法律援助人员提出的更高要求。

2. 无正当理由不得拒绝、拖延或终止办理法律援助事项的义务

法律援助案件一经指派后，法律援助人员的执行行为就与受援人的合法权益紧密联系在一起，如果法律援助人员无故拒绝、拖延或终止办理法律援助事项，都会给受援人的合法权益造成损害，这是法律援助制度宗旨所不允许的，也是违背法律服务工作者的职业道德要求的。所以法律援助人员接受指派后，无正当理由不得拒绝、拖延或终止办理法律援助事项。即便是有了正当理由，也必须经过法律援助机构的批准，绝不允许法律援助人员擅自行为。

3. 及时报告情况的义务

法律援助人员及时向受援人通报法律援助事项的进展情况，是法律援助人员一项重要义务。法律援助人员代理受援人进行诉讼或其他法律事项，目的是维护受援人的合法权益，为使受援人能够对案件充分地发表意见，提出正当、合理的要求，援助人员就应当及时将法律援助事项的进展情况及时通报给当事人。作为受援人，法律援助事项直接关乎自身的合法权益，也有权及时了解和掌握法律援助事项的进展情况。法律援助人员还有向法律援助机构及时报告有关重大情况的义务。如法律援助人员在办案过程中，发现受援人不具备援助条件或不遵守法律援助法规、违反法律援助协议等情况，应当及时向法律援助机构进行报告。对法律援助机构决定拒绝或终止提供法律援助事项的，也应当及时通报受援人。国外法律援助的立法中，对援助律师报告情况的义务规定得非常具体，以便法律援助机构及时作出正确决策。英国 1989 年民事法律援助（一般）条例从 66 条至 72 条，规定了援助律师对情况变化、滥用法律援助、拒绝委托或放弃案件、诉讼进展、受援人死亡、诉讼终结等均有进行报告的义务。《荷兰法律援助法》第 54 条第 2 款规定："涉及的律师应有义务向该主任或法律委员会提供他们可能需要的信息。"这种提交不应有任何延误，也不受其保密宣誓的限制。

① 宫晓冰主编：《各国法律援助理论研究》，中国方正出版社 1999 年版，第 535 页。

4. 保密义务

保密义务也是法律援助人员一项比较基本的、重要的义务。第一，保守秘密是法律援助人员取得受援人信任，保持正常的委托关系的前提。第二，保密是维护受援人合法权益的基本要求。受援人的秘密，既是其合法权益的一部分，也会对援助事项的结果有重大影响。第三，保密也是维护国家利益和司法工作秩序的需要。

在法律援助人员的保密义务中尤其要强调的是对受援人秘密的保护。法律援助的对象基本上都存在这方面或那方面的不足及缺陷，为了能获得法律援助，他们不得不向法律援助机构和人员如实陈述，对这种迫不得已公开的隐私，法律援助人员应当给予严格的保密，这不仅是职业道德的要求，也应成为法律的要求。由于泄露受援人秘密，损害了受援人合法权益并造成较严重后果的，应当承担法律责任。世界各国法律援助立法中，对援助律师对受援人承担保密义务普遍作出了规定。

5. 接受监督的义务

法律援助制度，是在政府管理、指导下实施的一项法律制度，是一种政府行为。为保证这项制度的有效实施，充分发挥其为贫者、弱者、残者提供减、免费用的法律服务的作用，办理法律援助案件不得收取财物以维护受援人合法权益，保障司法公正，在政府采取各种强有力的管理手段和措施的同时，法律援助服务人员也相应地负有接受监督的义务。

第三节 社会法律援助与法律援助志愿者

一、社会法律援助

（一）社会法律援助的法律依据

我国人口众多，法律援助需求量大，政府财政负担重，鼓励社会组织参与法律援助，寻求各方面力量对法律援助予以支持及补充显得尤其重要，也是符合现实需要的。1992 年 5 月“武汉大学社会弱者权利保护中心”宣告成立，成为我国最早的也是最典型的从事法律援助性质工作的民间组织，从而拉开了社会组织参与法律援助工作的序幕。

《法律援助条例》第 8 条明确规定：“国家支持和鼓励社会团体、事业单位等社会组织利用自身资源为经济困难的公民提供法律援助。”这在立法上肯定了社会组织在法律援助工作中的作用。同时在《法律援助条例》第 7 条、第 9 条分别明确：国家鼓励社会对法律援助活动提供捐助；对作出突出贡献的组织和个人给予表彰、奖励。自此，以全国各地的工会、共青团、妇联、残联、老龄委、法学院校等群体为代表的各种社会组织，结合自身优势及维权职责，针对不同弱势人群，如妇女、未成年人、残疾人等而开展的社会公益性法律援助活动，成为政府法律援助的有益补充。

（二）社会法律援助的组织形式

目前，我国参与法律援助工作的社会组织主要有三类：

1. 各级工会、共青团、妇联、残联、老龄委等社会团体、事业单位

这些社会组织利用本单位资金、人员、场所等条件，为本单位成员提供法律援助。目前这类社会组织约有上万家，一般依托本单位内的维权部门设立法律援助中心或法律援助工作站，也有少数成立了独立的法律援助中心，如一些妇女法律援助中心、职工法律援助中心，其工作人员主要是一些有经验的社会工作者，其中也有一些是法律专业人员。

2. 法学院校

目前全国有几十所法学院校在开展法律援助工作。法学院校的法律援助工作主要有两种类型：一是学生自发组成社团组织开展法律援助活动；二是由法学教师负责指导，高年级学生为主参加的诊所教育项目，主要代表有北京大学、中国人民大学、中国政法大学、武汉大学等。

3. 民间组织

这一类数量很少。纯粹自发成立并自筹资金，针对特定的对象有选择性地提供法律援助。其工作人员一般都是法律专业人士，多数具有律师身份。

社会法律援助组织一般规模不大，办公场所较小，有的甚至没有专门的办公场所，而在人员方面，除了学生法律援助组织有大量学生参与外，其他社会法律援助组织的工作人员一般也较少。受援对象主要是经济困难的职工、下岗职工、外来工、农民工、残疾人、妇女、未成年人、老年人。服务方式一般是解答咨询、代书、非诉讼调解等业务，经当地法律援助机构指派办理少量的诉讼案件。除对个案提供指导和帮助外，在一些具有纪念意义的日子，例如“三八妇女节”、“全国助残日”、“全国法制宣传日”等，各级社会团体和法学院校还组织集体性法律援助活动，走向街头积极开展宣传、法律咨询等活动。

（三）社会法律援助存在的问题

1. 法律援助工作不规范

对社会组织开展法律援助活动缺乏有效的管理和监督。《法律援助条例》只进行了原则上的规定，鼓励和支持社会组织利用自身资源开展法律援助活动，但对其如何管理和监督却没有明确规定。对一些民间组织滥用“法律援助”而破坏法律援助声誉的情况，缺乏有效监管机制。

2. 经费困难

多数社会组织基本上没有专项经费或者经费有限，其法律援助活动受到很大制约。法学院校的法律援助经费一般由学校拨款，或者是社会捐款，没有稳定的经费来源。以武汉大学为例，中心资金分别来自福特基金会资助、学校拨款、律师事务所及校友捐赠等渠道。从 2002 年起福特基金会基本停止了资助。中心也试图进行社会融资，但效果不太理想。一些学校的大学生做法律援助对于诸如电话费、交通费、资料费等费用，有时也要自行垫付。

二、法律援助在高校的发展

（一）诊所式法律教育项目的兴起

在国外，法学院校的学生和教员志愿参与法律援助的情况非常普遍，其组织形式在美国称为“诊所”，在荷兰称为“法律商店”。诊所式法律教育兴起于 20 世纪 60 年代的美国，强调培养学生的实践能力和社会公益意识，基本模式是让学生在老师的指导下，主要在公益性法律实务中“寓学于行”，进行公益性法律援助是当今美国法学教育中不可或缺的重要组成部分。诊所式法律教育的首要目的是培养高素质、具备一定司法实践的法律人才，对弱势群体进行法律援助无疑是实现这一目的的最好途径。

20 世纪 90 年代末，中国高校也引入了诊所式法律教育。许多法律院校还建立了学生法律援助机构，将学生的专业知识运用到实践工作中。近年来我国法律院校参与法律援助的广度和深度均有所扩大，一方面将法学教育与社会实践较好地结合起来，另一方面为我国法律援助工作提供了巨大的智力支持。武汉大学社会弱者权利保护中心成立于 1992 年，是我国首家依托高校、为社会提供公益服务的民间法律援助机构。该校在法学院大三学生中挑选专业成绩优、实践能力强、社会责任感及服务热情高的志愿者，在老师的指导下，处理接待当事人、分析案情、调查取证、参与调解、撰写文书、代理诉讼等各个环节的工作。中心的成功，带动了全国一批高校走上法援之路。北京大学、清华大学、中国人民大学、复旦大学等都较早地建立了相应机构。他们以法学院系学生为主体，在教师指导下代理法律援助案件。高校法律院系的学生以青年人特有的热情和社会良知，积极投入到法律援助事业中来，这些高校学生法律援助组织成为了社会法律援助的一支生力军。

（二）实践意义

1. 缓解法律援助的供需矛盾。我国法律援助制度面临十分突出的供需矛盾。由于法律援助人才供给不足，我国约有 3/4 应援助案件未得到援助。高校学生参与法律援助成为了政府法律援助的有益补充。例如，中国人民大学志愿者法律援助中心，总体规模均在百人以上，由研究生及中高年级本科生组成，并有8名教授担任顾问，每一年法援中心招募志愿者时，法学院的同学都排着长队来面试。大家都抱着“奉献激扬青春，以知识回馈社会”的热情，迫切希望加入到法律援助志愿者中来。

2. 培养学生的社会责任感，锻炼他们解决实际问题的能力。高校大学生法律援助日常工作主要是接待来访咨询者、电话咨询、信函回复，提供诉讼支持，如代写法律文书、帮助调查取证等，并对少数案件进行诉讼代理。法律援助的主要对象是贫困者、弱者和残疾者，法律援助工作洋溢着浓厚的人道主义精神。大学生参加法律援助工作就能直接面对这些社会问题，了解群众疾苦，并在提供法律援助过程中增强社会责任感和使命感。

3. 大学生从事法律援助工作与大学法学教育很好结合，为法学院系的学生提供了一个实践的窗口，促进了法学教育方式的改革。我国目前的法学教育存在诸多问题，如学生学习兴趣不高、理论知识不扎实、理论与实践相脱节等。而大学生从事法律援助工作，有利于教学、实践融为一体，既能激发学生学习的积极性，夯实理论知识，又能增强学生实践能力，培养学生的正义感、责任心。

（三）存在的问题

诊所式法学教育在中国经过了几年的探索与发展，在实践中却出现了当事人对学生不信任、法院对公益诉讼不重视、社会对学生的行为不理解等问题，让有着培养高素质法律人才初衷的诊所式法学教育，几乎面临着举步维艰的尴尬境地。

1. 业务发展空间有限。高校中的法律援助机构，其服务的主体是在校大学生，而这些学生大多数并没有律师执业资格证书，法学知识并不完善，缺乏实践经验。大多数大学生志愿者有从事法律援助工作的热心，面对社会新兴热点问题，如劳资纠纷、城市拆迁、房产交易矛盾等，缺乏相应的理论知识和必要的基本技能，一般只能从事简单的法律咨询、代写法律文书、非诉讼调解等。至于调查取证、代理诉讼、刑事辩护等学生很难胜任，并且当事人都希望寻求“诊所”教师的法律帮助，而对安排为之服务的经验不足的学生常常不予认可。因此，如何解决好最大限度保证当事人的权益和让法律诊所中每个学生都得到锻炼和培养之间的矛盾，是摆在所有法律诊所面前的首要问题。

2. 管理机制有待规范。法律援助的正常有序运作需要建立一套比较完整的制度，包括值班制度，案件受理、分配、承办制度，案情讨论制度，反馈制度等。但目前一些高校的法律援助机构尚未根据自身的情况制定一套比较合理、完整的制度。同时在内部管理方面也缺乏规范。例如，缺少对大学生参与法律援助活动必要的奖惩机制。

三、法律援助志愿者

（一）法律援助志愿者的特征

法律援助志愿者是指具备一定的法律专业知识和能力，经法律援助机构审核批准，依照规定办理《法律援助志愿者服务证》，自愿无偿为社会贫弱者提供法律服务的人员。

作为法律援助志愿者有如下特征：

1. 自愿、无偿从事法律援助工作

根据《中国青年志愿者注册管理办法（试行）》的规定："志愿者是指不为物质报酬，基于良知、信念和责任，自愿为社会和他人提供服务和帮助的人。"作为法律援助志愿者基于本人意愿，自愿报名也自愿退出，任何部门不得强制其成为法律援助志愿者。同时法律援助志愿者是无偿从事法律援助工作，不能在办理法律援助案件中向受援人收取费用和财物。

2. 依法注册，并取得《法律援助志愿者服务证》

根据司法部、共青团中央《关于实施法律援助志愿者服务计划的通知》规定，法律援助志愿者报名时，应为所在地区或单位的青年志愿者组织就近就便注册登记，成为注册志愿者。

（二）法律援助志愿者具备的条件

按照《中国青年志愿者注册管理办法（试行）》及《关于实施法律援助志愿者服务计划的通知》的规定，要成为法律援助志愿者，必须具备以下基本条件：

1. 具备大专以上学历，年龄一般在20~60岁之间，身体健康；确系工作需要的，年龄、学历可适当放宽。

2. 热心于法律援助事业，有较强的社会责任感和奉献精神。

3. 品行良好、遵纪守法。

4. 具备相应法律专业知识或资格，能够适应相应法律援助志愿服务工作的实际要求。一般法律援助志愿者范围包括社会执业律师、基层法律服务工作者，在公、检、法、司等机关从事法律业务工作的离退休人员，法学院校从事法学教学的教师和法律专业在校学生，具有法律大专以上学历，在工会、共青团、妇联、残联、老龄委等部门专职从事法律维权工作的人员，法制新闻单位记者，适合从事法律援助志愿服务的其他人员等。

（三）法律援助志愿者的招募对象与方式

1. 招募对象。志愿者主要在县级以上城市招募，同时也欢迎其他城镇的志愿者参与。

2. 招募方式。对法律援助志愿者的招募工作应当坚持公开招募、自愿报名的原则。

(1) 社会招募。即通过新闻媒体和其他形式发布招募启示，举办招募说明会，开展各种宣传活动，面向社会公开招募志愿者。

(2) 组织招募。即各级司法行政管理部门、团组织、志愿者组织在当地党委、政府的领导和支持下，按照有关规定，通过组织系统开展动员工作。

（四）法律援助志愿者的服务范围

对于不具备法律执业资格的法律援助志愿者来说，一般只能做一些诸如接待咨询、代写法律文书、提供法律意见、调解、法制宣传、处理法律援助的文件档案等辅助性工作，或办理一些情节简单、性质轻微或者不需要法律执业资格的案件。对具备相应法律执业资格的法律援助志愿者，除提供上述法律援助服务外，可以代理诉讼和仲裁，律师还可以进行调查取证、刑事辩护等。

（五）法律援助志愿者的组织管理

法律援助志愿者服务计划由司法部、共青团中央共同组织实施，并成立中国青年志愿者协会法律援助志愿者分会，负责规划、协调、指导全国法律援助志愿服务的各项工作，筹划、组织全国性法律援助志愿服务活动，推动实施长期工作项目，配合每年全国青年志愿者行动十杰百优评选表彰工作，推荐参评人选，并组织法律援助志愿服务的专项宣传、表彰活动。分会秘书处设在司法部法律援助中心。各省（区、市）司法厅（局）、团委根据实际工作需要建立相应的组织机构，并推荐司法厅（局）分管厅（局）长、团委分管书记担任中国青年志愿者协会法律援助志愿者分会执委，推荐法律援助机构、青年志愿者协会秘书处负责人担任分会委员。

（六）法律援助志愿者的政策保障

1. 法律援助志愿者服务计划是促进法律援助社会人力资源开发的一种重要方式，各级司法行政管理部门、团组织应当结合实际制定具体政策，鼓励社会各界特别是法律工作者或法律院校师生积极参与。

2. 企业向中国法律援助基金会、中国青年志愿者协会以及各级法律援助机构、志愿者组织或中西部贫困地区捐赠款物的，享受国家规定的税收优惠政策。

【思考题】

1. 简述法律援助管理人员的概念与特征。
2. 简述法律援助服务人员的范围。
3. 简述法律援助服务人员的权利与义务。
4. 社会法律援助的组织形式有哪些？

第五章　法律援助的程序

【本章要点】

本章从法律援助的申请与管辖、法律援助审查与决定、法律援助的承办三个方面对我国法律援助的程序进行论述。

法律援助的程序是指法律援助申请人和法律援助机构在法律援助活动中所应遵循的程序规则的总称。

法律援助的程序包括法律援助申请人如何向法律援助机构提出申请、法律援助机构依法审查并决定是否给予申请人以法律援助、法律援助机构如何组织实施法律援助活动和法律援助活动结束后的档案管理等。法律援助的程序是有关法律援助机构、法律援助的承办人为受援人提供法律援助和受援人接受法律援助过程中所应当遵循的制度上的法律规定。我国《法律援助条例》第三章、第四章和《办理法律援助案件程序规定》对法律援助案件的程序做了明确规定，是进行法律援助的依据。

程序是司法的生命，没有程序便没有司法公正可言。法律援助程序是实现申请人实体利益的制度保障，一方面法律援助程序可以指导申请人向何处申请、如何申请法律援助，另一方面可以约束法律援助机构依法办事，法律援助机构必须在规定的时间内向具备法定条件的申请人提供法律援助，否则将承担法律责任。正如法谚“正义不仅应得到实现，而且要以人们看得见的方式加以实现”表述的那样，法律援助的程序不仅使当事人的实体利益得到了实现，而且以看得见的方式得到实现。

第一节　法律援助申请与管辖

根据《法律援助条例》、《办理法律援助案件程序规定》和《刑事诉讼法》的规定，我国法律援助程序的启动方式包括两种，一是由法律援助机构对于符合获得法律援助条件的公民以直接指定的方式启动法律援助程序。新修订的《刑事诉讼法》规定了应当提供法律援助的法定情形。犯罪嫌疑人、被告人属于下列情形之一的，人民法院、人民检察院和公安机关应当通知法律援助机构指派律师为其提供辩护：犯罪嫌疑人、被告人是盲、聋、哑人，没有委托辩护人的；犯罪嫌疑人、被告人属于尚未完全丧失辨认或者控制自己行为能力的精神病人，没有委托辩护人的；犯罪嫌疑人、被告人可能被判处无期徒刑、死刑，没有委托辩护人的；未成年犯罪嫌疑人、被告人没有委托辩护人的，人民法院、人民检察院、公安机关应当通知法律援助机构指派律师为其提供辩护。另外，人民法院在审理强制医疗案件时，遇有被申请人或者被告人没有委托诉讼代理人的，应当通知法律援助机构指派律师为其提供法律帮助。二是由法律援助申请人向法律援助机构申请启动法律援助程序。其中申请人向法律援助机构提出申请是启动法律援助程序的主要方式。

一、申请法律援助的条件

法律援助申请是申请人获得法律援助的前提条件，如果没有申请人的援助申请，法律援助机构就不存在审查和受理的问题，法律援助程序也就无从开始。

申请人申请法律援助必须满足以下条件：

（一）申请法律援助的主体是与申请事项有直接利害关系的公民

申请人如果与申请事项没有直接的利害关系，属于申请人不适格，不能作为申请人向法律援助机构提出援助申请。根据我国目前的法律规定，申请法律援助的主体必须是公民，组织不能申请法律援助。

（二）申请法律援助的事由属于法律援助范围

公民在其合法权益受到侵害或与他人发生法律争议后，其申请法律援助的事由必须属于法律援助的范围。根据《法律援助条例》第 10 条规定，公民对下列需要代理的事项，因经济困难没有委托代理人的，可以向法律援助机构申请法律援助：依法请求国家赔偿的，请求给予社会保险待遇或者最低生活保障待遇的，请求发给抚恤金、救济金的，请求给付赡养费、抚养费、扶养费的，请求支付劳动报酬的，主张因见义勇为行为产生的民事权益的。此外，对于省、自治区、直辖市明确规定的上述事项之外可以申请法律援助的事项也可以申请法律援助。①

---

① 如 2006 年《上海市法律援助条例》第 5 条规定，公民除可以就《法律援助条例》第 10 条规定的事项申请法律援助外，经济困难的公民还可以对下列事项申请法律援助：（一）在签订、履行、变更、解除和终止劳动合同过程中受到损害，主张权利的；（二）因工伤、交通事故、医疗事故受到人身损害，主张权利的；（三）因遭受家庭暴力、虐待、遗弃，合法权益受到损害，主张权利的；（四）法律、法规和规章规定应当提供法律援助的其他事项。2005 年《浙江省援助条例》第 9 条规定了经济困难公民还可以就请求医疗事故、交通事故、工伤事故赔偿申请法律援助。

公诉案件中的被害人及其法定代理人或者近亲属，自案件移送审查起诉之日起，因经济困难没有委托诉讼代理人的；自诉案件的自诉人及其法定代理人，自案件被人民法院受理之日起，因经济困难没有委托诉讼代理人的，本人及其近亲属可以向法律援助机构提出申请。公民除了对上述事项可以申请法律援助外，还可以就上述事项向法律援助机构申请法律咨询。

根据《刑事诉讼法》第34条的规定，犯罪嫌疑人、被告人因经济困难或者其他原因没有委托辩护人的，本人及其近亲属可以向法律援助机构提出申请。

（三）申请法律援助的前提是因经济困难没有委托诉讼代理人或聘请律师

国家设立法律援助制度的目的在于保障那些因经济困难而没能力支付法律服务费用的人获得法律服务，保障其合法权益的实现，避免由于经济上的贫富分化带来法律保护上的失衡。因此，法律援助申请人在提出申请时，必须提供证明其无力承受全部或部分法律服务费用的有效文件，否则，便不能获得法律援助。关于申请人经济困难标准的认定，原则上按照申请人住所地的省、自治区、直辖市人民政府根据本行政区域经济发展状况和法律援助事业的需要规定进行，但是申请人住所地的经济困难标准与受理申请的法律援助机构所在地的经济困难标准不一致的，按照受理申请的法律援助机构所在地的经济困难标准执行。

（四）申请法律援助的方式应采取书面形式

法律援助申请一般包括两种方式，即书面申请和口头申请。世界上多数国家采用书面申请方式，少数国家和地区法律上明确规定书面和口头两种方式均可，如《德国法律援助法》第4条规定，申请可以是口头的也可以是书面的。[①] 我国申请法律援助的方式采取书面申请方式。

书面申请是指申请人通过向法律援助机构递交申请书的方式进行的申请。书面申请一方面有利于申请人全面、准确、详细表述申请的内容和要求，另一方面也有利于受理机构正确审查、决定及立案归档。根据《法律援助条例》第17条第2款和《办理法律援助案件程序规定》第9条规定，我国法律援助申请应当采用书面形式，由当事人自己填写《法律援助申请表》。如果申请人填写申请表确有困难的，由法律援助机构工作人员或者转交申请的机关、单位工作人员代为填写。由法律援助机构工作人员或转交申请的机关、单位工作人员代为填写申请的，法律援助机构工作人员或者代为转交申请的有关机构工作人员应该作书面记录，将申请人的基本情况和案情等有关事项记入笔录，所作申请念读给申请人无异议后交由申请人签名或盖章。

---

① 司法部法律援助中心编译：《各国法律援助法规选编》，中国方正出版社1999年版，第241页。

公民申请代理、刑事辩护法律援助除提交申请书外，还应当提交以下证明材料：(1) 身份证或者其他有效的身份证明，申请代理人还应当提交有代理权的证明。(2) 法律援助申请人经济状况证明表。法律援助申请人经济状况证明表应当由法律援助地方性法规、规章规定的有权出具经济困难证明的机关、单位加盖公章。无相关规定的，由申请人住所地或者经常居住地的村民委员会、居民委员会或者所在单位加盖公章。(3) 与所申请法律援助事项有关的案件材料。

申请人持有下列证件、证明材料的，无须提交法律援助申请人经济状况证明表：(1) 城市居民最低生活保障证或者农村居民最低生活保障证；(2) 农村特困户救助证；(3) 农村"五保"供养证；(4) 人民法院给予申请人司法救助的决定；(5) 在社会福利机构中由政府出资供养或者由慈善机构出资供养的证明材料；(6) 残疾证及申请人住所地或者经常居住地的村民委员会、居民委员会出具的无固定生活来源的证明材料；(7) 依靠政府或者单位给付抚恤金生活的证明材料；(8) 因自然灾害等原因导致生活出现暂时困难，正在接受政府临时救济的证明材料；(9) 法律、法规及省、自治区、直辖市人民政府规定的能够证明法律援助申请人经济困难的其他证件、证明材料。

(五) 申请人应通过以下途径申请法律援助

1. 申请人亲自到法律援助机构提出申请

这种申请有助于受理机构对案件事实的了解，也有利于申请人感受到法院援助制度的关怀。

2. 委托代理申请

申请人如果由于行动不便、人身自由受限制等原因而无法亲自去法律援助机构申请时，可以委托他人代为申请法律援助。代理人代为进行法律援助申请的，应该具有委托人授权的委托书。申请法律援助的公民如果是无民事行为能力人或限制民事行为能力人，应由其法定代理人代为提出申请。无民事行为能力人或者限制民事行为能力人与其法定代理人之间发生诉讼或者因其他利益纠纷需要法律援助的，由与该争议事项无利害关系的其他法定代理人代为提出申请。

3. 转交申请

根据最高人民法院、最高人民检察院、公安部、司法部《关于刑事诉讼法律援助工作的规定》和《办理法律援助案件程序规定》，被羁押的犯罪嫌疑人、被告人、服刑人员，劳动教养人员、强制隔离戒毒人员申请法律援助的，可以通过办理案件的人民法院、人民检察院、公安机关或者所在监狱、看守所、劳动教养管理所、强制隔离戒毒所转交申请，公安机关、人民检察院、人民法院或者所在监狱、看守所、劳动教养管理所、强制隔离戒毒所在收到被羁押的犯罪嫌疑人、被告人提出的法律援助申请后，应当在 24 小时内将其申请转交所在地的法律援助机构，并通知申请人的法定代理人、近亲属或者其委托的其他人员协助提供《法律援助条例》第 17 条规定的有关证件、证明及案件材料。犯罪嫌疑人的法定代理人或者近亲属地址不详无法通知的，公安机关、人民检察院、人民法院应当在转交申请时一并告知法律援助机构。司法实践中，政法机关、劳动局、民政局、妇联、律师事务所等法律援助联络员，要求他们将当事人的法律援助书面申请代为接受并转交给法律援助机构。①

此外，法律援助机构工作人员在为申请人提供法律援助咨询过程中，如果发现符合法律援助条件和受案范围，应当告知咨询者可以提出法律援助申请，然后由咨询人决定是否申请法律援助。

（六）申请法律援助必须向有管辖权的法律援助机构提出申请

我国根据法律援助事项的不同规定了不同的管辖机构，申请人申请法律援助必须按照法律的规定向有管辖权的机构提出申请。《办理法律援助案件程序规定》第 8 条规定了受理法律援助申请的管辖机关：公民因经济困难就《法律援助条例》第 10 条规定的事项申请法律援助的，由义务机关所在地、义务人住所地或者被请求人住所地的法律援助机构依法受理。《法律援助条例》第 11 条规定的公民因经济困难申请刑事法律援助的，由办理案件的人民法院、人民检察院、公安机关所在地的法律援助机构受理。申请人就同一事项向两个以上法律援助机构提出申请的，由最先收到申请的法律援助机构受理。此外，申请人可以直接向法律服务机构提出法律援助申请。法律服务机构认为符合法律援助条件的，应当报请当地法律援助机构审查确认，但法律服务机构自愿提供无偿法律服务的除外。

法律援助机构受理法律援助申请后，应当向申请人出具收到申请材料的书面凭证，载明收到申请材料的名称、数量、日期。

为了方便群众，体现司法便民原则，《办理法律援助案件程序规定》第 7 条规定了法律援助机构应当将办公地址、通讯方式等信息予以公示，在接待场所和司法行政政府网站上公示法律援助条件、程序、申请材料目录和申请示范文本等。

二、法律援助管辖

法律援助管辖是指不同的法律援助机构之间接受法律援助案件的权限分工。从法律援助机构角度看，法律援助管辖是不同地区的法律援助机构之间对法律援助案件受理职责的分工；从申请人角度看，法律援助管辖是就某一特定的法律援

① 沈红卫：《中国法律援助制度研究》，湖南人民出版社 2006 年版，第 296 页。

助案件申请人应该到哪一个法律援助机构申请援助的问题。根据《法律援助条例》第 5 条“直辖市、设区的市或者县级人民政府司法行政部门根据需要确定本行政区域的法律援助机构。法律援助机构负责受理、审查法律援助申请，指派或者安排人员为符合本条例规定的公民提供法律援助”的规定，我国法律援助的主管机构为司法部和各级地方政府设立的法律援助机构，其他组织和个人可以提供法律援助服务。申请人申请法律援助必须向法律援助机构提出申请。

我国的法律援助管辖因援助事项的性质不同而有所区别，主要包括刑事案件中的法律援助管辖与非刑事案件的法律援助管辖和非诉讼法律援助管辖三种。

（一）刑事案件中的法律援助管辖

在案件侦查阶段，公安机关、人民检察院在对犯罪嫌疑人依法进行第一次讯问后或者采取强制措施之日起，在告知犯罪嫌疑人有权聘请律师为其提供法律帮助、代理申诉、控告或者为其申请变更强制措施的同时，应当告知其如果经济困难，可以向法律援助机构申请法律援助。对于涉及国家秘密的案件，应当告知犯罪嫌疑人申请法律援助应当经侦查机关批准。在该阶段，犯罪嫌疑人因经济困难没有聘请律师的，可以向办理案件的公安机关、人民检察院所在地的法律援助机构申请法律援助。

在审查起诉阶段，人民检察院自收到移送审查起诉的案件材料之日起 3 日内，在告知犯罪嫌疑人有权委托辩护人的同时，应当告知其如果经济困难，可以向法律援助机构申请法律援助；在告知被害人及其法定代理人或者其近亲属有权委托诉讼代理人的同时，应当告知其如果经济困难，可以向法律援助机构申请法律援助。犯罪嫌疑人、被害人及其法定代理人或者近亲属，因经济困难没有聘请律师或者委托诉讼代理人的，可以向办理案件的人民检察院所在地的法律援助机构申请法律援助。

在审判阶段，由人民法院所在地的法律援助机构统一接受并组织实施，由申请人向有管辖权的法院所在地的法律援助机构提出申请或由人民法院通知所在地的法律援助机构指派律师提供辩护。这里所说的管辖权是指依照《刑事诉讼法》有关管辖方面的规定，人民法院对刑事案件所拥有的审判管辖权。管辖确定以后，刑事诉讼被告人或被害人可以根据有关规定向对本案件有管辖权的人民法院所在地的法律援助机构申请刑事法律援助。人民法院对提起公诉的案件自审查完毕之日起 3 日内，在告知被告人有权委托辩护人的同时，应当告知其如果经济困难，可以向法律援助机构申请法律援助。人民法院自受理自诉案件之日起 3 日内，在告知自诉人及其法定代理人有权委托诉讼代理人的同时，应当告知其如果经济困难，可以向法律援助机构申请法律援助。告知可以采取口头或者书面方式。口头告知的，应当制作笔录，由被告知人签名；书面告知的，应当将送达回执入卷。

原则上，同一法律援助案件，应该由同一法律援助机构受理。对于两个以上的法律援助机构均可受理的法律援助案件，当事人可选择一个提出申请，公民如果向两个以上法律援助机构提出法律援助申请的，由先收到申请的法律援助机构受理，后收到法律援助申请的机构应该在知道事实以后作出不予受理的决定。法律援助机构之间因管辖发生争议时，由上级司法行政部门指定受理。

（二）非刑事案件的法律援助管辖

非刑事案件法律援助管辖主要指民事诉讼、行政诉讼案件法律援助管辖，该类案件的法律援助依据当事人的申请而启动。当事人申请民事、行政诉讼法律援助，由当事人向有管辖权的人民法院所在地的法律援助机构提出申请。这里所说的管辖权是指依照《民事诉讼法》、《行政诉讼法》的有关管辖方面的规定，人民法院对某个民事案件、行政案件所拥有的审判管辖权。当一个民事案件或行政案件的管辖确定以后，当事人可以向对本案件行使审判管辖权的人民法院所在地的法律援助机构申请民事或行政诉讼法律援助。《办理法律援助案件程序规定》第8条规定："公民因经济困难就《法律援助条例》第10条规定的事项申请法律援助的，由义务机关所在地、义务人住所地或者被请求人住所地的法律援助机构依法受理。"

具体来说，公民申请民事、行政诉讼法律援助应向下列机关提出申请：

1. 请求国家赔偿的，向赔偿义务机关所在地的法律援助机构提出申请；

2. 请求给予社会保险待遇、最低生活保障待遇或者请求发给抚恤金、救济金的，向提供社会保险待遇、最低生活保障待遇或者发给抚恤金、救济金的义务机关所在地的法律援助机构提出申请；

3. 请求给付赡养费、抚养费、扶养费的，向给付赡养费、抚养费、扶养费的义务人住所地的法律援助机构提出申请；

4. 请求支付劳动报酬的，向支付劳动报酬的义务人住所地的法律援助机构提出申请；

5. 主张因见义勇为行为产生的民事权益的，向被请求人住所地的法律援助机构提出申请。

（三）其他非诉讼法律事务法律援助管辖

其他非诉讼法律事务法律援助管辖，由申请人向住所地或工作单位所在地的法律援助机构提出申请。根据《司法部关于开展公证法律援助工作的通知》的规定：公民在办理与抚恤金、救济金、劳动保险金、劳工赔偿金、赡养、抚养等有关的公证事项，本人经济困难确须减免公证服务费的，可以申请公证法律援助。公民申请公证法律援助，应当先向有公证管辖权的公证处所在地的法律援助机构书面提出申请，提交有关经济困难状况的证明材料。对于其他非诉讼法律事务，由申请人向住所地或工作单位所在地的法律援助机构提出申请。法律援助机构对公民申请的法律咨询服务，应当即时办理；复杂疑难的，可以预约择时办理。

第二节 法律援助的审查与决定

一、法律援助审查

（一）法律援助审查程序

法律援助审查是指法律援助机构在接受申请人的申请后，在规定的时间内对申请人申请法律援助的案由、申请人的经济状况进行核对，以此决定是否给予法律援助的程序。法律援助机构收到法律援助申请后，应当进行审查；认为申请人提交的申请材料不齐全或者内容不清楚的，应当发出补充材料通知或者要求申请人作出说明。申请人补充材料、作出说明所需的时间不计入审查期限。申请人未按要求补充材料或者作出说明的，视为撤销申请。认为申请人提交的证件、证明材料需要查证的，由法律援助机构向有关机关、单位查证。

（二）法律援助审查原则

法律援助机构对法律援助申请的审查要遵循统一、公正、全面、及时、准确的原则。

1. 统一审查原则

统一审查原则一方面指法律援助审查主体的统一，法律援助申请统一由法律援助机构进行审查，其他任何机构和组织都无权对申请人的申请进行审查；另一方面指法律援助审查标准的统一，对于申请条件相同的应该给予相同的后果。

2. 公正审查原则

公正审查原则一方面要求审查主体对与自己有利害关系的事项要予以回避；另一方面要保证申请人陈述权和申辩权的行使。

3. 全面审查原则

全面审查原则要求法律援助机构对当事人的申请事项、经济状况、案件管辖权和与法律援助等有关的事项进行仔细的审查。

4. 及时审查原则

及时审查原则要求法律援助机构恪守法律规定的各种程序的时限，在不影响办案质量的情况下提高工作效率，尽早审查完毕，以免因审查延误而损害申请人利益。

5. 准确审查原则

准确审查原则要求办案人员提高自身业务素质和职业操守，办理案件不出现错误或失误。

（三）法律援助审查内容

1. 审查主体

我国《法律援助条例》第 5 条第 2 款规定，法律援助机构负责受理、审查法律援助申请。该条表明，在我国法律援助申请的审查统一由法律援助机构进行，其他任何机构和组织都无权进行法律援助审查，接到法律援助申请的法律援助机构应及时按照法律规定的条件审查法律援助申请。法律援助申请统一由法律援助机构进行审查便于审查标准的统一，保证了相同条件的申请人获得相同的待遇。

2. 审查范围

在接到当事人的申请后，法律援助机构应在规定的时间内，认真负责地对申请人的申请进行审查。法律援助机构的审查范围包括：

（1）当事人申请书及委托书和身份证明。

（2）申请人申请的法律援助是否属于法律援助事项，凡不属于法律援助范围内的，应当作出不予法律援助的决定。

（3）属于法律援助的事项是否由该法律援助机构受理，即该法律援助机构是否享有管辖权。经审查以后，如果法律援助申请事项不属于该法律援助机构的受理范围，应当告知申请人到有管辖权的法律援助机构申请或者移送到有管辖权的法律援助机构。

（4）申请人的经济困难证明。法律援助机构提供法律援助以申请人经济困难为前提，因此，对于当事人申请法律援助的案件，法律援助机构一般都要严格审查申请人的经济状况。

3. 审查方式

法律援助机构对申请人申请的审查一般采取书面审查的形式，申请人应当提供所有必需的书面材料。在特殊情况下，根据申请人提交的书面材料不能决定是否给予法律援助情况下，法律援助机构应该对有关单位和个人进行实地调查，以便得出更符合实际的结论。比如，法律援助机构可以通过向申请人居住地的邻居、同事等核实申请人的经济状况是否属于困难标准；可以通过调查、走访案发地的周围群众和相关办案部门对所涉案件的意见补充案件的事实和证据。

4. 审查期限

《法律援助条例》规定了法律援助机构在收到申请人申请后应当在 7 个工作日内进行审查并作出是否给予法律援助的决定。法律援助机构认为申请人提交的申请材料需要查证的，应当向有关机关、单位调查核实；受理申请的法律援助机构需要请求异地法律援助机构协助查证的，可以向作出指派或者安排的法律援助机构报告，作出指派或者安排的法律援助机构可以请求调查取证事项所在地的法律援助机构协作。在此情况下，法律援助机构受理申请的期限可以不受7个工作日的限制，适当延长审查期限，但要及时办理并作出是否给予法律援助的决定。

5. 回避

回避制度是现代诉讼法普遍确立的一项制度。为了保证诉讼制度的公正性，自古罗马时期以来就在诉讼制度中确立了“任何人不能做自己裁判的法官”的真理，要求任何人对与自己有利害关系的事项都不得参与其中，否则就违背了自然公正原则。在法律援助活动中，由于审查的内容涉及对当事人的经济状况的判断，为了彰显公正，由与申请人无利害关系的工作人员进行审查。负责审查和批准援助申请的工作人员有下列情况之一的，应当回避：是援助事项的申请人或申请人的亲属；与申请事项有直接利害关系。① 负责审查和批准援助申请的工作人员具有回避情形的，应当主动要求回避，申请人或其他人员发现上述情况的也可以向法律援助机构提出回避申请，由法律援助机构作出回避或不回避的决定。

二、法律援助决定

法律援助申请经法律援助机构审查以后发生两种结果：对符合条件者法律援助机构作出提供法律援助的决定，并制作给予法律援助决定书，指定承办法律援助事项的法律服务人员为申请人提供法律援助；对不符合条件的，作出不予援助的决定，并制作不予法律援助决定书。不予法律援助决定书应当载明不予法律援助的理由及申请人提出异议的权利。给予法律援助决定书和不予法律援助决定书应当发送申请人；属于被羁押的犯罪嫌疑人、被告人、服刑人员，劳动教养人员、强制隔离戒毒人员申请法律援助的情形的，法律援助机构还应当同时函告有关人民法院、人民检察院、公安机关及监狱、看守所、劳动教养管理所、强制隔离戒毒所。

申请人对法律援助机构不予法律援助的决定有异议的，可以向主管该法律援助机构的司法行政机关提出。司法行政机关经审查认为申请人符合法律援助条件的，应当以书面形式责令法律援助机构及时对该申请人提供法律援助，同时书面告知申请人；认为申请人不符合法律援助条件的，应当维持法律援助机构不予法律援助的决定，书面告知申请人并说明理由。司法行政部门责令法律援助机构对申请人提供法律援助的，法律援助机构应该无条件遵从，必须为申请人及时提供

---

① 参见1997年司法部颁布的《司法部关于开展法律援助工作的通知》第4项。

法律援助。

司法行政部门对申请人异议作出的决定具有终局性，一旦维持法律援助机构不予援助的决定以后，申请人不能够再依据相同理由向本援助机构和其他法律援助机构提出申请。这样规定主要是基于以下两个原因：其一，是否给予法律援助的决定不是纯粹意义的具体行政行为，对当事人的固有利益没有较大影响；其二，避免申请人因没有获得法律保护而再次提起诉讼，造成循环诉讼后果。因此，《法律援助条例》规定了法律援助申请人对司法行政部门维持法律援助机构不予提供法律援助的决定的行为不得再申请复议或提起行政诉讼。

三、先行法律援助制度

一般情况下，当事人如果想获得法律援助必须向法律援助机构申请，只有在该申请获批准后，方可获得法律援助。但在特殊情况或紧急情况下，为了维护申请人的利益，法律援助机构可以先行提供法律援助，之后报法律援助机构核准并补办手续。

根据《办理法律援助案件程序规定》第 18 条规定申请事项符合《法律援助条例》第 10 条、第 11 条规定，且具有下列情形之一的，法律援助机构可以决定先行提供法律援助：（1）距法定时效届满不足 7 日，需要及时提起诉讼或者申请仲裁、行政复议的；（2）需要立即申请财产保全、证据保全或者先予执行的；（3）其他紧急或者特殊情况。

先行提供法律援助的，受援人应当在法律援助机构确定的期限内补交规定的申请材料。法律援助机构经审查认为受援人不符合经济困难标准的，应当终止法律援助，并做终止法律援助决定书送达受援人，同时函告法律援助人员所属单位和有关机关、单位。法律援助人员所属单位应当与受援人解除委托代理协议。

第三节　法律援助承办

申请人的援助申请批准后，即进入法律援助承办阶段。法律援助承办是指法律援助机构为符合法律援助条件的公民提供法律援助的过程，是法律援助机构及法律援助人员在遵守一系列法定程序的前提下所进行的活动总称。它包括指派律师等法律援助人员、签订法律援助协议、案件办理、案卷归档、支付办案补贴等。

一、指派法律援助人员

（一）法律援助人员的范围

1. 律师

根据《律师法》第 42 条规定，提供法律援助是律师和律师事务所的法定义务。在我国，律师无须到法律援助机构进行注册，所有持有执业证的律师都必须接受法律援助机构的指派。法律援助律师接到通知书后，应及时办理相关手续，履行法律援助义务。对法律援助机构的指派，律师不得无故拒绝，否则应受到司法行政部门相应的行政处罚。被指派的律师有正当理由无法办理指派的法律援助案件时，应向法律援助机构提出书面材料，经法律援助机构审查批准后，免除办理承办的法律援助案件义务，由法律援助机构另行指派其他律师办理。

被指派的律师与受援人间存在以下情形的，可以申请回避或由法律援助机构决定回避：(1) 被指派的律师是同一案件的其他当事人的律师或法律顾问，且该当事人与受援人之间存在利害冲突。(2) 被指派的律师是其他有利害冲突当事人的近亲属。(3) 被指派的律师与受援人间存在其他利害冲突，可能影响法律援助公正实施的。

被指派承办法律援助的律师事务所如果确有正当理由不宜承办指派的法律援助事项时，应在接到指派后 3 日内向法律援助机构申请变更承办单位。提请变更应说明变更理由和法律依据，法律援助机构应在接到申请后 3 日内作出是否准予变更的决定。

2. 法律援助机构工作人员和有关社会组织所属人员

法律援助机构除可以指派律师事务所安排律师承担法律援助义务外，还可以安排本机构的工作人员办理法律援助案件；也可以根据其他社会组织的要求，安排其所属人员办理法律援助案件，还可以由基层法律工作者、法律援助志愿者等法律服务人员自愿担任。

实践中有些法律援助机构不经过律师事务所直接指派律师到个人，这一做法与律师法规定的由律师事务所统一接受委托的规定不相符合，也不利于律师事务所等法律服务机构对其所属人员承办法律援助案件进行监管。因此，《办理法律援助案件程序规定》规定了法律援助机构指派本机构以外的办案人员，应当通过律师事务所、基层法律服务所、社会组织进行。对于受援人根据“点援制”选择的承办人员，法律援助机构也应当将指派函发送承办人员所属单位，通过单位履行相关手续。

（二）法律援助人员的确定

多数国家的立法中规定了受援人可以选择法律援助人员，但这种选择权要受到限制，即规定受援人只能从法律援助机构提供的名册中选择。如 1988 年的《英国法律援助法》第 32 条规定：“（1）根据本条的规定，被授权接受咨询、帮助或代理的人应从愿意根据本法案提供咨询、帮助、或代理的法律代理人之中选择法律代理人提供咨询、帮助或为他代理。（2）当委员会根据第四章（即民事法律援助）给予的代理许可限制为根据与委员会达成的一项协议进行代理时，委员会可在其认为适当时，给受援人指派一位或几位法律代理人，或者指令他只能从与委员会签有此类合同的法律代理人中选择一位法律代理人。”

根据《办理法律援助案件程序规定》的规定，法律援助机构指派或安排法律援助人员的应当受到下列限制：

1. 应当根据本机构、律师事务所、基层法律服务所、其他社会组织的人员数量、资质、专业特长、承办法律援助案件的情况、受援人意愿等因素合理指派或者安排承办机构、人员。

2. 对于承当死刑案件的辩护人，法律援助机构、律师事务所应当指派或者安排具有一定年限刑事辩护执业经历的律师担任。

3. 对于指定辩护的案件，法律援助人员应当在首次会见犯罪嫌疑人、被告人时，询问是否同意为其辩护，并记录在案。犯罪嫌疑人、被告人不同意的，应当书面告知人民法院、人民检察院、公安机关和法律援助机构。对犯罪嫌疑人、被告人具有应当指定辩护的情形，人民法院、人民检察院、公安机关决定为其另行指定辩护人的，法律援助机构应当另行指派或者安排人员承办。

4. 受援人有证据证明法律援助人员不依法履行义务的，可以请求法律援助机构更换法律援助人员。法律援助机构应当自受援人申请更换之日起 5 个工作日内决定是否更换。决定更换的，应当另行指派或者安排人员承办。更换法律援助人员的，原法律援助人员所属单位应当与受援人解除或者变更委托代理协议，原法律援助人员应当与更换后的法律援助人员办理案件材料移交手续。

对于民事、行政法律援助案件，法律援助机构应当自作出给予法律援助决定之日起 7 个工作日内指派律师事务所、基层法律服务所、其他社会组织安排其所属人员承办，或者安排本机构的工作人员承办。对于刑事法律援助案件，法律援助机构应当自作出给予法律援助决定或者收到指定辩护通知书之日起 3 个工作日内指派律师事务所安排律师承办，或者安排本机构的法律援助律师承办。

法律援助机构、律师事务所、基层法律服务所或者其他社会组织应当自指派或者安排法律援助人员之日起 5 个工作日内将法律援助人员姓名和联系方式告知受援人，并与受援人或者其法定代理人、近亲属签订委托代理协议，但因受援人的原因无法按时签订的除外。

（三）签订法律援助协议

法律援助机构选定法律援助人员后，将提供法律援助的决定书及具体承办该项法律援助事项的法律服务机构和法律服务人员通知受援人，由法律援助具体承办人员与法律援助机构、受援人三方签订《法律援助协议书》，明确规定各方权利和义务。

《法律援助协议书》主要包括以下几方面内容：法律援助机构名称、负责人、地址及联系方式，法律援助承办人员姓名及工作单位，受援人姓名及自然情况等；提供法律援助的具体理由；法律援助人员的权限和法律责任；受援人在法律援助过程中的权利、义务和法律责任；法律援助承办人员、受援人、法律援助机构负责人签名及盖章。

二、法律援助人员的职责

在法律援助事项承办过程中，办理法律援助案件的人员，应当依照法律、法规及本规定，遵守有关法律服务业务规程，为受援人提供优质高效的法律服务；应当保守在办理法律援助案件中知悉的国家秘密、商业秘密，不得泄露当事人的隐私；应当遵守职业道德和执业纪律，自觉接受监督。此外，法律援助人员还要承担下列具体义务：

1. 会见受援人。法律援助人员会见受援人，要制作会见笔录。会见笔录应当经受援人确认无误后签名或者按指印；受援人无阅读能力的，法律援助人员应当向受援人宣读笔录，并在笔录上载明。对于指定辩护的案件，法律援助人员还应当在首次会见犯罪嫌疑人、被告人时，询问是否同意为其辩护。

2. 调查取证。针对实践中有的法律援助人员不充分调查取证的情况，《办理法律援助案件程序规定》明确了法律援助人员根据需要依法进行调查取证的义务。法律援助人员承办案件，应当根据需要依法进行调查取证，并可以根据需要请求法律援助机构出具必要的证明文件或者与有关机关、单位进行协调。

3. 参加庭审和提交辩护代理意见。对于人民法院开庭审理的刑事案件，法律援助人员应当做好开庭前准备；庭审中充分陈述、质证；庭审结束后，法律援助人员应当向人民法院提交刑事辩护或者代理书面意见。对于人民法院决定不开庭审理的指定辩护案件，法律援助人员应当自收到法律援助机构指派函之日起10日内向人民法院提交刑事辩护书面意见。对于其他不开庭审理的刑事案件，法律援助人员应当按照人民法院规定的期限提交刑事辩护或者代理书面意见。

4. 向受援人进行通报和答复询问。为保证受援人及时跟进了解案件办理进展情况，法律援助人员应当向受援人通报案件办理情况，答复受援人询问，并制作通报情况记录。

5. 向法律援助机构报告案件。法律援助人员应当按照法律援助机构要求报告案件承办情况。法律援助案件有下列情形之一的，法律援助人员应当向法律援助机构报告：（1）主要证据认定、适用法律等方面有重大疑义的；（2）涉及群体性事件的；（3）有重大社会影响的。受援人或者案件出现应当终止法律援助的情形时，法律援助人员应向法律援助机构报告，以便法律援助机构及时启动终止程序。

6. 法律援助过程中告知司法救助义务。法律援助人员应当在受委托的权限内，通过和解、调解、申请仲裁和提起诉讼等方式依法最大限度维护受援人合法权益。法律援助人员代理受援人以和解或者调解方式解决纠纷的，应当征得受援人同意。法律援助机构对公民申请的法律咨询服务，应当即时解答；复杂疑难的，可以与申请人预约择时办理。在解答法律咨询过程中，认为申请人可能符合代理或者刑事辩护法律援助条件的，应当告知其可以依法提出申请。对于民事诉讼法律援助案件，法律援助人员应当告知受援人可以向人民法院申请司法救助，并提供协助。

7. 提交立卷材料义务。法律援助人员提交立卷材料是法律援助机构支付办案补贴的前提，通过审查立卷材料，法律援助机构可加强对办案质量的监管，依法发放办案补贴。法律援助人员应当自法律援助案件结案之日起30日内向法律援助机构提交立卷材料。诉讼案件以法律援助人员收到判决书、裁定书、调解书之日为结案日。仲裁案件或者行政复议案件以法律援助人员收到仲裁裁决书、行政复议决定书原件或者复印件之日为结案日；其他非诉讼法律事务以受援人与对方当事人达成和解、调解协议之日为结案日；无相关文书的，以义务人开始履行义务之日为结案日。法律援助机构终止法律援助的，以法律援助人员所属单位收到终止法律援助决定函之日为结案日。

三、法律援助承办中的异地协作

异地协作是指法律援助机构办理案件时需要委托异地法律援助机构代为调查取证、送达法律文书等，被委托的法律援助机构及时对委托事项予以办理并将有关情况及时反馈给委托法律援助机构的程序。

法律援助异地协作双方应当遵守以下程序：

1. 法律援助人员认为需要异地调查取证的，可以向作出指派或者安排的法律援助机构报告。

2. 作出指派或者安排的法律援助机构可以请求调查取证事项所在地的法律援助机构协作。法律援助机构请求协作的，应当向被请求的法律援助机构发出协作函件，说明案件基本情况、需要调查取证的事项、办理时限等。

3. 被请求的法律援助机构应当予以协作。因客观原因无法协作的，应当向请求协作的法律援助机构书面说明理由。

4. 受托法律援助机构完成受托事项后，及时向委托法律援助机构发出书面复函，写明办理机构并附送相关材料。

四、法律援助终止

法律援助实施过程中，办理法律援助案件的人员遇有下列情形之一的，应当向法律援助机构报告，法律援助机构经审查核实，决定终止法律援助的，应当制作终止法律援助决定书，并发送受援人，同时函告法律援助人员所属单位和有关机关、单位。出现以下情况，法律援助人员所属单位应当与受援人解除委托代理协议。（1）受援人不再符合法律援助经济困难标准的；（2）案件依法终止审理或者被撤销的；（3）受援人自行委托其他代理人或者辩护人的；（4）受援人要求终止法律援助的；（5）受援人利用法律援助从事违法活动的；（6）受援人故意隐瞒与案件有关的重要事实或者提供虚假证据的；（7）法律、法规规定应当终止的其他情形。

受援人对法律援助机构终止法律援助的决定有异议的，可以向主管该法律援助机构的司法行政机关提出。司法行政机关经审查认为不应终止法律援助的，应当以书面形式责令法律援助机构提供法律援助，同时书面告知申请人；认为应当终止法律援助的，应当维持法律援助机构终止法律援助的决定，书面告知申请人并说明理由。

五、结案与存档

法律援助案件或事项办理完毕后，法律援助人员应及时向法律援助机构提交书面结案报告和相关材料。结案报告的内容包括卷号、案由、受理法院、审理结果、承办机构、承办人、收案时间、结案时间、案情、证据索引、办案过程、受援助人意见、执法部门意见等，结案报告还应由承办机构主任签名并加盖所在机构的公章。法律援助机构应当自收到法律援助人员提交的立卷材料之日起30日内进行审查。作出指派的法律援助机构应当对法律援助人员提交的立卷材料及受理、审查、指派等材料进行整理，一案一卷，统一归档管理。

经审查合格后，由作出指派的法律援助机构根据本地区相关法律援助办案补贴发放标准向法律援助承办人员支付办案补助费用。尽管法律援助是国家的责任，律师是法律援助的义务主体和实施主体，但必须明确的是，律师不是法律援助的责任主体。这就意味着国家要有一定的法律援助经费来保障法律援助的实施。法律援助办案补贴的标准由省、自治区、直辖市人民政府司法行政部门会同同级财政部门，根据当地经济发展水平，参考法律援助机构办理各类法律援助案件的平均成本等因素核定，并可以根据需要进行调整。

【思考题】

1. 申请法律援助必须满足哪些条件？
2. 公民申请民事、行政诉讼法律援助应向哪些机关提出申请？
3. 法律援助的审查包括哪些方面的内容？
4. 法律援助人员的范围有哪些？
5. 法律援助人员的职责有哪些？

第六章　法律援助的法律责任

【本章要点】

了解法律援助法律责任的含义和特征；明确法律援助机构及其工作人员承担法律责任的情形和承担方式；明确法律援助中律师事务所及其援助律师承担法律责任的情形和承担方式；明确司法行政部门工作人员承担法律责任的情形、承担方式以及受援人承担法律责任的情形。

第一节　法律援助法律责任概述

一、法律援助法律责任的含义

法律援助法律责任是指法律援助工作机构或法律援助工作人员违反《法律援助条例》或其他法律援助法规、规章等规范性文件的规定所应承担的法律责任。即法律援助工作机构或法律援助工作人员不尽法定义务，或不当行使法律权利、权力，由有关司法机关依法给予处罚，由违法行为人承担的不利后果。

在法律援助立法中，明确法律援助的法律责任至关重要，因为只有明确了法律责任，才能更好地体现法律援助立法的国家意志力和强制性，体现法律援助的性质。保障公民的法律援助权利是国家的义务和政府的责任，规范法律援助有关各方的行为，促使其更好地履行职责与义务，充分运用国家的法律援助资源，最大限度地满足贫困公民及相关弱势群体的法律援助需求，维护其合法权益，才能真正实现“法律面前人人平等”的宪法原则。也只有明确了法律责任，才能够确保法律援助工作的高效、优质，为法律援助事业健康发展提供法律和制度保障，保证法律援助制度得以依法顺利实施，实现法律援助的宗旨和目的。

在实践中，如何确定法律援助工作机构和法律援助工作人员是否承担法律责任，承担何种法律责任，与法律援助法律责任的特征和《法律援助条例》以及其他有关法律法规对法律援助法律责任的规定密切相关。因此，不论是对法律援助工作机构还是法律援助工作人员，首先都必须明确法律援助法律责任的特征和《法律援助条例》以及其他有关法律法规对法律援助法律责任的规定，即哪些违法行为可能导致法律责任。只有在准确判断的基础上，才能使法律责任的追究合理有据。

二、法律援助法律责任的特征

（一）承担法律援助责任以违反法律援助法律义务为前提

法律援助法律责任首先表示一种因违反法律上的义务关系而形成的责任关系，它是以法律义务的存在为前提的，即因违反法律义务而承担不利后果。

（二）法律援助法律责任与违法行为相联系

法律援助法律责任是与违法行为相联系的。没有违法行为，就谈不上法律责任。由于违法行为的性质和危害程度的不同，因而所应承担的法律责任也不相同。

（三）法律援助法律责任的内容具有特定性

法律援助法律责任的内容是法律规范明确具体规定的。法律责任是一种强制性法律措施，必须由有立法权的机关根据职权，依照法定程序制定的有关法律、行政法规、地方性法规、部委规章或者地方政府规章来加以明文规定，否则就不构成法律责任。具体表现为法律援助法律责任由带有强制性的法规《法律援助条例》来规定，由有关国家机关来认定和追究。认定和追究法律援助法律责任，主要根据《法律援助条例》、《行政处罚法》、《司法行政机关行政处罚程序规定》等法律法规和规章的相关规定。

（四）法律援助法律责任由国家授权机关依法追究

法律援助法律责任是由国家授权机关依法追究的。对违法行为追究法律责任，实施法律制裁，是国家权力的重要组成部分，必须由国家有权的机关，主要是指国家司法机关和有关的国家行政机关依法进行，其他任何组织和个人均无权进行。承担或追究法律责任的具体形式有多种，如刑事处罚、行政处分、行政处罚、赔偿损失等就是责任方式的具体化。

（五）法律援助法律责任主体为法律援助工作机构及其工作人员

承担法律援助责任的主体包括司法行政部门工作人员，法律援助机构及其工作人员，法律援助服务机构及其法律援助服务人员，因违反了法律上的义务而形成的责任关系，即因违反法律义务而承担不利后果，其他无法律援助义务的机构或人员则不必承担此种责任。《法律援助条例》第五章所明确规定的法律责任，完全是针对在法律援助法律关系中负有提供和管理法律援助方面的主要职责的机构及人员而设定的。当然在一定情形下受援人也要承担相应的法律责任。

为了充分保证法律援助的顺利实施，督促法律援助机构及工作人员、法律援助服务机构及其法律援助服务人员切实履行法律援助义务，《法律援助条例》及其他法律法规分别从四个方面设定了法律援助的法律责任。包括法律援助机构及其工作人员的法律责任、法律援助服务机构及其法律援助服务人员的法律责任、司法行政部门工作人员的法律责任以及受援人的法律责任。

第二节　法律援助机构及其工作人员的法律责任

一、法律援助机构及其工作人员承担法律责任的情形

在法律援助的整个过程中，法律援助机构及其工作人员都负有认真、谨慎、高效地为当事人办理法律援助事项的职责和义务，如果不能有效地履行职责或违反《法律援助条例》以及相关法律法规，给国家或当事人造成损失，法律援助机构及其工作人员就要承担相应的法律责任。

《法律援助条例》第26条规定，法律援助机构及其工作人员承担法律责任的情形主要有以下几种：

（一）为不符合法律援助条件的人员提供法律援助

在受理和审查法律援助申请阶段，故意或者因不认真负责，疏于职守，把关不严，而为经济困难未达当地法律援助经济困难标准等不符合法律援助条件的人提供法律援助，这种做法既违背了我国法律援助制度设立的初衷，也浪费了国家有限的法律援助资源。因此，法律援助机构及其工作人员要承担法律责任。

（二）拒绝为符合法律援助条件的人员提供法律援助

这种做法是极为严重地违反《法律援助条例》的行为，为符合法律援助条件的人员提供法律援助，是法律援助机构最根本和最重要的法定职责，拒绝为符合条件的人员提供法律援助，就损害了贫困公民应享有的获得法律援助的权利，损害了政府法律援助的声誉和形象，从根本上违反了法律援助法律法规，应当承担法律责任。

（三）办理法律援助事项收取财物

《法律援助条例》明确规定，法律援助是无偿法律服务，法律援助机构为公民提供法律援助，不应以任何形式收取财物。办理法律援助案件收取的财物，由司法行政部门责令退还。

（四）从事有偿法律服务

法律援助机构作为法律援助的专门实施机构，只能提供法律援助服务，而不应当从事有偿法律服务，不得搞自收自支，尤其是不能通过向社会提供有偿服务、办理有偿案件、搞创收来维持机构正常运转或增加收入，否则就违背了法律援助是政府行为和法律援助为无偿法律服务的性质，这是我国法律严格坚持的一

条基本原则和工作纪律。因此，《法律援助条例》明令禁止法律援助机构及其工作人员从事有偿法律服务。如果违反规定从事了有偿法律服务，从事有偿法律服务的违法所得，由司法行政部门予以没收。

（五）侵占、私分、挪用法律援助经费

法律援助经费应当专款专用，接受财政、审计部门的监督。法律援助制度是国家通过立法建立的对贫弱公民的法律保障制度，法律援助经费，不管是财政拨付的，还是通过其他渠道筹集的，其性质都属于国家公共财产，应由政府设立的法律援助机构依法进行管理和使用。

二、法律援助机构及其工作人员承担法律责任的方式

法律援助机构及其工作人员出现上述情形的：

一是由司法行政部门对直接负责的主管人员以及其他直接责任人员依法给予纪律处分。

二是对办理法律援助案件收取的财物，由司法行政部门责令退还；对从事有偿法律服务的违法所得，由司法行政部门予以没收；对侵占、私分、挪用法律援助经费的，由司法行政部门责令追回。除此之外，一些地方法律援助条例对这几类行为除了责令退还、责令追回、没收非法所得外，还对此予以相应罚款。如《重庆市法律援助条例》第 32 条还规定法律援助机构有这几种行为之一的，由司法行政部门责令退还，并处以违法所得一倍以上三倍以下罚款。

三是对侵占、私分、挪用法律援助经费，情节严重，构成犯罪的，依法追究刑事责任。应分别按照《刑法》第 383 条规定的贪污罪、第 396 条规定的私分国有资产罪和第 384 条规定的挪用公款罪的有关规定定罪处罚。

第三节 法律援助中其他主体的法律责任

一、法律援助服务机构及其服务人员的法律责任

法律援助服务机构是接受法律援助机构的指派，安排法律服务人员办理法律援助事务，直接为受援人提供法律援助服务的机构。在我国，法律援助服务机构包括律师事务所、基层法律服务所、公证处及其他社会援助组织，如社会团体、法学院校。法律援助服务机构及其服务人员在提供法律援助服务时，应当认真、合理、高效地履行自己的职责。如果违反了其法定义务，也要承担相应的法律责任。我国《法律援助条例》只设定了律师事务所及其律师的法律责任，虽然没有对其他法律援助服务机构及其服务人员的法律责任明确规定，但并不意味着其

他法律援助服务机构及其服务人员没有法律责任，从《公证法》、《律师和基层法律服务工作者开展法律援助工作暂行管理办法》以及地方法律援助条例来看，其他法律援助服务机构及其服务人员在法律援助中如果违反法定义务，同样也要承担相应的法律责任，其承担法律责任的情形、方式与律师事务所及其律师基本是一致的。

（一）律师事务所的法律责任

律师事务所是最主要、最专业的法律援助服务机构，律师事务所如果在法律援助过程中没有尽到自身的法定义务，就要承担相应的法律责任。依据《法律援助条例》、《律师法》以及其他法律法规，律师事务所承担法律责任的主要情形有：

1. 无正当理由拒绝接受法律援助机构指派的法律援助案件的

律师事务所指派安排律师承办法律援助事项是律师事务所的法定义务。《律师法》、《法律援助条例》对此作出了明确规定。《法律援助条例》第 27 条明确规定："律师事务所拒绝法律援助机构的指派，不安排本所律师办理法律援助案件的，应当承担法律责任。"

2. 接受指派后，不按规定及时安排本所律师承办法律援助案件或者拒绝为法律援助案件的办理提供条件和便利的

律师事务所在法律援助实施过程中，起着很重要的支持和配合作用。律师事务所应积极支持律师履行法律援助义务，包括根据不同的案件性质和律师的不同业务专长安排合适的办案人员，为承办法律援助案件的律师提供工作上的便利条件，组织疑难案件讨论，为案件的质量把关等等。

3. 纵容或者放任本所律师懈怠履行、擅自停止履行法律援助职责的

律师事务所指派安排本所律师承办法律援助事项，不但应积极支持律师履行法律援助义务，提供便利条件，更应该对法律援助律师进行监督和教育。如果律师事务所纵容或者放任本所律师懈怠履行、擅自停止履行法律援助职责，应当承担法律责任。

律师事务所出现上述情形，一是由司法行政部门对律师事务所给予相应行政处罚。《法律援助条例》第 27 条规定："律师事务所拒绝法律援助机构的指派，不安排本所律师办理法律援助案件的，由司法行政部门给予警告、责令改正；情节严重的，给予一个月以上三个月以下停业整顿的处罚。"《律师法》第 50 条规定，律师事务所拒绝履行法律援助义务的，由设区的市级或者直辖市的区人民政府司法行政部门视其情节给予警告、停业整顿 1 个月以上 6 个月以下的处罚，可以处 10 万元以下的罚款；有违法所得的，没收违法所得；情节特别严重的，由省、自治区、直辖市人民政府司法行政部门吊销律师事务所执业证书。二是由司

法行政部门对律师事务所负责人可视情节予以行政处罚。依据《律师法》第50条规定，律师事务所有拒绝履行法律援助义务的行为的，对其负责人视情节轻重，给予警告或者处2万元以下的罚款。

（二）承办法律援助事项的律师的法律责任

为了更好地督促广大律师真正切实履行起相应的义务，尽职尽责地为受援人提供符合标准的法律服务，依据《法律援助条例》、《律师法》以及其他法律法规，律师承担法律责任的主要情形有：

1. 无正当理由拒绝接受、擅自终止法律援助案件的

《律师法》第42条、《法律援助条例》第6条、《律师和基层法律服务工作者开展法律援助工作暂行管理办法》第2条中均规定律师有提供法律援助的义务，如果其拒绝接受指派办理法律援助案件，应当承担相应的法律责任。同时，律师无正当理由不得擅自终止法律援助案件，但是有《法律援助条例》第23条规定的几种情况除外：（1）受援人的经济收入状况发生变化，不再符合法律援助条件的；（2）案件终止审理或者已被撤销的；（3）受援人又自行委托律师或者其他代理人的；（4）受援人要求终止法律援助的。律师在向法律援助机构报告并经审查核实后，应当终止该项法律援助。

2. 办理法律援助事项收取财物的

律师是为社会提供法律服务的执业人员。律师执业有其自身的职业道德和执业纪律。我国《律师法》、《律师职业道德和执业纪律规范》和《律师违法行为处罚办法》具体规定了律师在执业过程中应遵守的基本道德和纪律，以及违反这些职业道德和执业纪律应承担的法律责任。律师办理法律援助案件虽然是经法律援助机构指派安排的，同时也不能按正常的律师服务收取费用，但是办理法律援助案件仍然是律师执业的一种方式，是法定的义务。

3. 办理法律援助案件违反职业道德和执业纪律的

《法律援助条例》第6条规定："律师应当依照律师法和本条例的规定履行法律援助义务，为受援人提供符合标准的法律服务，依法维护受援人的合法权益，接受律师协会和司法行政部门的监督。"律师提供法律援助过程中不尽职尽责，不符合行业执业规范要求的也要承担一定法律责任，律师在执业过程中应遵守律师的职业道德和执业纪律。

4. 其他违反法定义务的情形

一些地方法律援助条例对律师承担法律援助法律责任的情形作出了补充，如不及时向受援人通报法律援助进展情况，泄露国家秘密、商业秘密和当事人隐私的，在法律援助过程中违法执业致使受援人遭受重大损失的等也要承担相应的法律责任。

律师不适当履行法律援助义务乃至拒不履行法律援助义务，违反了职业道德和执业纪律时，应当承担相应的法律责任。一是由司法行政部门对该律师给予行政处罚。《法律援助条例》第 28 条规定由司法行政部门给予警告、责令改正；情节严重的，给予 2 个月以上 3 个月以下停止执业的处罚。二是对办理法律援助案件收取财物的，《法律援助条例》第 28 条规定由司法行政部门责令退还违法所得的财物，可以并处所收财物价值 1 倍以上 3 倍以下的罚款。同时第 29 条规定："律师办理法律援助案件违反职业道德和执业纪律的，按照律师法的规定予以处罚。"

（三）基层法律服务所及法律服务工作者的法律责任

由于各地法律援助的需求量、律师的数量及分布等情况不同，实践中，除律师外，基层法律服务工作者也经常接受法律援助机构的指派，办理一定数量的法律援助案件，尤其是在律师资源匮乏的地方，法律援助的人力资源主要靠基层法律服务工作者队伍的力量。《律师和基层法律服务工作者开展法律援助工作暂行管理办法》第 2 条第 2 款规定：基层法律服务工作者应当根据司法部《基层法律服务工作者管理办法》和有关基层法律服务业务的规定，积极开展与其业务范围相适应的法律援助工作。可见，法律援助是基层法律服务所及法律服务工作者的法定义务。

基层法律服务工作者承办法律援助案件，也同律师一样要接受司法行政机关、律师协会和法律援助机构的业务指导和监督，接受受援人和社会的监督。与律师一样，承办法律援助事项的基层法律服务工作者也存在法律责任的问题。关于基层法律服务工作者承担法律责任的情形同律师的情况，在此不重复。《律师和基层法律服务工作者开展法律援助工作暂行管理办法》第 15 条第 2 款规定："基层法律服务工作者和基层法律服务所有违反《法律援助条例》以及本办法规定行为的，由司法行政机关依照有关规定给予行政处罚。"

（四）法律援助志愿者的法律责任

法律援助志愿者在办理法律援助事项过程中，承担着与法律援助机构工作人员和社会律师同样的职责与义务，应当尽职尽责，以专业的水平和高度的责任感来维护受援人的合法权益。司法部法律援助中心和共青团中央青年志愿者工作部联合制订的《中国法律援助志愿者注册管理办法（试行）》中规定法律援助志愿者的义务有：（1）履行志愿服务承诺；（2）不得以法律援助志愿者身份从事任何以营利为目的或违背社会公德的活动；（3）自觉维护法律援助志愿者组织和志愿者的形象；（4）遵守相关法律法规及法律援助志愿者组织规定的其他义务。

虽然《法律援助条例》没有明确规定法律援助志愿者的法律责任，但如果其在办理法律援助事项时，有违反法律援助法律法规、规章规定的违法、违纪行为，也应当承担相应的法律责任，如办理法律援助事项收取财物的，由司法行政部门责令其退还。

二、司法行政机构工作人员的法律责任

各级司法行政机关是法律援助工作的监管部门，司法行政机构工作人员在法律援助工作中起着监督和管理作用。作为法律援助工作的监督管理者，司法行政机构工作人员对保证法律援助工作的合法有效运行负有不可推卸的责任。如果司法行政机构的工作人员没有认真履行职责，就会给法律援助工作造成损失。为了督促法律援助管理人员正确地依法行使好监管职责，《法律援助条例》规定了司法行政机构工作人员的法律责任。第 30 条规定："司法行政部门工作人员在法律援助的监督管理工作中，有滥用职权、玩忽职守行为的，依法给予行政处分；情节严重，构成犯罪的，依法追究刑事责任。"

（一）滥用职权

滥用职权是指国家机关工作人员超越职权，违法决定、处理其无权决定、处理的事项，或者违反规定处理公务，致使公共财产、国家和人民利益遭受重大损失的行为。滥用职权，主观上出于工作人员的故意，一般不存在过失；客观上实施了不法行使职务上的权限的行为，即就形式上属于国家机关工作人员一般职务权限的事项，以不当目的或者以不法方法，实施违反职务行为宗旨的活动。首先，滥用职权应是滥用国家机关工作人员的一般职务权限，如果行为人实施的行为与其一般的职务权限没有任何关系，则不属于滥用职权。其次，行为人以不当目的实施职务行为或者是以不法方法实施职务行为，在出于不当目的实施职务行为的情况下，即使从行为的方法上看没有超越职权，也属于滥用职权。最后，滥用职权的行为违反了职务行为的宗旨，或者说与其职务行为的宗旨相悖。

滥用职权的行为主要表现为以下几种情况：一是超越职权，擅自决定或处理没有具体决定、处理权限的事项；二是玩弄职权，随心所欲地对事项作出决定或者处理；三是故意不履行应当履行的职责，或者说任意放弃职责；四是以权谋私、假公济私，不正确地履行职责。如司法行政部门工作人员利用职权，侵占、私分、挪用法律援助经费等行为就属于滥用职权。

（二）玩忽职守

玩忽职守是指国家机关工作人员严重不负责任，不履行或者不认真履行职责，致使公共财产、国家和人民利益遭受重大损失的行为。玩忽职守，主观上出于工作人员的过失，即行为人作为国家机关的工作人员理应恪尽职守，尽心尽力，履行公职中时刻保持必要的注意，但行为人却持一种疏忽大意或过于自信的心态，对自己玩忽职守的行为可能导致的公共财产、国家和人民利益的重大损失

应当预见而没有预见，或者已经预见而轻信能够避免。客观上表现为一是不以职守为己任，思想上不重视，态度上不严肃；二是擅离职守，不坚守岗位，逃避职责义务；三是不认真执行职责权限或者不认真履行职责义务。

司法行政机构工作人员出现上述违法行为时应如何处理？一是对司法行政机构工作人员依法给予行政处分。司法行政机构工作人员是国家公务员，受《公务员法》的调整。依据《公务员法》相关规定，司法行政部门的工作人员在法律援助监督管理工作中滥用职权、玩忽职守、徇私舞弊的，可以给予警告、记过、记大过、降级、撤职、开除处分。二是情节严重，构成犯罪的，依法追究刑事责任。《刑法》第 397 条规定，国家机关工作人员滥用职权或者玩忽职守，致使公共财产、国家和人民利益遭受重大损失的，处 3 年以下有期徒刑或者拘役；情节特别严重的，处 3 年以上 7 年以下有期徒刑。

三、受援人的法律责任

法律援助为经济困难者带来了曙光，但受援人在享受权利的同时，也应当履行应尽的义务。例如，如实陈述案件事实与相关情况，提供有关证明和证据材料，配合法律援助人员开展法律援助的义务；经济状况和案件情况发生变化时，应及时告知法律援助机构的义务等等。然而在实践中，受援人不尽义务的个案时有发生，导致法律援助工作不能顺利开展。为规范受援人权利的正确行使，履行自己的义务，在法律援助过程中也应规定受援人的法律责任。《法律援助条例》、司法部颁布的《办理法律援助案件程序规定》均没有对受援人的法律责任作出具体规定，但对受援人在申请或接受法律援助过程中，从事违反法律法规活动所产生的不利后果作出了规定，结合地方法律援助的相关规定来看，受援人承担法律责任的主要情形有：

（一）受援人以欺骗方式或其他不正当手段获得法律援助的

在法律援助过程中，受援人没有履行如实告知义务，捏造或隐瞒事实，弄虚作假获得法律援助。如受援人所提供证据的材料和事实是虚构假造或提供的材料不客观，将与案情有重大关系的、对己不利的实情隐藏，受援人用虚假的手段欺骗法律援助机构，骗取法律援助。对受援人以欺骗方式或其他不正当手段获得法律援助的，法律援助机构应当立即终止为其提供法律援助，而且可以责令受援人支付已获得服务的全部费用。此费用包括按照国家规定标准的法律服务费、已支出的差旅费、文印费、交通通讯费、调查取证费等开支。对此，司法部颁布的《办理法律援助案件程序规定》第 33 条第 6 项规定，受援人故意隐瞒与案件有关的重要事实或者提供虚假证据的，应当终止法律援助。一些地方性法规也作出了相应的规定。《河南省法律援助条例》第 42 条规定：“受援人以欺骗手段获得法律援助的，应当支付法律援助服务的全部费用。”《山西省法律援助条例》第29条规定：“受援人以欺骗方式获得法律援助的，法律援助机构应当通知法律服务人员终止法律援助；受援人应当按照国家规定的法律服务收费标准向承办该案件的法律服务人员支付法律服务费用。”此外，一些地方的法律援助条例除了责令受援人支付已获得服务的全部费用外，还惩处当事人一定的罚款。如《黑龙江省法律援助办法》第41条第1款规定：“违反本办法，当事人以欺骗方式获得法律援助的，法律援助机构应当终止法律援助，当事人应当返还已实施法律援助过程中的全部费用，并由司法行政部门对当事人处以1000元以上3000元以下罚款。”

（二）受援人利用法律援助从事违法活动的

法律援助是为了保护受援人的合法权益不受非法侵害，其前提必须是合法权益，如果受援人利用法律援助从事违法活动的应承担相应的法律责任。司法部《办理法律援助案件程序规定》第33条第5项规定，受援人利用法律援助从事违法活动的，应当终止法律援助。

（三）受援人有违反法律援助合同内容行为的

法律援助合同，是法律援助机构与受援人签订的规定双方权利义务的一种委托代理协议。如果受援方违反代理协议，不履行合同规定的义务，或者超过特定的法律援助内容和范围，法律服务人员可以拒绝为其提供法律援助。对受援人有违反法律援助合同内容行为的，《法律援助条例》第23条规定，受援人在接受法律援助后，又自行委托律师或者其他代理人，法律援助人员报请所指派的法律援助机构核实批准后，法律援助机构经审查核实的，应当终止该项法律援助。司法部《办理法律援助案件程序规定》第33条第3项规定，受援人又自行委托律师或者其他代理人的，应当终止法律援助。

【思考题】

1. 简述法律援助机构及其工作人员承担法律责任的情形及承担方式。
2. 简述律师事务所承担法律责任的情形。
3. 简述律师承担法律责任的情形。
4. 简述受援人承担法律责任的情形。

第七章　港澳台法律援助制度

【本章要点】

香港、澳门、台湾都建立了比较完备的法律援助制度。三个地区的法律援助制度都具有自己的特色。例如香港的民间法律援助机构、澳门的法律援助司法审查程序、台湾的法律援助体制等。另外，香港、澳门、台湾对受援人都要进行经济审查和案情审查，以决定是否给予援助。

第一节　香港法律援助制度

法律援助是香港具有重要地位的社会援助项目，是香港社会援助体系的重要组成部分。在香港，法律援助由政府财政拨款，由法律援助主管机构向经济能力有限、具有合理根据提出诉讼或进行抗辩的人士提供代表律师或大律师，代表他们在香港法院进行民事及刑事诉讼，确保他们不会因没有经济能力而无法提出诉讼或进行抗辩。

一、香港法律援助机构

香港的法律援助机构按照设立主体和管理主体的性质来分可分为政府法律援助机构和民间法律援助机构两类。政府法律援助机构共有三个机构，分别是法律援助署、法律援助服务局及法定律师代表处。其中法律援助署是香港法律援助的行政机构，统一管理、实施香港的法律援助。法律援助服务局并不具有实施具体法律援助行为的职能，依严格意义上讲，并不是法律援助机构。法定律师代表处是附属于法律援助署的一个机构，其和法律援助服务局只是从事与政府法律援助活动相关的某些业务。民间法律援助机构主要是指当值律师服务，它是由香港两个律师执业团体律师公会和大律师公会共同提供的法律援助，是对前者在法律援助提供方面的补充和辅助。

（一）政府性质的法律援助机构

1. 法律援助署

在香港，法律援助署是政府设立的专门法律援助机构，隶属于香港特别行政区政府律政司署。它在组织实施法律援助过程中承担了相对主要的义务。法律援助署在业务方面独立运作，不受任何机构和部门的干预和限制，直接向香港特别行政区行政长官负责。法律援助署的职能是负责审查法律援助案件申请人的资格和条件，直接为符合法律援助条件的市民在刑事和民事诉讼中提供法律代表，并且资助律师公会推行法律辅导和当值律师计划，此外还就民事诉讼事宜向市民免费提供法律意见，以及为某些在裁判司法庭及儿童聆讯的刑事案件免费提供法律代表等等。

根据香港《法律援助条例》，法律援助署人员首先必须具备律师的资格，有权行使执业大律师或律师的权利和职责。法律援助署署长是理所当然的首席法律援助律师，法律援助人员分为助理首席法律援助律师、高级法律援助律师和法律援助律师三个等级。专职的法律援助律师具有公务员身份，属于政府公务员行列，但同时又和政府公职律师、私人执业律师一样，均必须获得在香港地区从业的资格，并且已在专业律师团体进行登记，成为律师公会或大律师公会的会员，遵守律师或大律师行业规范，接受律师公会或大律师公会的统一管理。

2. 法律援助服务局

香港立法局在 1996 年 5 月 1 日，通过《法律援助服务局条例》草案，同年 5 月 9 日，由代理总督批准有关条例，并于 9 月 1 日，正式成立一个名为“法律援助服务局”的法人团体以监管在香港由法律援助署提供的法律援助服务，并就法律援助政策向政府提供意见。法律援助服务局是独立的法定机构，其虽然由政府资助，但是法援局与政府各自运作，不得被视为政府的代理人或雇员。法援局设立的主要目的在于加强法律援助行政的独立性，并扩大公众的参与程度。

法援局的主要职能包括：（1）负责监督法律援助署所提供的法律援助服务，法律援助署就法律援助服务的提供，向法律援助服务局负责。（2）法援局可在不抵触《法律援助服务局条例》第 4 条第（3）款及第（5）款的条文下，制定政策以管限法援署提供的服务，并就法律援助政策向政府提供意见。（3）不时地检讨法援署的工作，并作出有利和适当的安排，以确保法援署能有效率地并合乎经济原则地履行其职能和提供法律服务。（4）检讨由法援署所提供的服务及发展计划。(5) 就法援署的开支预算作出考虑及提供意见。

法律援助服务局由非官方的业外人士出任主席，成员包括大律师、律师、业外人士及法律援助署署长，以求提供平衡的意见。该局成立了不同的工作小组及兴趣小组，负责检讨法律援助服务的成效，并提供改善建议。每年，除了就政府定期检讨的法律援助事宜（例如法律援助申请人财务资源上限的周年检讨）外，还会就多个课题，如法律援助范围、评定申请人是否符合财务资格的准则等进行讨论，并提出意见。此外，该局也负责执行一项援助计划，让有意向终审法院上诉的法律援助申请人，可在法律援助署署长因案情缺乏理据而拒绝其申请后，取得复核该署长的决定所需的大律师证明书。

3. 法定代表律师处

法定律师代表处是根据1991年8月1日实施的香港法例第416章《法定代表律师条例》成立。它虽然附属于法律援助署，但却是一个独立运作的小组，与法律援助署的其他组别分开，也不属于法律援助署的任何组别。之所以设立这一独立的办事处主要是为了避免法律援助署署长由于身兼部门首长及法定代表律师而有利益冲突。

法定代表律师是一位公职人员，在诉讼中代表法律上无行为能力（即未满18周岁或精神上无行为能力）的人士的利益。法定代表律师可委任任何在香港执业的律师，在个别案件中代他行事或进行诉讼。除此之外，法定代表律师还提供这些服务：（1）如有人向某名死者的遗产提出申索，却没有人愿意代表死者的遗产，则法定代表律师可代表死者的遗产；（2）如某人逝世，而年幼子女或精神上无行为能力人士为其物业及金钱的唯一继承人，则法定代表律师可代其管理遗产；（3）如某宗个案存有争议或无法找到受益人，法定代表律师亦可担任受托人，代为保管财产或金钱。

（二）民间法律援助机构

民间性质的法律援助机构是指由香港两大律师执业团体，即律师公会和大律师公会所提供的当值律师服务。民间法律援助机构是对法律援助署在实施法律援助方面的补充和辅助，也是香港法律援助体系的重要组成部分。

当值律师服务是因当时法援署并没有针对裁判法院的案件给予法律援助，而律师基于回馈社会之故于1978年11月成立的。在1993年时，当值律师服务成立为保证有限公司。虽然该项服务所须的资金全部由政府拨款资助，但政府对其具体运作是无权过问的。这项服务是由香港法律界专业人士独立管理。它实行理事会管理制度，一切重大问题均由理事会决定。香港大律师公会和香港律师公会各自提名4名会员加入当值律师服务理事会，负责管理和执行这项服务的运作。此外，该理事会还包括了3名业外人士。

当值律师服务与法律援助署提供的法律服务一个最大的不同点就是当值律师服务对市民所提供的法律服务是免费的。不过这并不意味着当值律师在对其在处理个案过程中的疏忽和过失不承担法律责任。一旦发生这种情况，受援人即可直接向当值律师服务请求赔偿，当值律师服务在其注册资金范围内对受援人提供的赔偿请求承担有限责任。在当值律师服务对受援人进行清偿之后，有权向犯有疏忽和过错的当值律师进行追索。

二、香港法律援助制度的内容

在香港，法律援助是为符合资格的申请人，在民事或刑事诉讼中提供代表律师或大律师（若有需要）的法律服务。法律援助主要适用于在区域法院、原讼法庭、上诉法庭及终审法院审理的案件。此外，亦适用于裁判法院聆讯的交付审判程序。根据《法律援助条例》的规定，任何人士，不论是否是香港居民，如果其所涉及的案件在法律上具备理据，但却没有能力支付高昂的律师费，均可以获得法律方面的协助和代表。香港的法律援助计划按其机构的性质相应地也可分成两部分：一是政府性质法律援助机构所提供的法律援助，即普通法律援助计划和法律援助辅助计划，这两项计划都由法律援助署实施，这部分是香港法律援助服务的主体；另一是民间性质法律援助机构所提供的法律援助，此项计划由当值律师服务所实施。

（一）政府性质的法律援助计划

1. 普通法律援助计划

香港普通法律援助计划的范围，从提供法律援助的阶段上看，不仅包括在法庭上为受助人提供辩护或代理，而且还包括律师或大律师在进行任何法律程序的初步工作或附带工作时，或是为终止任何法律程序而达成妥协或执行妥协条款时给予一切法律援助。从案件类型上看，普通法律援助计划涵盖的范围主要有民事案件和刑事案件两大类。

（1）民事诉讼的普通法律援助计划

根据普通法律援助计划提供的民事诉讼法律援助服务，适用于在区域法院、原讼法庭、上诉法庭和终审法院所审理的民事案件，适用范围较广，涵盖了与社会民生息息相关的各种案件，包括婚姻诉讼、交通意外索偿、业主与租客纠纷、工业意外赔偿、雇员补偿、入境事务、合约纠纷、专业疏忽、海员追讨欠薪、雇员追讨欠薪及遣散费等、精神健康复查审裁处案件、涉及社会公义的某些死因裁判研讯。但并不是所有的案件都可以申请法律援助。香港将诽谤（不包括对指称有诽谤的反申索而作出的抗辩），小额钱债审裁处案件，就证券衍生工具、货币期货或其他期货合约而提出的钱债申索，选举呈请（因涉及违反《香港人权法案条例》或《公民权利和政治权利国际公约》适用于香港的有关规定而引起的争议）等案件排除在申请法律援助的范围之外。

普通法律援助计划并不是完全免费的，它要视受助人财务资源的多寡，受助人或须缴付分担费。香港专门制定了《法律援助（评定资源及分担费用）规例》来规定受助人应当缴付的分担费。如果受助人的财务资源不超过20000港元，就无须承担任何费用，但如果受助人的财务资源被评估超过20000港元，一旦接受法律援助，便须负担一笔分担费。分担费是按诉讼的预计所须讼费而厘定，但不会超过受助人根据其财务资源所须缴付的数额。如有关讼费超出受助人所须缴付的分担费，受助人便得交付全数的分担费，金额多寡则视其财务资源总额而定，由 1000 港元至 41425 港元不等。此外，如果法律援助署在诉讼中替受助人收回或保留财产，受助人就须支付有关讼费。但是申请人在有关法律程序中并无收回或保留任何金钱或财产的话，他也可不用分担或偿还法律援助署所支付的诉讼及其他费用。

（2）刑事诉讼的普通法律援助计划

在刑事诉讼方面，法律援助服务是为被控人提供一名律师，并在有需要的时候提供一名大律师，代表被控人在法庭上进行诉讼。在刑事案件起诉之前，法律援助署是不提供法律援助的。援助范围包括在原讼法庭及区域法院审理的案件，在裁判法院进行的交付审判程序，就裁判法院的裁决提出上诉的案件，以及向上诉法庭和终审法院上诉的案件。除了交付审判程序外，所有在裁判法院审理的案件均不属于法律援助的范围。任何人士在裁判法院被起诉，他应到有关裁判法院的当值律师计划联络事务处寻求协助。

2. 法律援助辅助计划

香港的法律援助辅助计划在全球是独一无二的。其主要是为了那些财政资源超出普通法律援助计划的限额，但又对私人执业律师的高昂收费感到难以负担的市民提供法律方面的协助。法律援助辅助计划开始的时间比普通法律援助计划要晚，它是于 1984 年 10 月 1 日才开始的。法律援助辅助计划只适用于民事案件，并不适用于刑事案件。根据这项计划，法律援助适用于索偿额可能超过 6 万元的讼案，包括人身伤亡索偿，以及医疗、牙科或法律专业人士疏忽而提出的索偿诉讼。法律援助辅助计划也涵盖根据《雇员补偿条例》提出的补偿申索，索偿数额不限。与普通法律援助计划一样，申请法律援助辅助计划的市民也必须同时通过经济审查和案情审查，才会获批法律援助。法律援助计划申请人的财务资源必须超过 165700 港元，但低于 460300 港元；案情审查与普通法律援助计划一样，即申请人必须具备充分理由提出诉讼。

目前，法律援助辅助计划在财政上已经基本上实现自收自支，无须外界的资助，而且还可以从胜诉的受助人所拨入的款项中支付败诉的讼费。从上面分析可得出，香港法律援助署所提供的法律援助服务除了两种情况，一是受助人的财务资源经评定为 2 万港币以下；二是受助人在有关法律程序中并没有收回或保留任何金钱或财产之外，都不是免费的。法律援助署一般会根据受助人的财产状况及在民事诉讼中代其追回或保留的财产多少，要求受助人分担或偿还所涉及的法律费用。

（二）民间性质的法律援助计划

民间性质的法律援助计划是指香港律师公会和大律师公会所联合推出的当值律师服务。香港律师公会和大律师公会规定，律师除了接受当事人的聘请，从事有偿服务外，还要为社会免费提供法律服务。这项计划的主要目的是填补政府法律援助署提供法律援助服务的空隙。当值律师服务计划可以细分为三个具体的计划：当值律师计划、电话法律咨询计划和免费法律咨询计划。

1. 当值律师计划

当值律师计划在所有裁判法院、少年法庭及死因研究庭为符合资格的被告人提供执业律师出庭辩护。申请人的全年总收入必须不超过港币 121720 元，才可获得委派律师代为辩护。不过，当值律师服务总干事可基于维护司法公正的原则，酌情决定安排代表律师，为收入超出上限的被告辩护。此外，申请人还必须通过案情审查，主要考虑因素是被告的人身自由是否受到威胁，或案件是否涉及重大的法律问题。它在所有的裁判法院都设立有法庭联络处。被告人若是需要此项服务，可到应讯的裁判法院法庭联络处申请。联络处的职员也会主动联络被扣押的被告人，以便在其案件首度提堂时，安排律师出庭为其辩护。

根据当值律师计划，有关方面也会安排大律师和律师为面临引渡的被告提供法律意见，担任在死因研讯中作出证供而可能导致被刑事检控的人士的代表律师，并且担任小贩的代表律师向市政服务上诉委员会提出上诉。因为当值律师为非政府部门，没有繁琐的作业程序，所以效率、品质都较政府部门高很多，目前香港有 90% 的刑事案件在裁判法院就结束。①

2. 电话法律咨询计划

电话法律咨询服务是一个 24 小时运作全电脑化的系统。电话法律咨询计划是通过电话，为打入电话的市民提供多项法律知识录音声带。每段录音只是有关法律项目的一个粗略简介。目前共有 78 种项目可供选择，分为以下 8 大类：（1）家事法；（2）土地法及业主与租客条例；（3）刑事法；（4）雇佣法；（5）商务与银行及售卖商品条例；（6）公共及行政法宪法；（7）环境法及民事侵权法；（8）一般法律常识。录音资料的内容会定期进行更新，并且如果确定市民对其他课题感兴趣，还会制作新的电话录音带。

3. 免费法律咨询计划

免费法律咨询计划为实际面对法律问题的市民提供初步的法律意见及指导。这项计划设立的目的是使实际面对法律难题的市民取得初步及正确的法律意见，

---

① 台湾财团法人法律扶助基金会：《考察香港法律扶助制度报告书》，台湾财团法人法律扶助基金会 2007 年版，第 8 页。

以便处理他们的难题。这项计划设立于 1978 年，市民可在设于民政事务总署辖下民政事务处的法律辅导中心获得免费法律指导，并且无须经过任何审查。香港目前共有 9 个这样的法律咨询中心，分布在香港、九龙、新界等地，主要是由大律师、律师及官方律师利用晚上时间值班提供法律咨询，为市民分析法律问题的根源和提供解决问题的方法。这项计划主要是侧重于对市民提供法律方面的辅导，它并不包括代市民起草法律文件，也不提供代表出庭的服务，即不会跟进或委派律师代表处理所接见的个案。在免费法律咨询计划中义务向市民提供法律意见的律师都必须为合格的律师。目前在香港大概有超过 700 名的律师参加这项计划。

免费法律咨询计划也有准则规定，并不会对前来咨询的所有市民都提供法律服务。一般来说，它不会为以下这些个案提供服务的：（1）涉及外地法律的个案（包括涉及中国大陆法律的问题）；（2）涉及楼宇管理、业主立案法团及大厦公契的个案；（3）个案涉及非法律问题，例如怎样申请公共房屋、申请外国护照的手续等；（4）当事人已聘请私人律师处理；（5）已获给予法律援助的当事人；（6）当事人因有意成立公司而要求律师草拟合同供日后使用；（7）当事人为根据香港特区法例中公司条例所成立的有限公司的人员或代表，代表公司寻求法律意见；（8）当事人为法团，单一法团或法定团体的人员或代表，而代表其团体寻求法律意见；（9）当事人重复地为同一事件或问题寻求法律意见。

三、香港法律援助的资格审查

香港法律援助的资格审查包括两项内容，即经济审查和案情审查。申请人必须首先通过经济审查和案情审查，方可获得法律援助。

（一）经济审查

经济审查是评定申请人的财务资源是否超过获得法律援助的法定限额。申请人的财务资源如超过法定限额，或故意在提出申请前转售或减少任何财产以减低财务资源，或没有尽力发挥赚钱能力，便不能获得法律援助。

申请人的财务资源是指扣除其许可扣减项目后的每年可动用收入和可动用资产，即将其每月可动用收入乘以 12，再与可动用资产相加后所得的数目。每月可动用收入是将总收入减去许可扣减项目后所得的每月净收入。许可扣减的项目包括租金、差饷、为照顾没有能力照顾自己的受养人而支付的款项、赡养费及就申请人和其受养人生活开支所定的法定个人豁免额。一般情况下，申请人配偶的收入及财产会被一并计算在内。可动用资产包括一切资本资产，例如现金、银行存款、珠宝、古董、股票、证券及物业等，申请人自住的物业、家私及用具、衣物及申请人的营生工具等资产不会计算在内。

财务资源报告一般由社会福利署出具，在一些紧急的或需要进一步调查的案件中，法律援助署亦可自行对申请人的经济状况进行审查。获刑事法律援助的申请人，大部分是在法庭受审且往往由于罪名严重可能被判重刑的刑事被告人。

法定的财务资源限额由立法会每年根据经济发展和物价水平作出调整。署长为保证司法公正，对财务资源超过规定限额的申请人，可行使酌情权批准提供法律援助。

（二）案情审查

案情审查要求申请人在法律上要有充分的理由和证据，可以提出诉讼或抗辩。法律援助署通过调查、查询、会见申请人及证人、咨询专家、搜集证据及研究相关法律问题，审查申请人是否有足够的法律根据、合理的胜诉机会或者是否在最低限度上能有机会在诉讼中获得一些实际的利益。如果认为没有足够的法律根据或没有胜诉机会的，将不批准其申请。

署长可以决定申请人是否有合理的申诉或抗辩的理由。法律援助署有权要求申请人提供所有有关其个案的资料，同时在必要时署长有权向有关方面调查取证，或征询私人执业律师或大律师的意见。根据案件的事实和法律，署长必须确信案件有合理的胜诉机会，才会决定进行法律援助。

四、香港法律援助的经费来源

香港政府运用公帑提供法律援助，目的就是为符合资格的人士，按其需要委聘代表律师或大律师，以确保有充分理据提出诉讼或抗辩的人，不会因经济能力上的欠缺而不能采取法律行动和享受专业的法律服务。香港特区政府对法律援助署提供了强有力的财政支持。根据香港《法律援助条例》的规定，法律援助署由香港特别行政区政府拨款资助，包括支付审查申请及进行诉讼的法律援助费用、员工薪酬及部门支出等三个部分的开支。在这些拨款当中，法律援助费用的拨款是没有财政限制的，不受立法会财政预算案的限制。换言之，如果需要，法律援助署可随时向政府申请追加拨款，用以确保在批准法律援助时不会因为财政限制而受到影响。

随着《法律援助条例》的多次修订，对法律援助案件申请人的经济审查标准不断放宽，财务资源的上限亦呈上升趋势。因此，立法会对法律援助署的财政拨款每年都有较大幅度的增加，尤其在法律援助办案费用方面更是如此。由于每年用于法律援助案件的数额越来越多，财政拨款也越来越多，但由于香港的经济近几年一直在不断地增长，因此，法律援助经费的支出范围一直保留在香港特区政府的可负担水平之内。

香港的法律援助经费大部分来自政府拨款，除此之外还有来自社会的捐助，另外还设有一个法律援助辅助基金。在法律援助辅助基金里，政府拨款只占一部分，大部分还是来自法律援助受助人所缴付的分担费，以及从为受助人讨回的赔偿或补偿中所扣取某个百分比的款项。一般来说，获得法律援助辅助计划所提供的法律援助的受助人在诉讼成功并获得赔偿后，从其获得赔偿款里面扣除10%拨入法律援助辅助基金作为法律援助辅助计划的经费，如果案件在委聘大律师上庭前和解，扣除的比率则会减至6%。

五、法律援助的取消、撤回和中止

署长可根据订明的一个或多个理由，取消、撤回受助人的法律援助，理由包括受助人的经济状况改变，财务资源超过规定的上限，或没有披露其全部财务资源，呈报虚假声明或失实资料等；受助人提出诉讼的要求不合理；受助人没有向代理大律师或律师提供必要或适当的协助等。取消法律援助后，原受助人不再享有法律援助利益及保障。撤回法律援助后，原受助人有责任支付一切诉讼费用。未经署长许可，法律援助不得中止。

综上，香港法律援助的实施主体是特区政府，由特区政府委派律师具体开展法律援助服务。法律援助的费用由特区政府负主要责任，且不设上限，财政支持充裕。法律援助的计划齐全，援助人群广，不限于绝对贫困人士，范围涉及更广泛的中下阶层及有需要的人士。当值律师服务独具特色，体现了香港社会力量参与法律援助的强大力度和宽阔空间。

第二节　澳门法律援助制度

澳门一般将法律援助称为司法援助。《澳门特别行政区基本法》第36条确立了“澳门居民有权诉诸法律，向法院提起诉讼，得到律师的帮助以保护自己的合法权益，以及获得司法补救”此一基本原则。根据1994年8月1日《规范司法援助制度》（第41/94/M号法令）所规范的司法援助制度，如澳门居民需要以诉讼的方式维护自己的合法权益，但因经济能力不足而难以负担诉讼费用或聘请律师时，可以申请豁免支付诉讼费用，以及获法院指派律师作为诉讼代理。

一、司法援助的诉讼范围

按照第41/94/M号法令第2条的规定，司法援助制度适用于在任何法院所进行的任何诉讼形式，即澳门的司法援助制度适用于各级法院的民事、刑事、行政等所有形式的诉讼。例如在民事或劳动案件中，当事人无论是作为原告提起诉讼，抑或作为被告提交答辩，都可以依法申请司法援助；但在刑事诉讼中，只有被控诉的嫌犯及经自诉而提出刑事控诉的人，才能获得司法援助。此外，法律还规定在诉讼中如果一方已经获得司法援助，并不影响另一方仍可申请司法援助；司法援助的申请可在诉讼程序的任何阶段提出，并可维持至上诉阶段，且可扩张至诉讼的附加程序，无须当事人重新申请。

二、可获得司法援助的主体

按照第41/94/M号法令第4条的规定，所有居住在澳门特别行政区的人，以及注册地址位于澳门的法人，只要能证明没有足够的经济能力承担全部或部分的诉讼开支，便有权获得司法援助。澳门司法援助的受益者可分为自然人和法人两类。在自然人方面，法律所规定的条件是在澳门居住，其中包括在澳门暂时性居住的人；在法人方面，法律除要求其住所或主要行政管理机关在澳门外，并未设定其他条件，换言之，在澳门注册的有限公司等以营利为目的的法人，如能够证明没有足够的经济能力负担诉讼开支，也可以得到司法援助。

三、获得司法援助的标准

（一）经济审查

司法援助本质上是对社会上因经济困难而无法负担诉讼开支者的一种司法辅助制度，因此澳门的现行法律规定，澳门的自然人或法人，只要能证明没有足够的经济能力承担全部或部分的诉讼开支，便有权获得司法援助。根据第41/94/M号法令第5条的规定，经济能力不足通过社会工作局发出的经济状况证明或正在接受公共救济的证明予以证实。

澳门的法律亦规定了推定为经济能力不足的情况：因经济需要而接受扶养或因收益不足而符合条件获发津贴的人；处于对父子或母子关系的调查或争议中，或处于针对父母的其他性质的诉讼中的未成年子女；扶养的申请人；在交通事故中享有损害赔偿权的人；工作的年收益等于或少于免除职业税限额的人。当司法援助的申请者符合上述条件时，原则上无须提交经济能力不足的证据。

根据澳门法律的规定，当司法援助的申请者并非为法律推定经济能力不足的人时，需要在请求书中说明其收入、负担、纳税等经济状况，以便法官查核并审批。这种由法官根据每个个案的情况确认申请者是否“经济能力不足”的做法，虽然有具体情况具体分析的好处，但无论是在司法援助的审批效率上，还是在司法援助的审批标准上，都有可以完善的空间。

（二）案情审查

司法援助程序中的案情审查，是指司法援助的审批机关对有关申请所涉及的条件进行初步的审查，只有当案件符合一定的法定条件或标准时，才会批准司法援助的申请。由于司法援助是以公帑支付（或免除）诉讼费用及律师的代理费用的救助措施，因此除要求申请者必须符合经济能力不足这一基本要件外，还应考虑申请者是否有充分的理由提出诉讼或抗辩，这不仅是合理善用公共资源的必然要求，而且能有效避免利用司法援助滥用司法程序甚至恶意诉讼的情况发生。

澳门的第 41/94/M 号法令第 17 条规定，在当事人提出司法援助的请求后，法官应立即就是否受理作出批示，若申请者的主张或请求的理由明显无法成立，法官便以“初端批示”的方式驳回司法援助的申请。

四、司法援助的审批程序

按照第 41/94/M 号法令第二章的规定，司法援助的请求，由申请者自己、通过检察院或代理律师向管辖法院的法官提出；在申请司法援助的陈述书中简要陈述与请求有关的事实及法律依据，且及时提交所有的证据，尤其是与其经济状况有关的资料。如请求初步获得接纳，法官会命令传唤或通知对方当事人，以便其提出倘有的反对，在经过评定证据和反驳的程序后，应在 8 日内对是否给予援助作出裁判。

由此可见，澳门的司法援助所采用的是一个完整的司法程序，当中包含了处分、调查和辩论等民事诉讼的原则，并最终由法官作出判决。虽然通过法院以诉讼的形式审理司法援助申请，能够确保有关申请得到独立、公正的处理，但有法律专家认为，从理论上说，司法援助请求的审批所涉及的是申请者与政府之间应否给予援助的一种行政法律关系，而不是当事人之间的一种纠纷，因此有关的事宜更适合通过行政程序而不是司法程序加以解决。

当获得司法援助的申请人的经济能力有所好转，而不再符合法律要求的条件时，法官便会终止提供司法援助，市民也有义务立即声明不再需要司法援助，否则，法官可以作出一定的处罚。

五、司法援助的内容

（一）司法援助的资助

按照第 41/94/M 号法令第 1 条的规定，司法援助包括免除支付全部或部分预付金、免除支付全部或部分诉讼费用，准许延迟支付该等费用，以及提供依职权指定的在法院的代理。简言之，澳门的司法援助可以包括免除当事人的全部或部分诉讼费用，并由法院为当事人免费指定诉讼代理人。

澳门法律对因瞒报或漏报财产或收入导致撤销司法援助或追讨资助的情况作出了规定，例如当司法援助的申请者在提出申请时隐瞒其所拥有的资产，以便获得司法援助，当证明隐瞒资产属实时，申请者须支付已获免除的诉讼费用、服务费及其他负担等，否则会被提起征收有关款项的诉讼。此外，亦不排除追究申请者尚有的刑事责任。除此之外，澳门的法律并未规定，在司法援助的受益人最终获得金钱或其他形式的赔偿后，对所获免除的诉讼费用或指派律师的费用，有任何方式的返还义务。

（二）司法援助的诉讼代理

由于法律规定的专业性及司法程序的复杂性，在大多数的司法诉讼过程中由经过专业训练并精通法律的律师提供法律代理服务是必不可少的，否则诉讼当事人的合法权益难以得到公平的保障，司法正义也就难以得到真正的实现。因此，在澳门现行的法律制度中，强制委托律师代理的案件范围十分广泛，若没有委托律师，有关的诉讼便不能进行。

在澳门，如人们因经济能力不足而无法聘请律师，便可通过司法援助由法官指派律师提供代理服务。按照第41/94/M号法令第17条的规定，法官根据案件的需要，按照澳门律师公会每年提供的会员名单，按次序委派律师、实习律师或法律代办担任司法援助案件的代理。根据澳门律师《职业道德守则》的规定，除特殊情况外，被法官指定的律师必须接受委派。

根据第41/94/M号法令第29条的规定，被法官委派的律师、实习律师或法律代办对所提供的服务有权收取服务费。法官在考虑提供服务所耗的时间、工作复杂程度、案件的性质等因素后，依照法定的标准和限额，具体确定每个司法援助案件的服务费。律师、实习律师或法律代办收取的服务费用为服务费用的2/3至4/5不等，并规定了各类诉讼程序中的最低与最高费用额。

对于法人应否成为司法援助的受益者，不同的国家或地区有不同的规定。例如：中国内地、香港、台湾，以及新加坡等法律规定只有自然人才能成为司法援助的受益人，而西班牙、葡萄牙等法律规定属公益法人或非营利性法人才有获得司法援助的权利。类似澳门这样对法人实体不加区分而全部赋予有关权利的法律制度，目前并不多见。

澳门司法援助制度所规定的案情条件是申请者的主张或请求的理由“明显无法成立”，从比较法的角度观之，其他国家或地区除以案情是否具备法律依据或充分理由作为标准外，尚会考虑是否具有合理胜诉机会，有关标准有利于合理、妥善运用有限的公共财政资源和司法资源，以免诉讼被滥用。

在确保有关决定的独立性、公正性及当事人的司法上诉权的前提下，由行政机关通过行政程序处理有关司法援助的申请，不仅能够减轻司法系统的工作负担，使法院能够集中资源审理其他更具纠纷性质和更为复杂的案件，而且有关申请程序的处理也可以更加简便快捷。

无论是对比澳门现时的经济环境及消费指数，还是对比周边国家或地区司法援助服务费的支付水平，澳门目前所沿用的服务费标准确实偏低。过低的服务费不仅会影响律师的职业形象，而且会降低律师在提供法律服务时的积极性，最终导致司法援助制度难以真正达到帮助弱者实现司法公正的目标。

第三节　台湾法律援助制度

2004 年，台湾地区正式公布《法律扶助法》，建立法律援助制度。法律援助，台湾称之为法律扶助。“法律扶助，乃是指对于需要专业性法律帮助而又无力负担诉讼费用及律师报酬之人民，予以制度性之援助，以维护其宪法所保障之诉讼权及平等权等基本人权。”根据《法律扶助法》，台湾法律援助包括诉讼或仲裁的代理或辩护，也包括法律咨询，调解、和解，法律文书撰拟，以及“其他法律事务上之必要之服务及费用之扶助”，“其他经基金会决议之事项”。

一、台湾法律援助体制

台湾法律援助的主管机关为台湾司法院，具体组织实施机构由根据《法律扶助法》成立的财团法人法律扶助基金会负责。法律扶助基金会下设分会，具体负责受理、审核法律援助申请，指派律师及给付报酬等具体事项。因此台湾法律援助体制实际上由司法院、法律扶助基金会和法律扶助基金分会三个层级构成。

（一）司法院在管理法律援助方面的主要职责

1. 确定法律扶助基金会的捐助及组织章程

台湾《法律扶助法》第 5 条规定，本法主管机关为司法院。为实现本法之立法目的，应成立财团法人法律扶助基金会，其捐助及组织章程由主管机关定之。

2. 编列预算

《法律扶助法》第 6 条规定，基金会之基金为新台币 100 亿元，除鼓励民间捐助外，由主管机关逐年编列预算捐助。创立基金新台币 5 亿元，由主管机关于第一个年度编列预算捐助。

3. 聘任或解聘法律扶助基金会及其分会管理人员，包括基金会董事、董事长和分会会长。

《法律扶助法》第 38 条规定：“董事由司法院长自下列人员聘任之”，“董事于任期中，自行辞职或有不适任情形，由基金会报请司法院院长予以解聘。”第 41 条规定：“董事长由全体董事互选，由基金会报请司法院长核定后聘任。”第 44 条规定，分会置会长一人，“由基金会推举具有法学或相关专门学识之人士报请司法院长核定后聘任”，“分会会长有自行辞职或不适任情形应予解聘时，应由基金会报请司法院院长核定后予以解任”。

（二）台湾法律扶助基金会

台湾法律扶助基金会属于财团法人，成立于2004年4月28日。台湾《法律扶助法》第9条规定“基金会得按地方法院辖区设立基金会分会”。法律扶助基金会成立之时，即在台北、台中、台南、高雄、花莲等高等法院所在地同时成立了5个分会。2005年1月，增设了桃园、新竹、彰化、宜兰、台东5个分会，同年7月再增设基隆、苗栗、南投、云林、嘉义、屏东、澎湖、金门以及妈祖等9个分会。2006年12月新设板桥分会。截至目前，共有20个分会。

法律扶助基金会主要负责制定法律援助办法，规划、执行法律援助工作，法律援助经费的筹集、管理与运用，推广法律援助教育等职责。台湾《法律扶助法》第10条规定了基金会的七项职能，包括“订定、修正法律扶助办法”，“规划、执行法律扶助工作”，“法律扶助经费之筹集、管理及运用”，“推广法律扶助教育”，“受理政府机关或其他团体委托执行法律扶助之工作”，“掌管不服分会审查委员会决定之复议案件”，及“其他法律扶助事宜”。

（三）法律扶助基金会分会

法律扶助基金会各分会具体负责受理、审核法律援助申请，法律援助经费使用与管理等事宜。台湾《法律扶助法》第11条明确规定了分会办理事项，包括法律扶助申请事件准驳、撤销及终止之审议与执行，律师酬金及其他费用之预支、给付、酌减、取消、返还、分担或负担之审议与执行，受扶助人与担任法律扶助者间争议之调解，协助法律扶助经费之募集等。

此外，台湾《法律扶助法》还规定了律师及律师公会等机关的义务与责任。《法律扶助法》第4条规定：“各级法院、检察署、律师公会及律师负有协助实施法律扶助事务之义务。”第25条规定：“律师应在其所加入的律师公会担任本法所规定之法律扶助工作。”第27条规定：“担任法律扶助者，应忠实执行工作，善尽律师职责。律师经选定或指定担任法律扶助时，非有正当理由，不得拒绝。违反前二项规定者，视同违背律师规范伦理，如情节重大，应付惩戒，由基金会移请律师惩戒委员会依律师法处理。”如在办理过程中，出现“因可归责于担任法律扶助者之事由，致未适当履行法律扶助工作，分会得视其情节酌减、取消其酬金，或变更担任法律扶助者”。《法律扶助法》还规定了律师公会的具体职责。第25条规定：“各地区律师公会应就担任法律扶助之律师制作名册并编订轮值表，函送基金会及相关分会，其变更时亦相同。”

二、法律援助对象与标准

台湾法律援助的对象主要系针对经济困难的“无资力者”或其他原因（如强制辩护案件、申请人因智能上的因素无法在法庭上陈述等）无法受到法律适当保护者。台湾《法律扶助法》第1条开宗明义：“为保障人民权益，对于无资力，或因其他原因，无法受到法律适当保护者，提供必要之法律扶助，特制订本法。”第13条规定：“无资力者，得申请法律扶助。”

所谓“无资力者”，台湾以户为单位认定。通常两个标准，一是符合社会救助法的低收入户，二是每月可处分收入及可处分资产低于法律扶助基金会设定的标准。台湾《法律扶助法》第3条规定：“本法所称无资力者，系指符合社会救助法之低收入户或其每月可处分之收入及可处分之资产低于一定标准者。前项所称一定标准之认定办法，由基金会定之。”根据基金会的有关规定，可处分收入，指的是实际工作所得、各种津贴、利息、股息收入、租金收入及每月定期或不定期的赠与等。某些特殊情况下，部分费用可不计入可处分收入。比如申请人家庭成员有重大伤病须定期支付的费用，可以不计入可处分收入。可处分资产，指的是像不动产、存款、股票、汽机车等具有价值的财产或权利。

此外，台湾地区《法律扶助法》第16条明文规定了“不应准许申请法律扶助之情形”：“法律扶助之申请，如有下列情形之一者，不应准许：第一，依申请人之陈述及所提资料，显无理由者。第二，申请人胜诉所可能获得之利益，小于诉讼费用及律师报酬者。但所涉及之纷争具有法律上或社会上之重大意义者，不在此限。第三，就同一事件依本法或其他法律已受法律扶助，而无再予扶助之必要者。第四，对于基金会之诉讼。第五，于台湾地区外所进行之诉讼。第六，申请之事项不符法律扶助之目的者。前项第一款及第二款之规定，于法律咨询不适用之。”

三、法律援助的事项

台湾地区《法律扶助法》第2条明文规定了“法律扶助之种类”，即律师可从事的法律扶助事项。具体包括：法律咨询，调解、和解，法律文件撰拟，诉讼或仲裁之代理或辩护，其他法律事务上必要之服务及费用之扶助以及其他经基金会决议之事项。第17条衔接第2条的内容规定，基金会得按经费状况，依案件类型，决定法律扶助种类及其诉讼代理或辩护的施行范围。具体而言，被指派承担法律扶助义务的律师究竟有权从事何种事项的法律扶助活动，还取决于“刑事诉讼法”和“民事诉讼法”及其他有关法律的规定。

四、法律援助的程序

台湾地区《法律扶助法》对于公民的法律扶助申请采用“书面审查原则”。《法律扶助法》第13条规定，无资力者，得申请法律扶助。同时，为了使资源能妥善利用，以造福最需要的民众，申请法律扶助要具备两个条件：（1）申请人申请扶助的案件不能显无理由，亦即在诉讼上有胜诉的可能。（2）申请人全户人口的资力（包括全户人口的总收入以及总资产）须低于基金会的扶助标准；或是申请人本人属于符合台湾的社会救助法所规定的低收入户，并提出证明文件。如果申请的个案为台湾地区“刑事诉讼法”规定的强制辩护案件，则例外地不审查申请人的资力。具体流程在资力审查后，与审查委员进行面谈，以了解案件是否显无理由，然后再由三位审查委员做评议，以决定个案是否必须加以扶助。

对于受援对象，台湾地区《法律扶助法》采用的是“例外排除”的体例，意味着除规定中不应准许的情形，原则上无资力或因其他原因而无法受到法律适当保护者皆有权申请法律扶助。大陆地区《法律援助条例》采用的是“例外准许”的体例，意味着原则上只有符合法定情形的公民，才有权申请法律援助。从这一层面来看，台湾地区的《法律扶助法》更有利于对公民获得法律援助权利之保障。

对于法律援助的程序，大陆地区和台湾地区的法律援助制度都规定法律援助申请采用书面审查原则，但实务操作中的做法和效果并不相同。台湾地区法律援助的实务运作上，少数法律扶助基金会分会为方便民众，坚持不采取书面审查原则，与法律规定并不相符，因此，相关理论界对之多有批判，认为这种做法容易造成弊端。

【思考题】

1. 谈谈香港民间性质的法律援助计划对我们的启示。
2. 简述澳门司法援助审批程序的优缺点。
3. 简述台湾对受援对象的审查标准。

第八章 国外法律援助制度

【本章要点】

本章介绍了法国、德国、英国、美国以及日本的法律援助制度。各国在援助机构、援助范围、援助对象、援助资金来源、援助方式等方面各有不同。尤其是法国和日本的法律援助程序、英国的法律援助质量保证体系、德国的法律援助撤销程序、美国的民间法律援助机构等制度各具特色。

第一节 法国法律援助制度

作为大陆法系的法国，法律援助制度最早可以追溯到19世纪中叶。1851年1月22日通过的一部涉及法律援助内容的法律，规定每个法院设立法律援助局，负责为穷人提供法律帮助。经过一个多世纪的发展、完善，目前法国的法律援助制度已经成为世界上具有典范意义的法律援助制度之一。

一、法律援助组织

法国的每个法院都设有法律援助局，其职责为：审查公民法律援助申请是否符合条件，作出给予法律援助决定；指派律师和其他法律服务人员提供法律援助；受理公民对下级法律援助局作出的不予法律援助决定的复议申请。法律援助局的局长由法院院长任命，他必须是一个法官。副局长由法院的主任书记官（即法院负责行政事务的管理人员）担任。

法律援助局由律师、执达员、诉讼代理人、税务官以及一些热心法律援助的社团代表等几种人员组成。执达员是法院的一种公务助理人员，负责对法院判决的执行和一些调查取证职能。诉讼代理人相当于律师助理的角色，负责代写文书和一些非讼事务。律师的任务主要是出庭参加诉讼。税务官的职责是帮助审查申请人的财产状况，其主要工作仍在税务部门，只有审查当事人的法律援助申请时，才来到法律援助局。一般来说，一个地区税务部门到法律援助局工作的税务官是固定的。每届法律援助局的局长及其组成人员的任期是3年，可以连任。一个人只能在一个法律援助局工作。每个法律援助局分成不同的部门来审裁不同领域的法律援助申请，每个部门都由法院一个相关的法官来主持。

二、法律援助的资金保障

最初，民事法律援助的费用由律师本人承担，刑事法律援助费用由律师公会承担。到20世纪中后期，很多律师认为，律师从事法律援助应当由政府支付一定的报酬。1991年的法国《法律援助法》规定，国家每年给每个律师公会拨款，通过律师公会对律师所的法律援助工作予以补偿。之后，律师对国家的拨款不足感到不满，2000年12月，他们同司法部签订了一个议定书。该议定书规定律师从事法律援助工作由国家给予报酬，并且制定了非常详细的各类法律援助案件费用标准。按照这个标准，每年年初国家按照上年度律师办理法律援助案件的数量，核拨本年度法律援助的专项经费。这些款项拨付到每个律师公会的一个特殊账户结算处。年末时，法律援助局根据该律师公会本年度办理的法律援助案件数量，按照议定书规定的各类法律援助案件的不同的费用标准，结算所有的法律援助费用。在这种情况下，国家对法律援助拨付的资金越来越多，从1991年的3.8亿法郎（折合人民币4.2亿元）增加到1999年的13亿法郎（折合人民币14.5亿元），8年增加将近3倍。到20世纪末，一些律师事务所以办理法律援助案件，获得国家报酬成为其主要的收入来源。法律援助从最初国家不出钱，到由国家负担，到后来越来越多，是法国法律援助资金保障的变化及沿革特点。

除国家拨款以外，法国也尝试以其他方式获得法律援助资金。比如，让民事诉讼中的败诉方承担法律援助费用。但这种想法被认为是对司法无偿原则（在法国，由国家承担司法运作的一切费用，公民到法院起诉是免费的，无须交纳诉讼费）的冒犯而被否决了。

三、法律援助的对象

什么样的人可以获得法律援助，有两个条件：一是受援人的国籍，二是受援人的经济状况。

关于国籍的规定。除法国公民以外，在法国合法居住一年以上的外国人也可以获得法律援助。其他的外国人只有在他们的国家与法国签订了有关公约的情况下才可以获得法国的法律援助，而与法国签订了这种互助公约的国家是非常多的。至于法人，如公会、公司、社团等，只有该法人是非营利性的并且其经济能力请不起律师，才可以获得法律援助。

关于经济状况的规定。1971年的《法律援助法》规定：法律援助对象就是资产总数（即月平均工资）低于最低行业工资的人。这些数字包括申请人各种来源的收入，但是政府支付给申请人维持家庭生活的费用和其他社会福利除外。

申请人拥有的土地和房屋也是需要考虑和评估的对象，但是该财产不能出卖或者不能轻易用来获得银行抵押贷款的除外。随后，由于最低行业工资一直在不断地上涨，而律师费并没有相应地上涨。因此，1992 年法国国会决定以后每年对法律援助对象的资产总数进行重新调整，每年确定一个资产总数的标准，这个标准是全国统一的，全法国无论哪个地区的申请人都适用这个标准。

法国的法律援助分全部（即免费）的法律援助服务和部分（即减费）的法律援助。法律援助律师可以向受援人收取其按比例应当承担的部分。申请人必须根据司法援助局的要求，出具关于自己经济状况困难的证件或其他证明材料。如果有其他人与当事人同居或者与当事人在一个家庭共同生活，则要考虑和评估所有相关人员的资源状况，但是他们相互之间对某些财产的权益发生纠纷的情形除外。

四、关于申请法律援助的合格性审查

（一）关于胜诉的可能性

如果申请人通过了经济困难情况审查，并且所涉及的法律事项并非明显缺乏理由，则该申请人就符合了获得法律援助的条件。但是，下列情形中可以免予审查案情的胜诉可能性的审查：

1. 民事诉讼中的被告人；
2. 如法院认为当事人必须对另外的损失承担民事责任的；
3. 需要帮助的证人（如证人不懂法语）；
4. 涉嫌犯罪的被指控者；
5. 已被定罪者（如他准备上诉）。

（二）关于法律援助的管辖

法国法律援助的管辖实行以属地管辖为主、以属人管辖为辅的原则。即申请人应当向有管辖权的法院的法律援助局提出申请。如果申请人向其居住地的法律援助局提出申请，其居住地的法律援助局应审查其提交的材料，对不完整的材料加以补充，然后提交给将要作出审判的法院。如果申请人向无管辖权的法律援助局提出申请，该法律援助局应将其申请转交给有管辖权的法律援助局。

五、法律援助的申请程序

（一）普通程序

1. 申请

普通程序的法律援助申请，是指由申请人或申请人的代理人向有管辖权的法律援助局提出申请，由法律援助局对其申请进行审查，决定是否同意给予申请人法律援助的过程。

申请人提出法律援助申请有两种途径：一是直接向法律援助局提出。每个法律援助局都有一个接待咨询中心。为申请人提供一些小册子，让他们了解什么人可以获得法律援助，如何获得法律援助。二是律师事务所的律师在执业中发现自己的委托人付不起普通的律师费用，符合法律援助的条件，就建议并代理申请人向法律援助局提出申请，然后以法律援助的名义帮他诉讼。

当事人提出法律援助申请一般要填写两份表格。一份是法律援助申请表格，上面表明申请人的身份、家庭成员、纠纷内容、诉讼目的、是否愿意调解等内容；一份是自然人财产申请表，其上应附申请人最近一次的纳税凭证或没有纳税的证明，在这张表上注明，如果申请人骗取法律援助，将会受到6万法郎罚款或者4年的监禁。此外如果有律师同意以法律援助的名义为其代理，还要注明愿意代理的律师的名字及执业机构。如果没有委托律师或者律师拒绝，则由律师公会的会长为其指定律师。

2. 提出法律援助申请的后果

申请人提出法律援助的申请能引起诉讼时效的中断。在法律援助局作出给予法律援助决定被送达后，诉讼时效自提出申请时重新开始计算。

3. 法律援助申请的审查

第一阶段由法律援助局的秘书处对申请事项及所提交的材料进行审查。首先审查申请事项是否合理合法，是否属于异想天开或不切实际。其次审查提交的申请材料是否齐全，不齐全时，秘书处要求申请人予以补齐。然后，秘书处把申请人的财产状况的材料（像税单、财产申报单）送到税务部门，由税务部门综合计算出资产总数，作为衡量申请人能否得到全部或部分法律援助的依据。税务部门审查后，把申请材料再次退回法律援助局。

第二阶段是法律援助局召开会议，决定是否给予申请人法律援助。会议应该由法律援助局全体成员或至少应有4个成员参加，并在大多数成员同意的情况下，才能作出给予法律援助的决定。此外，局长有独立作出决定的权力，但这个权力有严格的适用条件和范围。

4. 法律援助申请获得批准的结果

法律援助申请获得批准，可以产生以下三种后果：一是申请人可以得到律师、诉讼代理人、执达员的帮助，二是不必支付诉讼所需要的鉴定专家（如医生、工程师或其他专业技术人员）咨询费用，三是不必支付一些税务费用。

（二）紧急程序

在紧急情况下可以采取简单快捷的程序启动法律援助。一是审判案件的法院院长可以不施加任何审查程序，决定给当事人临时的法律援助。指定律师先行提供法律援助，然后再按照普通程序向法律援助局提出申请。如果法律援助局驳回了当事人的申请，就等于撤销了法院院长的援助决定。二是法律援助局局长在某些紧急情况下可以直接决定给予法律援助，但适用条件有严格的限制。

申请人的法律援助申请获得批准后，他可以自行选择愿意帮助他的律师。如果律师拒绝或者他本人无法选择律师，就由律师公会的会长为他指定一名律师。律师的报酬由法律援助局根据案件的难易程度和一个参考范围来确定。在部分的法律援助中，除国家给付一定的费用之外，律师和当事人还要再签订一个协议，确定国家付费之外当事人自己应负的律师费用。在全部的法律援助中，如果受援人在判决后获得较大收益，律师还可以要求当事人按照普通律师收费标准付费，但这种情况比较少。

六、法律援助决定的上诉

对于法律援助局所作出的决定，不论是批准还是驳回，申请人都可以对此提出上诉。提起上诉的途径有两种：一种是申请人自收到法律援助局决定书起一个月内，向作出决定的法律援助局提出复议申请。法律援助局收到复议申请后，由局长或作出决定的部门主任决定有无必要再做一次新的讨论。这种情况多数是由于申请人的经济情况不符合规定，申请人要求法律援助局重新审议自己资产状况。另一种途径是申请人向审理此案的法院院长提起上诉，院长必须对法律援助申请重新进行全面的审查，以决定申请人是否有权利获得法律援助。申请人采取这种上诉途径的居多。

法国的法律援助制度是世界上比较完善的。但对现有的法律援助体系也有所批评。一是来自国家，因为国家在年初预算中无法预测法律援助的实际发生的费用，在年末结算时，支出往往比预算的要多得多，而政府想尽力避免出现赤字；二是来自申请人，申请人认为法律援助的条件太苛刻。另外，由于在部分的法律援助中，申请人还要向律师支付部分费用，这些费用由律师自己确定，申请人无法预知；三是来自律师，律师认为越来越庞大的法律援助挤占了他们的市场。

第二节　英国法律援助制度

一、现行法律援助工作的管理体制

根据 1999 年《获得司法公正法》，英国成立了法律服务委员会，作为英国法律援助工作的主管机构。从机构性质上讲，法律服务委员会属于非政府部门的公共管理机构。

（一）法律服务委员会的机构设置与职能

1. 法律服务委员会的机构与人员

法律服务委员会内设独立委员组成的董事会，该董事会负责把握英国法律援助工作发展的策略方向，从整体上监督法律援助工作的开展情况。法律服务委员会所有成员（包括主席）均由司法部长任命，人数为 7 ~ 12 人。司法部长还负责核准所有成员的任期及委任条件。所有成员的委任期不得超过 5 年，可再获任命。

为了满足法律援助工作的需要，拟获任命的成员必须具有以下几个方面的工作经验或相关专业知识：第一，能够提供社区法律服务计划或刑事辩护服务计划项下的相关服务；第二，法庭工作经验或知识；第三，消费者事务方面的经验或知识；第四，相关社会经验或知识；第五，相关管理经验或知识。

法律服务委员会在伦敦设有总部，并在其他地区设有 13 个分部，负责开展法律援助各项工作。法律服务委员会还在英格兰和威尔士分别设有 2 个公共辩护人办公室，负责提供公共辩护服务。此外，法律服务委员会通过与地方政府、社区法律咨询中心等的积极合作，强化法律援助工作的均衡化、一体化发展。

2. 法律服务委员会的职能

就法律服务委员会的职能而言，一般情况下，法律服务委员会可以采取其认为必需或适当的措施履行下列主要职能：

（1）签订相关合同；

（2）发放补助金（不论有否附带条件）及贷款，并进行投资；

（3）推行或协助推行与其职能有关的宣传活动；

（4）就与其履行职能有关的事宜开展适当的调查研究等活动；

（5）就与其职能有关的任何事宜向司法部长提出适当的意见和建议。

（二）法律服务委员会与司法部的法律关系

司法部是法律服务委员会的主管机关，二者之间的关系反映在《法律服务委员会架构文件》中的相关规定。该文件由宪法事务部经咨询法律服务委员会后制定。该文件包含了与法律援助有关的管理声明和财务备忘录等。管理声明构建了法律服务委员会的内外法律关系等框架，主要表现为：（1）明确规定法律服务委员会要支持司法部的较广泛目标及《公共服务协议》的目标的整体目的；（2）明确了与法律服务委员会职能、职责及权力有关的制度等；（3）明确了将法律援助经费拨付法律服务委员会的条件；（4）明确了如何确保法律服务委员会对本委员会的表现负责；（5）明确了司法部与法律服务委员会等之间的关系。

根据《获得司法公正法》的规定，司法部长可以就法律服务委员会如何履行法律援助职能提出指导意见。司法部长必须公布或要求法律服务委员会公布相关指导意见。法律服务委员会在履行其职能时，也必须考虑司法部长提出的有关指导意见。但是，司法部长无权干预法律服务委员会的日常具体工作，无权就个案提出指导意见。

法律服务委员会通过以下方式向司法部长负责：（1）法律服务委员会年度工作计划必须经司法部长批准；（2）司法部长有权要求法律服务委员会处理相关法律援助工作报告中提出的问题；（3）经司法部长要求，法律服务委员会必须向司法部长提供与法律服务委员会所拥有的财产、与法律服务委员会履行职能有关的数据信息；（4）经司法部长授权的人员，享有检查和复印法律服务委员会账目或者相关文件的权利，并享有要求法律服务委员会就有关账目问题或文件作出解释的权利。

二、法律援助经费的拨付使用

在英国，由于政府恪守向经济困难公民提供法律援助服务是政府责任的信念，因此，法律援助的经费几乎全部来自国家财政部拨付的公共支出资金，只有一小部分资金来自受援人的分担费用和法律援助案件胜诉后由法律服务委员会从败诉的当事人处收取的法律费用。

依据专款专用原则，英国法律援助业务经费和日常行政办公经费是分开拨付的。根据《获得司法公正法》规定，每年司法部长需要履行其法定职责，向法律服务委员会拨付其认为适当数额的法律援助业务经费，以支持法律服务委员会履行其与民事法律服务及刑事辩护服务有关的职能，并向法律服务委员会支付日常行政办公费用，以满足法律援助服务委员会开展日常管理工作的需要。每年法律服务委员会的经费预算都要纳入司法部的部门预算，并以直接拨款的方式拨付给法律服务委员会管理使用。

三、民事法律援助服务计划

通过社区法律服务计划，法律服务委员会支持各类不同资质的法律援助服务机构和人员为广大困难群体提供民事法律援助服务活动。社区法律服务计划主要为困难群体提供以下法律援助服务：一般的法律知识和信息，以及如何取得法律服务等；就具体的法律适用为当事人提供法律咨询和建议；告知当事人如何预防和避免法律问题的发生；通过和解或者其他合法途径帮助当事人解决遇到的法律问题；为当事人提供法律程序上的帮助；提供其他法律援助服务。

（一）服务范围

根据有关规定，大部分民事法律援助案件都可以获得法律援助服务，但在某些审裁处或法院（包括雇佣审裁处、入境事务审裁处及土地审裁处）审理的民事案件除外。此外，一般情况下，以下几类民事案件也不能获得法律援助服务：人身伤害案件、因疏忽导致的财产损害案件、物权转移案件、土地边界纠纷案件、订立遗嘱案件、诽谤案件、信托法案件、公司法案件、合伙法案件等。

（二）服务方式

根据对法律援助案件的个案申请评估结果，社区法律服务计划为当事人提供不同层次的民事法律援助服务。这些法律服务方式主要包括：

1. 法律帮助，提供初步法律咨询及帮助；

2. 法庭帮助，就法庭诉讼活动为当事人提供帮助和诉讼服务；

3. 婚姻家庭问题调解服务，就婚姻家庭纠纷提供调解服务；

4. 提供其他法律代理和服务等。

（三）民事法律援助资格

法律援助申请人要想获得民事法律援助，必须通过经济审查和案情审查。

1. 申请人经济状况审查

通常，民事法律援助服务的申请人只有经审查，符合以下经济困难标准时，才有资格获得免费民事法律援助服务：（1）每月可支配收入不足300英镑；（2）可支配资产不足3000英镑。如果申请人每月可支配收入超过300英镑但不足698英镑，或者可支配资产超过3000英镑但不足某个具体的上限时，经其本人同意，申请人可以获得分担费用的法律援助服务。当然，如果法律援助申请人属于低保人员、正在领取失业救济金的或者正在享受其他政府补助的，则无须接受经济状况审查即获得免费民事法律援助服务资格。

2. 申请人的案情审查

案情审查主要涉及两个方面的内容：一是对申请人案件胜诉的可能性有多大进行评估；二是对案件胜诉后，申请人所获得的财物多于所耗费的法律援助资源的可能性有多大进行评估。

四、刑事辩护服务计划

2000年4月1日，法律服务委员会建立了刑事辩护服务计划。通过刑事辩护服务计划，法律服务委员会为经济困难等犯罪嫌疑人或者被告人提供刑事法律援助服务，确保犯罪嫌疑人或者被告人有机会获得刑事法律援助，以实现刑事司法公正。

（一）服务方式

刑事辩护服务方式分为以下三个层次：

1. 提供咨询及帮助服务。包括为当事人提供法律咨询、撰写往来信件、谈判、咨询大律师及拟制诉讼文书等。

2. 提供诉讼帮助。包括律师就裁判法院及巡回刑事法院的某些法律程序问题为当事人准备案件以及作为当事人的代理人等。

3. 提供刑事犯罪法律代理服务。在当事人出庭应诉前为其准备答辩书，并在法庭上作为当事人的法律代理人，处理保释、对裁判法院或巡回刑事法院的裁决或判刑（或上诉法院判决）的上诉提供意见以及帮助准备上诉书等。

（二）刑事法律援助服务资格及审查

刑事法律援助服务的申请人一般也要接受经济状况审查和案情审查。

1. 经济状况审查

申请人就裁判法院的案件申请刑事法律援助服务，也必须通过经济困难状况审查，以确定申请人是否具有申请法律援助的经济困难资格。具体的刑事法律援助服务资格审查如下：（1）如果申请人的可支配资产不足1000英镑，而其每周可支配收入为95英镑，即符合获得接受咨询及帮助服务的资格。（2）除非监狱法有特定规定的，申请人申请诉讼帮助服务时无须接受经济状况审查。（3）裁判法院有权决定是否对某个具体案件提供法律代理服务。法院将根据经济状况审查及案情审查结果决定某个申请人是否享有法律代理服务资格。

申请人如果是不满16周岁、16~17周岁无个人收入并且与父母共同生活、不满18周岁正在接受全日制教育或者领取失业救济金的，均无须接受刑事法律援助经济状况审查。至于其他申请人，法院将计算该申请人及其配偶的“实际年度收入”，并采用“简单经济审查”以决定其资格。如果经审查，申请人的实际年度收入不足12007英镑的，该申请人即有资格获得法律代理服务。如申请人的实际年度收入在12007~21487英镑之间，法院将从中扣除申请人的所得税及社会保险费、年度住房费用、年度抚养费、年度赡养费以及申请人本人年度生活费用等后，以确定申请人“年度可支配收入”的多少。如果申请人的“年度可支配收入”不足3270英镑，则符合获得法律代理服务的资格。

在巡回刑事法院及较高级法院审理的案件无须通过刑事法律援助经济状况审查，此类案件中的被告人均可获得法律援助。法院如认为被告人有能力支付相应的辩护费用，可发出命令向被告人追讨法律援助费用。如果申请人因为符合刑事法律援助服务资格而享有法律咨询及帮助服务或诉讼帮助服务的，则不需要分担法律援助费用。但是如果申请人因符合刑事法律援助资格享有法律代理服务的，同时申请人曾在裁判法院以外的任何其他法院获得法律代理服务，则在案件审理结束时，法官经考虑申请人所涉案件的所有情况，而要求该申请人分担法律援助费用。

2. 案情审查

法院可针对以下情况，决定是否为了实现司法公正而向申请人授予法律代理服务：(1) 申请人所涉刑事案件的案情十分严重，若申请人被判有罪，可能被处以有期徒刑或失去工作的；(2) 申请人所涉刑事案件涉及有关重大法律问题的争议的；(3) 申请人由于语言障碍或者患有精神病，靠自身能力难以了解有关法律程序及解释其案情的。

五、法律援助质量保证体制

《获得司法公正法》实施之后，一套完整的由法律服务委员会控制的质量保证体制被引入了法律援助服务领域。在该体制之下，得以获得政府资助的法律服务提供者仅限于那些与委员会签订有合同的律师事务所或法律服务机构。委员会在决定是否与法律服务机构签订合同时，将以对各种高质量服务实行有效管理的国际标准（ISO）为基础，综合考虑其服务的质量及所须的费用。随着合同制的引入，英国现在所有的法律服务机构都不能像从前那样先受理案件，再拿着账单到委员会要求付款，而必须先与委员会签订合同，并按合同规定的质量标准提供服务后才能获得委员会的资助。这一方面有利于委员会对法律援助资金进行有效的管理，另一方面也有利于提高原本参差不齐的法律服务的质量，从而保证有限的法律援助资金能够用到最需要帮助的受援人身上，并取得最佳的效果。

英国法律援助已成为全国各类公共服务部门中增长最快的服务之一，每年法律援助经费开支的平均增长率达5.7%。可见，英国法律援助是世界上经费保障最充足的法律援助制度。目前，英国法律援助质量监督管理制度和评估方法体系可以说是世界上最复杂、最完备的法律援助控制体系，受到了众多法律学者专家的好评，并对其他国家和地区起到了非常重要的借鉴作用。法律援助机构就其职能的不同应该包括法律援助管理机构与法律援助实施机构两大主体，而且二者之间通过职能的划分形成一种监督与被监督的关系。在英国，法律援助是由与法律服务委员会签订有合同的律师或直接受委员会雇佣的辩护人具体实施的，作为管理机构的法律服务委员会只承担制定法律援助政策以及监督法律服务提供者的职能，而不承担具体提供法律服务的职能。这一方面保证了委员会能将精力集中于管理法律援助事务，另一方面也避免了自己资助自己提供的服务可能带来的不公正与不合理。

第三节　德国法律援助制度

一、德国法律援助范围

欧洲19世纪的程序法保证了在刑事案件中担任辩护人的律师的基本权利。任何被起诉前的犯罪嫌疑人或被告人都有获得律师辩护的权利。但只有在刑事程序法典中规定必须有指定律师辩护或被告人无力承担费用的情况下才有权获得法律援助。① 刑事程序法典保证了获得义务咨询服务的权利，但仅限于重案。义务咨询人员可由犯罪嫌疑人自己挑选或者在有指定律师辩护的情况下由法庭指定，但是大部分使用简易程序的刑事案件法律都未要求律师参与。

德国对刑事案件的法律援助不包括在地方法院的代理，而大部分常见的轻罪都是在地方法院被处理结束的。通常起诉的一方对轻罪的处理采取的是付罚金的方式，若犯罪嫌疑人拒绝支付罚金，则会被在刑事法庭中起诉。因此，法律规定在一般的案件中不提供法律援助，当然更不会在被起诉人被怀疑和逮捕阶段了。但是在一些城市，辩护律师在自愿的基础上组织了早期辩护服务，在一些青少年案件中，法官和检察官甚至会想办法帮助犯罪嫌疑人，如用一些其他方式代替犯罪起诉。

刑事程序法中列举了德国刑事法典认为严重到必须指定律师代理的犯罪。这些犯罪被严格限制在一些有可能被判处4年或4年以上监禁的少数严重案件中（例如，致人严重伤害或死亡的抢劫，所有的谋杀和杀人，强奸以及对儿童的性侵犯）。

若被告人无力支付费用，审理案件的负责人将会指定一名义务的咨询人。当事人有权选择可供选择的律师，但若该律师无法为之提供服务，审理案件的负责人也会再指定一名律师。律师的费用由法院支付。检察官在准备起诉阶段也可以要求义务咨询员为犯罪嫌疑人提供服务，若被告人被拘留超过3个月，则检察官必须要求义务咨询人提供服务。

在德国的民事法律援助中，法律咨询占有重要位置。原联邦德国的法律咨询制度旨在为社会上大部分人提供法律咨询，如在租赁、继承和家庭纠纷中以及社会事务中向老年人提供法律咨询、提供婚姻咨询、向吸毒者提供咨询等。法律援助的范围并不限于提供法律咨询和准备简单的文件，还包括向穷人提供与富人享

---

①　Erhard Blankenburg：《德国法律援助制度简介》，载宫晓冰、杨勇：《外国法律援助制度简介》，中国检察出版社2003年版，第25页。

受相同的庭外代理。

二、德国法律援助的方式

德国的法律援助方式包括公众法律咨询和法律援助两种方式。德国存在的法律咨询制度是为了满足法庭外法律援助的需求而向社会大众提供庭外法律咨询。在政府事务方面，每个公民不论其收入和生活资料如何，都有权从政府官员那里得到信息。在大城市已经建立了集中的咨询中心。这些中心处理公民的申诉和询问，并充当"客人工人"信息中心，要求财政办公室向每一纳税人提供关于税收问题的法律咨询。在这些中心，法律咨询由政府法律专家、在职或退休律师、政府律师、行政执法官员和律师提供，而不包括庭外商务咨询和与对方当事人对抗时的个人代理。在柏林的法律咨询中心由专职律师提供，在其他省份的公共咨询中心则是基于经验性基础而存在着。① 德国的免费法律援助制度，自 19 世纪末以来就由律师协会提供。

除了提供咨询援助外，德国还有诉讼费用资助形式的法律援助。如果发生诉讼，任何人根据个人经济情况不能支付诉讼费用，或只能部分支付或分期付款时，均可得到诉讼费资助，其适用情形是：当依法规定须由律师代理或是因案情困难或法律状况问题需要由法律顾问代理，或者对方当事人由法律顾问代理时，当事人可自行选择一位乐意当其代理律师的人，接受法律援助的当事人的诉讼费用（包括律师酬金在内）是实行全免还是按月支付，这要由月纯收入额以及拥有取得生活费权利的人数来决定。

三、德国法律援助资金来源

不同于其他福利国家在法律援助上庞大的支出，德国对法律援助的政府投入十分有限，无论是通过政府直接拨款还是诉讼费减免的方式（德国大约只有15%的人符合政府法律援助的资格）。德国法律援助资金来源最重要的渠道是诉讼保险制度。德国是世界上诉讼费用保险制度最为发达的国家，通过成功地推行诉讼费用保险制度，使作为投保人的当事人只要支付一定数目的较为合理的投保费就能获得接近正义上的保障，律师从诉讼费用保险中获得稳定的经济收入，保险公司从诉讼费用保险市场上获得相当可观的利润，同时还在一定程度上减少了国家对法律援助的财政投入。

① 张耕：《法律援助制度比较研究》，法律出版社 1997 年版，第 66 页。

四、法律援助的对象

如果客户的经济状况无法支付必要的费用，且没有其他获得帮助的可能性（例如获得租户协会或者工会提供的法律开支保险咨询），他就可以获得程序援助（包括法律咨询援助或者法律援助）。另外，客户申请法律援助时提出的权利主张不能是违反道德要求的。如果想要获得法律援助，其所主张和辩护的权益必须要有胜诉的充分理由。法庭在决定是否给予法律援助时，必须根据他们陈述的有关事实和提交的文件，考虑申请者的法律观点是否正确，是否有正当理由，必须要在事实和证据上做到确信无疑。如果符合上述法定条件，他就可以获得法律咨询援助或者法律援助。

五、法律援助的申请地点

法律咨询援助的申请人可以向与他有关的主要地点（住所地）的地方法院提出申请。如果他在德国国内没有主要地点，应向产生法律咨询援助需要的那个地区的地方法院提出申请。如果有可能直接从某位律师那里获得法律咨询援助，则应向地方法院随即提出有关申请。法律援助的申请人须向诉讼正在进行，或者即将进行的法院提出申请。由该法院（而不是某个社会机构）对申请进行审查，并决定是否给予法律援助。

六、法律援助的撤销

如果受援人是基于虚假信息而获得法律咨询援助的，则可撤销援助。法律援助只有在下列情形下方可撤销：

1. 受援人提供了关于争议事项的不正确信息，用欺骗手段获得法律援助；

2. 受援人提供了关于主观条件的不正确信息和不提交有关声明材料，而获得法律援助的；

3. 由于欠缺个人的或者经济方面的申请材料的；

4. 拖欠分期付款的。

“两德”统一以后，德国法律援助对象的资格和对象的范围问题，发生了较大的变化。法律援助机构和法律援助的“志愿者”律师数量有了很大的增加。随着法律援助国际化趋势的日益加强，把外国人纳入了本国的法律援助对象。财政拨款占法律援助资金来源的比例越来越小，这可能是受世界经济以及法律援助资金来源的不断开拓的影响。然而，政府投入作为整个法律援助的主导资金的地位和性质并没有改变，仍然是法律援助经费的主体和主渠道。政府财政拨款的多少直接关系着法律援助经费总体水平的状况。与此同时，财政拨款还对全社会多渠道的资金投入起着重要的引导作用。德国推行的诉讼保险制度，是法律援助资金的一个新来源。该制度只适用于那些感到自己很有可能介入法律纠纷的中等收入阶层，而无法满足真正的贫民的法律需求，因此覆盖面较窄。此外，诉讼保险制度使得律师依赖于保险公司来获取报酬，容易造成保险公司操纵诉讼的不良后果。

第四节　美国法律援助制度

一、美国的法律援助体系

美国的法律援助体系主要由特点不同、各自独立运作的刑事法律援助体系和民事法律援助体系组成。

(一) 刑事法律援助体系

刑事法律援助体系的主要特点是政府出资、政府设立的公共辩护人机构负责实施，是作为人权保障的一个重要方面而设立的，也是作为刑事司法审判必不可少的一个重要要件而存在的。在美国，有一个全国性公共辩护人法律援助机构负责法律援助标准的制定、公共辩护人的培训、举办刑事法律援助方面的专题研讨会、向公共辩护人提供信息和技术方面的支持。

美国的刑事法律援助主要是通过公共辩护人体系实施的。公共辩护人是受雇于政府（包括联邦、州和县政府）的律师，服务于政府专门设立的公共辩护人办公室，向没有经济能力聘请律师的刑事犯罪嫌疑人提供刑事法律援助。实际上，也有部分公共辩护人办公室是由获得政府专项法律援助资助的非营利机构设立的。由于美国存在联邦和州两个法律体系，相应的公共辩护人体系也存在联邦和州两个体系。联邦层次的公共辩护人办公室有两种模式，一种是由联邦政府运作的公立机构，一种是接受政府资助的公司类型的机构。联邦公共辩护人可以获得与美国国家律师（政府律师的一种，担任涉及违反联邦法律的案件的检察官）大体相当的薪水。由于薪水较高，因此吸引了高水平的律师加盟联邦公共辩护人队伍。联邦公共辩护人办公室是和美国国家律师办公室对应按照司法辖区设立的，一个司法区只有一个公共辩护人办公室，只有一个公共辩护人，其他人员称为公共辩护人助理。在州层面，公共辩护人制度各州有所不同。有些地区公共辩护人服务于与法庭相关的法律援助机构，作为法庭的指定律师办理刑事辩护，从法庭得到酬金；也有一些地区公共辩护人就是接受政府公共资金的特定私立公司的律师。公共辩护人的待遇在各州、县有所差异，某些地区待遇较差，工作量很大，因此律师办案水平难以得到保证。

除了公共辩护人体系之外，在一些州和地方还存在私人律师模式和合同制模式。私人律师模式是指法庭为不能聘请律师的被告指定私人律师提供法律援助，由政府向私人律师支付报酬。合同制模式采用政府与私人律师事务所签订合同的方式，为刑事被告人提供法律援助。但是就总体而言，公共辩护人模式占据主要地位，在大城市和发达地区主要是设立公共辩护人机构，聘用专职辩护人办理刑事法律援助。部分经济不发达和人口分散的地区采用私人律师或者合同制模式实施法律援助。

（二）民事法律援助体系

民事法律援助体系是通过一个政府设立的美国法律服务公司资助资金、由民间法律援助机构和私人律师提供服务来具体实施的。

实际上，民事法律援助是由不同类型的组织具体实施的，美国法律服务公司只负责确定民事法律援助项目，并代表美国联邦政府管理民事法律援助资金，向确定的民事法律援助项目和得到项目的合格机构给予经费资助。私立或者民间法律援助机构和私人律师事务所，通过竞争从法律服务公司争取项目资金，从而向贫困人口和低收入阶层提供法律援助。民间法律援助组织一般为非营利机构，通常情况下仅靠法律服务公司的拨款远远不能满足其正常运作的需要。因此多数民间法律援助机构还要通过其他渠道筹集资金。也有一些民间法律援助机构主要从州、县政府和其他渠道筹集资金，不接受法律服务公司的拨款，因为法律服务的项目经费管理十分苛刻，有种种限制。民间法律援助机构通常有自己的董事会，向出资人负责，定期向出资人报告资金使用情况。

在美国，民间法律援助机构有各种各样的类型，面向特定的人群提供法律援助。比如面向儿童或者妇女的，面向老年人的，面向残疾人的，面向某一有色人种的，面向移民的。实际上，这些民间法律援助组织与美国国家的政治生态是密切相关的，是与社会当中存在的各种不同利益集团相伴而生的，与各种利益集团存在着千丝万缕的联系。在美国经常听到这样一句话：每个人都有属于自己的利益集团。因此每个需要法律帮助的人只要遇到法律问题，也可以找到不同的民间组织或者民间法律援助组织。形形色色的利益集团直接或者间接运作不同的民间法律援助机构，向其所代表的社会群体提供法律援助。

除此之外，美国法律院校的法律援助“诊所”项目也向社会提供法律援助，成为美国法律援助制度的特色之一。目前美国大多数法学院都开设法律援助“诊所”项目，法律援助“诊所”项目与美国法学院的教育模式密切相关。从法学院教育模式的角度看，法律援助“诊所”项目是引导法学院学生接触法律实践、养成法律职业道德的重要途径，也就是“诊所”式法律教育。诊所法律教育最早产生于20世纪初，在20世纪60年代得到了长足发展。当时美国社会正处于种族歧视矛盾激化和越南战争期间，社会矛盾的激化使得许多处于社会底层的穷人生活受到严重影响，他们需要诉讼但是又请不起律师。在这一背景下，一些法学院学生开始自发地帮助穷人办理各种诉讼。但是由于他们缺乏足够的实践技能方面的训练，在办理案件的过程中需要接受具有律师经验的教师的指导。另一方面，法学院是否该为学生提供未来执业的准备也成为了法学界思考的一个问题。在这一情况下，一些法学院开始借鉴医学院利用诊所培养医学院学生的经验，引入了所谓的诊所教育模式。在诊所法律教育中，法学院的学生在法律援助“诊所”教师（多数为执业律师）的指导下，办理法律援助案件，使学生掌握办理案件的技巧和技能，了解执业律师应遵循的规则，逐步养成职业道德。参加法律援助“诊所”项目的学生符合一定条件的，在“诊所”项目教师的指导下，可以出庭代理当事人。

二、法律援助的对象

在美国的律师界，过去律师在向穷人提供服务时完全凭自己的意愿来减少收费，这部分援助属于律师所谓的慈善行为。在19世纪后半叶，一些律师和律师协会将其注意力转向创设一个更加有组织的处理穷人的法律问题的方式，以此作为律师责任的补充或选择。20世纪上半叶，法律援助模式缓慢地扩展。在法律援助的对象问题上，美国法律对此均作了具体的规定。美国联邦宪法第6条规定：每位公民在涉及刑事诉讼的情况下，特别是以犯罪嫌疑人或被告人的身份受到审查时，都有权请求律师帮助。同时，1961年美国最高法院明确规定，如果当事人没有钱请律师，政府要负责为其提供律师。随之法律援助的对象范围也有所拓展。从逻辑上讲，能够将时间匀出来为穷人提供法律援助的律师越多，法律制度运作得越公平。对于刑事被告人，多数情况下通过公派律师制度来确定代理，这是近一个世纪以来提供这样的法律援助的主要方式。

20世纪60年代早期法律援助的主要对象是那些下层的黑人。由于这些人经济比较困难，而且法律知识比较欠缺，需要援助面相对比较广泛。特别是随着民事权利更进一步加强与公民自由、环境保护、消费者权益保障和消除贫困等运动的结合，黑人更是法律援助关注的重点对象。除了黑人以外，美国法律援助的另外一部分主要对象就是生活在国家所划定的贫困线以下的那些“穷人”。这些人大都生活在美国的偏僻地区，如美国南方西部的一些地区。另外还有一些是从外国移居美国的贫民。特别是近些年来，在民权运动的呼声日益高涨的条件下，在经济动荡的情况下，有些中下层的人士也可能由于种种意想不到的困难而沦为破产者或者贫困者，一旦他们涉及诉讼问题，也需要国家为其提供法律援助。因此，为了满足这些人对法律援助的迫切需要，总统和司法部长鼓励法律界成立一个组织来处理与民权实施有关的社会动荡及其他问题。在政府的感召下，很快就吸收了200多名有名望的律师来担任援助者。这个援助计划第一个步骤就是派出自愿者律师到南方工作2~3个星期。但后来法定民权律师委员会设立了永久性的办公机构，和在那里的其他民权律师一起工作。以这项民权援助为契机，美国法律援助对象范围迅速扩大，从而使半个世纪以来对给穷人以援助的观念的支持达到了顶峰。

三、法律援助的范围

在美国，为被告提供法律援助起步较早。早在19世纪末美国各州开始建立律师协会和类似的组织时，在其所制订的道德行为规范中，就要求律师为贫困的被告辩护。随着最高法院几个判例的生效，刑事法律援助的范围不断扩大，已涵盖了从死刑到轻罪，从少年犯罪案件到上诉案件的辩护。为了保证律师尽好法律援助这一义务，律师也相应地被赋予了某些权利，诸如调查取证，得到法律专家协助，获得合理的补偿和图书资料等。

美国为贫困的公民提供民事法律援助具有很长的历史，但是自本世纪上半叶以来才有较大的改进和发展。纽约于1876年成立第一个法律援助机构时，只是为在美国的德国移民提供援助，从而使其适应并融入美国社会。法律援助组织随后逐渐扩大到其他移民和贫困者团体中。最初阶段美国民事法律援助的范围主要是在离婚案件、收养、破产、民事行为能力听证、未成年人诉讼以及农场主和雇工争议的案件中为贫困者提供一些帮助。这种帮助的范围和成效都是极其有限的，因为它强调向所有的个体提供服务，不涉及法律变革和集团诉讼问题，而仅仅是对揭示穷人在诉讼中面临的问题以及引起社会关注穷人的法律需求作了一点点努力而已。20世纪上半叶，个别富有进取精神的法律援助组织如全国促进有色人种地位协会等，在采取措施扩大传统的为穷人的法律代理的同时，在运用诉讼来实行广泛的社会变革方面进行了大量的努力。早在1909年全国促进有色人种地位协会成立之时，该协会的律师就呼吁法院对种族歧视问题给予关注。1939年，该协会成立的法律辩护和教育基金会开始在广泛的领域内，包括婚姻、教育、选举、住宅、同一地区业主间关于不得随意使用产业的合约、运输以及公共设施等方面，承办了大量试验性质的个案，获得了一系列的成功，从而使诉讼成为少数民族伸张正义的唯一的可行的途径。

到了60年代中期，解决贫困问题，开展反贫困斗争，逐渐取代民权斗争，并日益成为社会关注的焦点。为了对付贫困，美国国会于1964年通过了经济机会法，并通过一些计划来满足穷人的就业、居住、温饱及其他基本需要。法律援助的范围也因而集中到了为穷人提供民事代理方面。1974年法律服务公司成立，取代了原有的经济机会办公室。法律服务公司是一个由国会定期拨款、旨在对独立团体提供经济支持的非营利性团体。这些独立团体承担着为无经济能力获得法律服务的人提供非刑事诉讼代理方面的法律援助的重要使命。自20世纪80年代以来，美国民事法律援助的范围在以往的基础上，进一步拓展和细化。除了传统的移民、住房和无家可归、老年者和消费者权益问题之外，又延伸到了儿童与教育、环境、艺术事业、就业问题等领域；受援主体不再仅仅限于贫穷者阶层，而且还扩大到艾滋病患者等特殊群体以及中产阶级和其他非营利性组织。

四、法律援助的方式

在刑事法律援助方式上，美国有三种主要的援助方式：由法律规定并由公共基金支付费用的公设辩护人方式；全部基金来自私人组织（通常是律师协会）并由律协指定律师辩护的刑事法律援助方式；混合方式，即部分资金由私人组织提供的公私合作提供刑事法律援助的方式。[①] 由于美国是一个联邦制国家，没有统一的全国性法律援助制度，上述刑事法律援助方式分别为不同的州或地区所采用，甚至在同一州内也同时存在着不同的援助方式。美国对贫困者所提供的非刑事法律援助的范围更加广泛和全面，提供这方面法律援助的方式也日益多样化，出现了法律服务公司、全美律师协会、地方律师协会和政府律师及私人律师等多种形式、广泛参与的法律援助。法律服务公司是由美国国会根据1974年法律服务公司法案而设立的一个非营利性团体。其目的是对那些无法获得法律服务和帮助的人提供非刑事或事务方面法律援助的独立团体提供经济支持。法律服务公司是个私人基金会，其经费由国会拨款。根据法律服务公司的年度报告来看，法律服务公司的工作主要包括几个方面：统筹安排和协调地区计划，促使私人律师更加积极地通过减费和免费的形式来支持和参与地区法律援助，协调州与全国性的帮助地区法律服务的支持中心，设计法律援助的执业标准和其他提高服务质量的措施。[②]

全美律师协会，作为美国最大的律师自愿性组织，其本身虽不直接提供法律援助，但该组织的一些委员会则讨论此类问题，改进和帮助某些团体或个人来直接提供法律援助。全美律师协会制定私人律师参与计划，通过提供必要的技术帮助、经验和尽可能提供经费，使私人律师与法律援助团体密切配合以迎合贫民的法律需求。除此之外，全美律师协会还通过发行《私人律师参与计划交流》季刊，报道和交换法律援助信息，以推动私人律师参与法律援助的工作。美国的各

① 王进喜、赵琅：《美国行使法律援助模式简介》，载《河北法学》1998年第1期。
② 孙建：《美国法律援助制度考察》，载《中国司法》2007年第7期。

州律师协会和地方律师协会，都为贫困者提供法律援助，如免费为贫民代理诉讼，提供法律事务咨询等。

五、法律援助的资金来源

政府资金的支持功不可没。联邦、州、县各级政府的财政拨款是美国法律援助机构的重要经费来源。公共辩护人办公室的经费主要来自州或县政府财政，大多数民间法律援助机构都能或多或少地得到联邦法律服务公司的拨款。在联邦政府财政支持的积极影响下，越来越多的地方政府开始资助本地的法律援助活动。政府资金的投入正在美国法律援助制度的发动和运行中发挥着越来越重要的作用。

美国法律援助机构资金来源多样化和筹资手段的灵活性给人以深刻印象。除政府拨款外，其他资金来源还有律师事务所、律师协会和私人律师的资助，律师信托账户利息，大公司、企业、基金会、慈善机构、私人的捐赠，法院和政府的罚没款项等。大波士顿法律援助中心有将近 60 个资金来源。资金来源的丰富多样得益于法律援助机构理事会的设置及其人员构成，理事中除了一定数量的穷人代表外，大多是律师、公司、企业和基金会等捐助机构的代表，这些理事的重要职责之一便是筹集资金。此外，法律援助机构一般还配备专人负责资金的募集工作。不少法律援助机构还充分利用州法规定的“由败诉的非受援方承担律师费”的制度，减轻经费负担。

美国法律援助因地制宜，组织体系完备；政府主导，社会广泛参与，公益和慈善法律服务非常发达，这在民事法律援助经费捐助和人力资源投入上得到了充分体现；法律援助服务范围广，受援面宽。经济困难标准明确，动态调整，根据联邦政府人口普查局公布的上年度美国家庭贫困标准，法律援助经费困难标准每年都会作出适时变动和调整。非诉调解优先，服务方式多样，运用非诉和解、调解解决诉讼纠纷得到了美国司法部门及相关机构的普遍认同，绝大多数民事法律援助案件通过和解、调解来解决。电话和自助服务系统发达，便捷高效。法律援助人员能力强、素质高、爱岗敬业，法律援助人员均受过高等教育，接受过专业训练，特别是对公设辩护人，资质要求很高，不仅要具备丰富的专业知识、熟练的业务操作能力、缜密的思维能力和分析判断能力，还要具备崇高的职业道德，遵守严格的执业纪律。而且，刚刚从业的律师或者其他法律援助人员要在资深律师的指导和帮助下从事法律援助工作。

第五节 日本法律援助制度

在日本，“法律援助”又称为“法律扶助”，第二次世界大战之后确立并逐步完善起来。由于战后社会和经济状况恶化，许多处于贫困状态的人在现实生活中迫切需要来自法律的帮助，故政府开始施行法律援助制度且日趋完备，并于1952年成立了一个全国统一性的专门实施法律援助的机构，即“财团法人法律扶助协会”。法律扶助协会依据《民事法律扶助法》负责全国民事法律扶助业务，而刑事部分则仅规定了起诉后的法律扶助由国选律师负责，对于起诉前的法律扶助却无规定。2004年6月2日，考虑到随着内外社会经济情势的变化，依法解决纷争显得更为重要，并旨在实施并完善律师、律师法人及司法书记员等其他相关法律专职者的服务更为平易近人的总合性支援体制，在确定国家的责任义务等其他基本性事项的同时，推动形成更为自由与公正的社会，日本公布并正式实施《总合法律支援法》。2006年4月，根据该法设立了由最高法院参与设立与运营、以独立行政法人为结构的日本司法支援中心，并于同年10月作为总合法律支援体制运营的主体，正式开始法律扶助业务至今。

一、法律援助机构

日本司法支援中心业务主管部门为法务省。自2006年10月起，涉及日本全国法律扶助的业务均由司法支援中心统括性、总合性地开展。亦即，原民事法律扶助业务随着《民事法律扶助法》（2000年法律第55号）的废止，全部移交给司法支援中心负责处理，由其继承原法律扶助协会的相关权利和义务。刑事法律扶助部分则由法院指定国选辩护人之后，交由司法支援中心负责律师派任、缔约及酬金发放等业务。凡是愿意为刑事被告人提供法律扶助的律师，可以到当地弁护士会（即律师协会）登记，称为“国选律师”。当裁判所（即法院）审理刑事案件需要法律扶助律师时，就通知律师协会，由律师协会从登记的国选律师名单中为刑事被告人物色辩护律师。

司法支援中心本部设于东京都千代田区市之谷，理事长代表支援中心总理其业务，由法务大臣从具备支援中心运作事务及事业相关高级知识并能够进行适当、公正且中立的业务运营者（法官或检察官或者任命前两年内从事该类职业者除外）中任命。

司法支援中心设有审查委员会，由学者与实务家等担任委员，负责对日常运营加以监督，负责决议未来重要计划与目标。另外，为解决司法资源不均问题，招募专职律师近30人，配置在全国司法资源缺乏地区以设置法律事务所，协助当地居民处理各式法律问题。

二、法律援助经费来源

（一）刑事法律援助经费

在日本，由政府来管理专门用于刑事法律援助的资金，如有需要，政府会把用于刑事法律援助的费用分拨给各个法院，但这样做有一个前提，即这笔资金只能用于起诉后的法律援助。各地法院得到法律援助资金后，再由法官来根据案件的具体情况如难易程度给进行刑事法律援助的律师定相应的法律援助报酬。律师协会负责支付国选律师的费用，支付刑事法律援助费用的程序是：法院不直接将费用给办案律师，而是通过律师协会，法院先给律师协会，律师协会先扣取10%的费用，剩下的90%再给律师本人。原因是法律援助协会完成了起诉之前的法律援助工作的部分。

（二）民事法律援助经费

日本用于民事法律扶助的费用主要来自政府拨款、财团资助和当事人返还。在日本有许多自发的民事法律援助协会，日本民事案件的法律扶助等于先借钱给当事人，当事人在有足够支付能力的时候须偿还这笔费用，但有一个前提是，只有胜诉了才需要偿还。这样做有效地缓解了当事人关于诉讼费用的压力。如果当事人实在生活贫困，可以相应地使其不用偿还这笔费用。但需要经过日本法务大臣的严格审批，一般来讲免费的难度较大。所以一定程度上来说，法律援助协会的另一个主要工作就是追回法律援助的偿还金。但日本在免除费用上仍在做积极的努力，对经济严重困难的当事人和败诉的当事人一般不再让其偿还诉讼费用。甚至对于个别案件，即使胜诉了，对于生活确实困难的当事人，仍会免除其费用，不再偿还。此外，对于法律援助的扶持对象也有一定的要求，只给予离婚案件的被告，而对于民事其他案件的被告一般不给予法律援助。

三、法律援助范围

为实现迅速而适当地从事与总合法律支援有关的事业为目的，根据《总合法律支援法》第30条的规定，司法支援中心负责的法律援助业务范围共8项。

（一）法律资讯提供业务

为免费提供一切相关法律资讯，司法支援中心建立了一个多达30人的话务中心，欢迎民众随时拨打全国专线0570－078374，除就一些常见法律争执提供法律建议外，还积极提供可供协助的司法资源情报。具体而言，根据利用情报通信技术的方法及其他方法，收集和整理下列情报及资料，以供一般利用或应个别托付而提供：（1）有助于有效利用裁判及其他依法解决纠纷制度的；（2）有关律师、律师法人及相关法律专职者的业务，以及律师会、日本律师联合会及相关法律专职者团体活动的。

（二）民事法律扶助业务

向无力支付在民事裁判等程序中为实现自身权利而准备及实行所必需费用的国民，或在国内有住所且合法居留者（以下称“国民等”），或者主要依赖该应支付费用为生的国民等提供下列业务援助：（1）垫付因民事裁判等程序的准备及实行（包含先于民事裁判等程序的和解谈判中，被认为是特别必要的情形）而应支付给代理人的报酬及该代理人处理事务必要费用；（2）为履行第 1 款规定的垫付，并约定向司法支援中心支付该规定的与报酬及费用相当金额的人，应让合适的契约律师等负责第 1 款中代理人所处理的事务；（3）向依据律师法（1949 年法律第 205 号）及其他法律受理援助且有能力从事制作提交给法院文件的人，垫付民事裁判等程序中为协助制作必要文件所应支付的报酬及该制作必需的费用；（4）为履行第 3 款规定的垫付，并约定向司法支援中心支付该款规定的与报酬及费用相当金额的人，应让合适的契约律师等负责规定的文件制作事务；（5）应让依据律师法及其他法律有能力从事法律咨询（刑事相关事项除外）的人实施法律咨询。

（三）刑事国选辩护支援业务

在法院决定国选义务辩护人后，司法支援中心即应政府委托办理下列业务：（1）应法院、法院院长或者法官的要求，从与司法支援中心之间就处理国选辩护人事务缔结契约的律师（以下称“国选辩护人契约律师”）中提名国选辩护人候选者，并通知法院或者法院院长、法官。（2）基于第 1 款的通知，由被选任为国选辩护人的国选辩护人契约律师处理该事务。

（四）改善司法资源不均现状业务

在因该地域没有律师、律师法人或相关法律专职者及其他情形，使得向这些人托付处理法律事务有困难时，应让合适的契约律师等受理该托付并支付相应酬劳。

（五）犯罪被害人支援业务

根据利用情报通信技术的方法及其他方法，收集和整理有关被害人等援助的下列情报及资料，以供一般利用或应个别托付而提供。在该场合中，为确保有效实施对被害人等的援助，应考虑采取介绍精通被害人等援助的律师等必要措施：（1）有助于利用旨在实现适当参与刑事程序及恢复或减轻被害人遭受的损害或痛苦的制度，及其他与被害人等援助有关的制度的措施；（2）与开展被害人等援助的团体及其他人活动有关的措施。

（六）协调与其他组织关系业务

司法支援中心应注重确保及强化国家、地方公共团体、律师会、日本律师联合会及相关法律专职者团体、律师、律师法人及相关法律专职者、裁判外依法解决纷争的实行者、实施被害人等援助的团体等，以及实施老年人或残疾人援助的团体等相关组织之间的配合协作。

（七）培训业务

司法支援中心应保证实施与中心业务有关的讲习或研修。从而在民众中宣传法律援助事业，引导社会上更多需要法律帮助的民众自觉而正确地选择和应用司法支援中心提供的其他各项具体法律扶助业务。

（八）开展前面各项业务所附带的业务

司法支援中心除前面 7 项业务以外，在不妨碍开展上述业务的范围内，根据有关业务方法书，对于接受国家、地方公共团体、《民法》（1896 年法律第 89 号）第 34 条法人及其他不以营利为目的的法人或国际机构的委托，可开展关于被害人等援助的让契约律师等处理与该委托相关的法律事务，以及开展该业务所附带的业务。

四、法律援助资格条件

根据《日本司法支援中心业务方法书》第 9 条的规定，申请诉讼代理与诉状撰拟者应同时满足无资力、案件并非显属无胜诉希望及符合法律扶助宗旨等三个要件。

（一）“无资力”要件

根据规定，“无资力”包含“所得”与“资产”均低于一定标准两个要求。

1. 对于“所得”（包含奖金红利）的一般规定

（1）单身的，月收入低于 18.2 万日元（约合 1.2 万元人民币）。可酌情增加（负担房屋租金或有未还尽贷款的，下同）额度为 4.1 万日元（约合 2700 元人民币）。

（2）家庭成员共 2 人的，月收入低于 25.1 万日元（约合 1.7 万元人民币）。可酌情增加额度为 5.3 万日元（约合 3500 元人民币）。

（3）家庭成员共 3 人的，月收入低于 27.2 万日元（约合 1.8 万元人民币）。可酌情增加额度为 6.6 万日元（约合 4400 元人民币）。

（4）家庭成员共 4 人的，月收入低于 29.9 万日元（约合 2 万元人民币）。可酌情增加额度为 7.1 万日元（约合 4700 元人民币）。

除上述规定外，家庭人数每增加 1 人，加计 3 万日元（约合 2000 元人民币）。当然，该一般标准也可视地区情形提高，如东京和大阪两地在上述各基准之上增加10%。需要注意的是，夫妻均在岗领取工资的，申请人与配偶的月收入都要计入，但与申请人有讼争关系的配偶除外。与申请人同居的亲属（子女等）若明显属于负担申请人生活费用的，该金额应计入申请人的收入。因申请案件而获得的赔偿金、保险金等，若金额或支付方法不确定，亦可不计入收入。申请人及其配偶有医疗费、教育费或职业上必须负担的费用等，若认为会影响生计的，仍可以决定准予扶助。且若必须负担离异配偶赡养费的，可视为“负担不得已的支出”而加以扣除。

2. 对于“资产”的相关规定

除下述特殊情形外，均算作有资力的人：（1）该资产是诉讼标的物的；（2）生活必需的住宅及土地；（3）申请人与配偶有讼争关系的；（4）因支出医疗、教育、职业等必要费用而导致生活困难的。

上述收入及资产要件仅是一般性原则规定，即使与之不完全相符，但若根据申请案件的性质，申请人必须付出庞大的律师费用却无其他资金调度能力、若不予以扶助恐致申请人准备起诉有显著困难的，在计算资力时也可将此作为特殊情形加以权衡。

（二）“案件并非显属无胜诉希望”要件

本要件中“并非显属无胜诉希望”具体指的是：（1）因胜诉、调解或和解而存在解决该案件可能的；（2）除前项情形外，因有委托代理人而可以使申请人获得利益的情形；（3）即使案件相对方无资力，在扶助后虽无法立刻获得利益，但具有获得利益的期待可能性的。

（三）“符合法律扶助宗旨”要件

符合法律扶助的宗旨，特指没有与法律扶助事业实现公正合理的社会秩序相悖的情形，如单纯为推销自身名气或宣泄报复情绪的申请、基于权利滥用等而有违社会正义的申请、极端高额或低额的申请，等等。此外还有一些即使符合扶助要件，仍可决定不予扶助的特例，如必须在国外进行扶助的案件、处理案件时需要极为特殊或专业能力才能胜任的案件，等等。

五、法律援助申请及救济程序

为向国民提供更为平易近人、方便快捷的法律扶助服务，《总合法律支援法》及《司法支援中心业务方法书》规定了相对便利的申请和救济程序。

（一）法律扶助咨询及申请

由于日本的法律援助提供模式属于司法保障模式，司法支援中心为方便民众就近咨询法律专家，推出了“免费法律咨询”业务。咨询完若有必要，咨询律师可协助其撰拟简单法律文书，或将其转介到地方事务所提出法律扶助申请；若该律师在咨询当时便承诺接办本案的，就只需当事人到分会申请时特别指名即可。

（二）对申请的审查

首先由地方事务所所长指派 2 名审查委员负责审查，若有意见分歧则追加 1 名审查委员加入审查，结论采多数决（2 人以上一致决定）。再由所长根据审查委员们的判断，决定扶助或不扶助。决定扶助的，可在诉讼代理、撰拟诉状或审前和解程序代理中任选其一；决定不扶助的，应附理由通知该申请人。

（三）扶助范围及代垫金的偿还

决定扶助后，司法支援中心将就诉讼代理、撰拟诉状的报酬、诉讼过程产生的必要费用（邮费、交通费、通信费等）、保证金及其他必要费用进行“代垫”。且在决定扶助诉讼代理时，司法支援中心也将按惯例先向扶助律师发放案件着手费，待案件终结后再发给相应报酬。

值得注意的是，由于日本采取的是代垫酬金制而非完全扶助制，故地方事务所所长在作出扶助决定时也要一并决定代垫费用的种类、额度及申请人返还办法（立刻返还、分期返还或偿还犹豫）。当然，在听取申请人生活状况后，经理事长承认也可例外免除偿还。此外，若申请人迟延返还且经催缴后仍不履行，司法支援中心将终止正在进行的案件，或于案件终结后申请支付令向申请人请求代垫费用。

（四）律师解任

案件进行中，若申请人有必要理由的可向司法支援中心书面提出解任原扶助律师的要求；若扶助律师提出解任要求，申请人请求解任原扶助律师或申请人无正当理由下落不明或有违扶助条件等情形的，地方事务所所长也可与申请人解约。

（五）结案及报酬费发放

案件终结后，地方事务所所长将根据案件具体情况决定扶助律师报酬费金额及必要费用并通知申请人应返还代垫金总金额。

（六）对不扶助决定不服的申诉

申请人若对地方事务所所长的不扶助决定不服，可于收到决定书之日起 30 日内向其提出不服异议。收到不服申诉后，应由 3 名审查委员重新组成异议审查委员会，对不服异议加以审查，结论亦采多数决。若对异议结论仍不服，申请人可再向本部理事长直接提起重新审查的申请，程序同前。若请求又被驳回，则不得就同一申请再次提出异议。

当前，日本法律援助业务除全部交由司法支援中心依法负责办理外，日本律师联合会也对法律援助事业的推广鼎力协助。尽管以担任刑事案件国选辩护人、接受法律扶助案件、开展法律咨询等公益活动为主要业务的公益事务所是私营性质的律师事务所，但亦可借上述业务从日本律师联合会获得一定金额的开办补助金和年度运营资金。公益事务所的努力，更使得弱势民众较之从前更易于接近专职律师以及法律扶助业务，从而为日本宪法第 3 条“人民有受审判的权利”提供了某种实质意义上的保障。

律师联合会还特别针对司法支援中心无编列预算的情况，提供经费委托司法支援中心办理有关业务，以弥补其预算不足的缺失，这种法律援助主管机构与律师阵营合作所体现的亲密无间，同样非常值得我国学习借鉴。

此外，除采取极有特色的代垫制以解决经费过巨的国情之外，司法支援中心为实现其向公众提供“服务更为平易近人的总合性支援”以“推动形成更为自由与公正的社会”的宗旨，还不遗余力地面向社会全体提供签约律师免费法律咨询服务及电话咨询转介中心的服务，其业务细致程度及所投入的精力之巨，也是我国法律援助事业需要参考之处。

【思考题】

1. 简述法国法律援助在程序上有什么优点。
2. 简述英国法律援助的质量保证体系是怎样的。
3. 简述德国在什么情况下会导致撤销法律援助。
4. 简述美国“法律诊所”在法律援助方面的作用。
5. 试论英国法律援助的资格审查对我国有何启示。

第九章　民事法律援助案例研究

第一节　劳动争议类法律援助案例

一、农民工追索劳务费用案件

【案　　由】劳务费纠纷①

【案情简介】

刘君凤等79名民工都是一个叫孙某的没有资质的包工头雇用的，在辽宁省沈阳双星建设集团华鹏建筑工程有限公司（下称华鹏公司）承建的沈阳汇宝国际花园11号楼工地施工。受雇的时间虽然断断续续、各不相同，但基本是在2003年4月到2004年6月之间。被拖欠的农民工工资金额有几千的，有上万的，也有几百的，总计375165元，涉及人数79人。

【承办过程】

2005年1月18日，辽宁省法律援助中心的同志们刚刚打开办公室的大门，一群农民工代表就涌进接待大厅，纷纷说："我们是农民工，听报纸、广播、电视上说法律援助可以给农民工要钱，今天，我们就是来申请法律援助帮我们要回血汗钱的。"

见此情景，法律援助中心的工作人员一面做好接待工作，一面立即向主任董国勤汇报，董主任听到汇报后立即放下手中所有工作，来到接待大厅与农民工们见面，认真听取了民工们的情况介绍。最终弄明白这些农民工来自不同的省份，来沈阳的时间也各不相同，工种更是五花八门，有木工、瓦工、钢筋工、力工等等，每天工资也是从30元到60元不等，但是，他们有个唯一相同的地方——都被包工头拖欠了工资。

了解案情后，辽宁省法律援助中心决定立即为这79名农民工提供法律援助。接案当天，由于涉及农民工人数众多，且大多数文化水平偏低，有的只会写自己的名字，因此省法律援助中心全体同志包括值班律师、法律援助志愿者全部上

① 司法部法律援助中心：《全国法律援助百优案例》，法律出版社2008年版，第161页。

阵，加班加点帮助农民工填写法律援助申请手续，办理法律援助指派等各项手续。即使这样，所有的律师和工作人员也一直忙到了第二天才把各种手续办好。1月19日，辽宁省法律援助中心指派以刘博辉律师为主的9名律师组成律师团，为刘君凤等79名民工提供法律援助，代理诉讼，讨回薪金。

律师团接手案件后，立即全面开展向每一名农民工调查了解拖欠工资的具体数额及相关证据的工作。并且在第一时间与相关部门沟通协调，查阅华鹏公司的工商档案，争取到了宝贵的时间，获得了珍贵的第一手资料，组织了诉讼需要的所有证据。

从那时起，辽宁省法律援助中心办公室的所有办公桌上，就堆起了一尺多高的证据及案卷。它们都是援助律师团一个字一个字地写、一张纸一张纸地装订、一个地方一个地方地调查取证完成的。它们凝聚着所有援助律师的心血和汗水，也担负着为79名农民工讨回公道的重任。案件前期调查的日子里，援助律师们有多少个寒冷的雪夜都是在办公室里度过，有多少个清晨来不及吃早饭就奔赴各个调查现场，有多少份案件材料伴着清晨第一缕朝阳写就，有多少本卷宗又在夜深人静的时候完成！崔律师的胃病犯了，偷偷吃两片药，继续埋头整理资料；刘律师的妻子住院了，让亲戚朋友来陪，他仍驻守在办公室或整天在外面为农民工讨薪的案子奔波……如果不是成功后大家的谈笑，如果不是好事的媒体记者的软磨硬泡，如果不是收到援助律师悄悄送去的粮油的农民工们的念叨，这些案件背后的故事，恐怕永远都不会有人知道！

2005年1月20日，援助律师团带着有关诉讼文书和证据，代理受援的79名农民工，将被告孙某、被告华鹏公司起诉到辽宁省沈阳市皇姑区人民法院，请求依法给付工资。随后，为解决农民工没钱打官司的问题，援助律师又代理受援的79名农民工向皇姑区人民法院递交了《缓交诉讼费申请》，得到了皇姑区人民法院的批准。

与此同时，案件的主办者刘博辉律师主动与华鹏公司总经理、财务总监及项目负责人取得联系，不顾对方的态度强硬和冷嘲热讽，不知去了多少次，就是要了解华鹏公司的付款情况和华鹏公司的态度，甚至通过其他渠道了解华鹏公司的经营情况，动之以情、晓之以理地请求华鹏公司有关领导，不要向任何人支付11号楼人工承包费的剩余款项，以利于保护农民工的合法权益不继续受到侵犯。华鹏公司有关领导受到刘律师的感动，明确表态，他们一定会考虑刘律师的请求，这次绝不会把这笔钱再给任何人，一定要等待法院的判决。

在援助律师团的精诚团结、集体努力下，案件终于以最短的时间走上了法律的渠道，这时，新春佳节也到眼前了。在外面辛苦了1年，本该早就回到家置办年货了，却为了不能拿到手的工资而有家不能回，这些懊恼的情绪缠绕着滞留在沈阳的79名农民工。援助律师团及时而敏感地发现了这个动向，及时找到几位较有威信的农民工代表谈心，向他们讲述法律知识，引导他们走正确的法律途径解决问题，不要操之过急、冲动行事，树立起大家的信心，让农民工兄弟相信党和政府，不会让他们的血汗白流。因为援助律师的思想工作做到了前面，所以尽管这起案件涉及人数众多，但是没有一个人脱离集体，做出不利于稳定的事情。随后，为了解决农民工回家过年没有路费的问题，也为解决农民工在春节期间滞留沈阳无法生活的问题，援助律师拿出了具体方案：代理农民工向皇姑区人民法院提交先予执行申请，此举获得了人民法院的支持，皇姑区人民法院下达了先予执行裁定。与此同时，刘博辉律师还开着自己的车，带着农民工与皇姑区人民法院审判员、执行员一起，到被告孙某户籍所在地、经常居住地的铁岭市清河区走访，查找被告孙某下落及财产，后来终于找到了孙某的爱人，但却发现其与孙某在3年前就已经离婚，房产也在3年前离婚时由法院判归女方所有。后来刘律师又经过多方努力在沈阳、清河查找，也都没有查到孙某财产的踪迹。不久，在援助律师和皇姑区人民法院审判员的共同努力下，及时将华鹏公司剩余的9万元执行到皇姑区人民法院账下。

刘博辉律师从清河回沈阳后，继续与其他援助律师商讨案件各种可能出现的问题，并及时多次和主审法官沟通、协调，最后在获得皇姑区人民法院领导的大力支持下，终于在2005年2月6日（农历腊月二十八），由皇姑区人民法院给每名农民工每人发放了800元的先予执行款，使这79名农民工先回家过了一个团圆年。为此，辽沈地区的多家新闻媒体先后以“回家”、“79农民工的大年三十”、“打工”等为题作了详实的报道。

案件开庭审理时，被告孙某经依法传唤未到庭。被告华鹏公司到庭后辩解意见是，华鹏公司与孙某有合同，与79名民工却没有签任何合同，因此这79名民工与孙某之间存在着劳务关系，与华鹏公司无关。所以华鹏公司的辩护意见就是：农民工应该去找孙某讨要被他拖欠的工资，不应该找华鹏公司要。针对这个观点，援助律师团当庭阐述了原告方的观点：79名农民工与被告孙某之间建立了劳务关系，被告孙某应当按约定全额支付劳务费；被告华鹏公司与原告等79名农民工建立了事实上的劳务关系，其应在原告等79名农民工为其付出劳务范围内支付劳务费。法庭上，原、被告双方就此不同观点经过了激烈的辩论，援助律师拿出大量有利的证据，证明华鹏公司作为工程发包方，对拖欠79名农民工工资负有不可推卸的责任。同时，在法庭上，律师团深情地讲述了对这79名农民工家庭生活状况的调查情况，有理有据地阐述了农民工是城市的建设者，没有他们，城市里就不会有高档的住宅，不会有宽敞的街道，不会有如茵的草坪等等现实理论，希望除了从法律上打败对手，更能够在情感上取得对方以及审判机关的理解和同情，从而使案件有一个让双方都认可的结果。

【承办结果】

2005 年 8 月 15 日，皇姑区人民法院判决：因被告华鹏公司已先予执行了应付劳务费用，故判令被告孙某给付 79 名农民工相应的劳务费用，共计 375165 元（含已执行的 9 万元），其中 37 名农民工因先予执行款的给付已实质性结案，皇姑区人民法院已扣的款项中还有近 4 万元也分别给予执行。

【案例点评】

办理农民工追讨劳动报酬的法律援助案件，法律援助律师要在精准地掌握法律专业知识的基础上，分清所承办的案件是劳动关系还是劳务关系，劳动关系就要依《劳动法》的规定完成劳动仲裁的前置程序，劳务关系就应当直接到人民法院提起民事诉讼。在本案经办过程中，法律援助律师不辞辛苦，提前固定证据，为维护原告的合法权益起到了决定作用。法律援助律师不顾个人的劳累甚至病痛，全身心地投入到工作中，这也是难能可贵的。为了不引起更大的冲突，法律援助律师积极引导原告一定要通过合法途径解决纠纷，为维护社会的稳定起到了积极作用。当然，在引导的同时，法律援助律师成功申请了先予执行，做了保护原告利益的实质性工作。

二、孙某与某科学研究院人事纠纷案件

【案　　由】人事纠纷①

【案情简介】

当事人孙某毕业于北京某大学，1987 年起在某科学研究院从事科研工作。1996 年，因患精神分裂症，孙某多次治疗休养，病情稳定后又回研究院工作。1999 年 9 月 19 日，孙某向研究院提交了辞职报告，以自己不适应做科研工作为由请求调动，研究院表示同意，后孙某到其他单位试用，但一直未办理调动手续。自 1999 年 12 月起，研究院开始停发孙某工资。2000 年 2 月 14 日，研究院发出书面通知，以孙某擅离工作岗位为由，对其按自动离职作出处理，但该处理决定没有向孙某及其家属送达。2003 年 4 月 8 日，孙某在得到北京市房山区劳动争议仲裁委员会不予受理决定后，向房山区人民法院提起了诉讼，要求研究院撤销对其按自动离职处理的决定，补发自 1999 年 12 月起至执行终结止的工资，支付孙某家属处理此事的差旅费。

【承办过程】

当事人向北京市房山区法律援助中心申请法律援助。区法律援助中心指派国

---

① 北京市司法局：《法律援助案例选编》，商务印书馆 2006 年版，第 111 页。

宁律师事务所徐立新律师承办此案。徐律师在分析了案件的事实后，与当事人配合，收集了11份证据，各个证据之间相互印证，形成了完整的证据链，足以证实孙某是在提交请调报告之前就患有精神分裂症，研究院开除患有精神分裂症的孙某不仅实体违法，而且程序也不合法。这些证据在法庭上得到了认证，房山区人民法院支持了孙某的诉讼请求。研究院不服判决结果，提起上诉。北京市第一中级人民法院审理后认为，研究院系事业单位法人，该单位未实行劳动合同制，孙某与该单位的争议为人事争议，应首先通过人事争议的渠道解决，撤销了房山区人民法院的判决书。

徐律师继续无偿为孙某办理仲裁事项。他代孙某向中央国家行政机关在京直属事业单位人事争议仲裁委员会提出人事仲裁申请。

【承办结果】

人事争议仲裁委员会在2004年4月12日作出裁决，撤销了研究院对孙某按自动离职处理的决定，恢复人事工作关系，按工资的80%的标准补发孙某自1999年12月至2004年2月的病假工资，并支付其家属交通费及住宿费。

裁决作出后，研究院不服裁决结果，向房山区人民法院提起了诉讼，要求撤销裁决。2004年10月25日，房山区人民法院作出判决，撤销了研究院对孙某的处理决定；按本单位相应期间内同等职称人员工资的80%的标准补发孙某自1999年12月起至判决给付之日止的工资；支付孙某家属因处理此事所花交通费及住宿费2321元。研究院一方不服一审判决，再次提起上诉。2005年3月17日，北京市第一中级人民法院二审维持了房山区人民法院的判决。研究院在拿到终审判决后，主动与孙某家属联系，要求履行终审判决内容，此案终于画上了圆满的句号。

【案例点评】

最高人民法院《关于人民法院审理事业单位人事争议案件若干问题的规定》第1条规定："事业单位与其工作人员之间因辞职、辞退及履行聘用合同所发生的争议，适用《中华人民共和国劳动法》的规定处理。"这里的适用是指人民法院审理事业单位人事争议案件的程序适用《中华人民共和国劳动法》的相关规定，而实体处理仍应当适用人事方面的法律规定，但涉及事业单位工作人员劳动权利的内容在人事法律中没有规定的，适用《中华人民共和国劳动法》的有关规定。

与劳动争议相同，人事争议案件也必须先经过仲裁才能进入司法程序，但仲裁的机构应当是人事争议仲裁委员会，而非劳动争议仲裁委员会。因此，本案在2003年审理时，北京市第一中级人民法院撤销了房山区人民法院的判决，而在2005年本案经过人事仲裁后北京市第一中级人民法院又支持了房山区人民法院的判决。

有些民事纠纷在诉讼前是有前置程序的，这需要法律援助律师全面地掌握。本案中，法律援助律师在充分运用证据规则的基础之上，形成了证据链条，对在人事仲裁、一审、二审中维护原告的合法权益起到了重要作用。

第二节　婚姻家庭类法律援助案例

一、成天德、赵光琴夫妇与成天福收养纠纷案件

【案　　由】收养纠纷①

【案情简介】

贵州省遵义市桐梓县燎原镇罗桥村成天德（现年80岁）、赵光琴（现年85岁）老人因膝下无子（有一女成克芬），整天唉声叹气，发愁老无所养，虽有一个女儿，但毕竟已经出嫁，是人家的人，为此，两人没事就吵架，成天德嘴碎，动不动就数落赵光琴，没生个儿子，赵光琴听了几十年成天德的数落，有时候也憋不住，抢白两句，成天德正有气没地方撒呢，赵光琴的抢白正中下怀，便你来我往，掐上了，时日久了影响到两人的正常生活，家里总是不和睦，村里人都知道，女儿克芬多次专程回家劝阻也没用。

1986年，经村里好心人介绍，按农村风俗“抱养”了邻村谢志元之子谢世熊（男，抱养时已21岁）为“养子”，并将其改名为“成天福”。老两口乐不可支，村里人见着他们，打趣地问：“最近忙啥呢?”他俩会异口同声地说：“有儿子忙活，我们没事，闲着呐。”总之是不出三句话就会抬出他们的儿子说一说，老两口关系也改善了。

年底，成天德、赵光琴夫妇为成天福修建了房屋、通过媒人到邻村说了对象，为成天福操办了婚事，并将家庭承包的土地交予其耕种，成天福正式入住成天德家。可是好景不长，由于成天德在日常生活中爱唠叨，与成天福不合，时有言语磕绊，在共同生活一年后，老人即与养子分开居住。在之后的16年里，成天福仍耕种成天德家庭承包的土地，居住2间房屋，每年向成天德、赵光琴交纳一定粮食，维持两位老人的生活，但双方矛盾仍时有发生。

1998年第二轮土地承包期间，罗桥村委将本属于成天德承包的土地发包给“养子”成天福。2002年因企业占地，成天德家庭承包的部分土地被征用，获土

① 司法部法律援助中心：《全国法律援助百优案例》，法律出版社2008年版，第240页。

地补偿款20000余元。成天德夫妇与成天福之间因该土地补偿款的归属再次发生纠纷，双方关系进一步恶化。从2004年起，成天福不再向成天德交纳粮食。

【承办过程】

2004年10月25日，成天德老人在女儿搀扶下，来到桐梓县法律援助中心申请法律援助，法律援助中心受理了成天德的法律援助申请，并指派法律援助律师办理该案件。

由于成天福被抱养到成天德家后，双方关系一直不好，后因土地补偿款问题造成关系进一步恶化，成天德夫妇要求解除与成天福之间的“收养”关系。案件办理中，法律援助人员认为成天福与成天德于1986年签订的“抱养”实为“遗赠抚养协议”，双方形成了遗赠抚养协议的法律关系。按照受援助人的要求，法律援助案件承办人代为向人民法院提起诉讼，要求解除双方遗赠抚养协议。在法院审理过程中，成天福同意调解，原、被告于2005年4月通过法院调解解除了遗赠抚养协议法律关系。

2005年5月14日，燎原镇人民政府突然作出了《关于罗桥村村民成天德与成天福农业承包经营权及相关问题的处理意见》，确定争议土地继续由成天福经营，成天福每年承担成天德夫妇生活所须粮食，土地补偿款由罗桥村委保管，成天德夫妇每月只能领取100元作生活开支。法律援助人员认为该《意见》内容明显违法，依法应予撤销。

法律援助人员认为，成天福与罗桥村村委会于1998年签订的《农村土地承包合同》违反了国务院土地延包政策、《农村土地承包法》及《最高人民法院关于审理农村土地承包合同司法解释》的强制性规定，应属于无效合同。燎原镇人民政府依据《农村土地承包合同》作出的《处理意见》依法应予撤销。2005年5月桐梓县法律援助中心向成天德夫妇提供第二次法律援助。

首先，援助律师向人民法院提起诉讼，请求人民法院判决成天福与罗桥村委签订的《农村土地承包合同》无效。桐梓县人民法院经审理认为双方签订的《土地承包合同》违反了国务院农村土地延包政策及法律的强制性规定，于2005年9月判决合同无效。成天福、罗桥村委对县法院的判决不服，向遵义市中级人民法院提起上诉，遵义市中级人民法院于2006年4月判决维持一审法院判决。

其次，援助律师向桐梓县人民政府申请行政复议，请求撤销燎原镇人民政府《关于罗桥村村民成天德与成天福农业承包经营权及相关问题的处理意见》，桐梓县人民政府经审查认为燎原镇人民政府的处理意见不合法，混淆了民事法律关系和行政法律关系的区别，于2006年5月依法撤销该《处理意见》。

再次，援助律师向桐梓县人民政府申请行政确权，请求人民政府确认申请人享有的土地承包经营权，桐梓县人民政府依据遵义市中级人民法院“（2006）遵市法民二终字第62号”的民事判决，确认了成天德夫妇对争议土地依法享有土地承包经营权。

经过两次法律援助，成天德、赵光琴夫妇解除了与成天福之间的遗赠抚养协议法律关系，收回了本属于自己的承包土地，其合法权益得到法律有力的维护。

由于成天福与成天德夫妇的“遗赠抚养协议”关系于2005年4月经桐梓县人民法院调解解除，成天福在十多年的时间里每年向成天德夫妇交纳一定粮食（尽抚养义务）。2006年6月，成天福向桐梓县人民法院提起诉讼，要求人民法院判决成天德夫妇返还抚养费。6月30日，成天德夫妇再次找到法律援助中心，要求提供法律援助。法律援助中心认为，在履行遗赠抚养协议过程中遗赠人（成天德夫妇）为受遗赠人操办婚事，并将自己的土地交给成天福耕种，成天福靠耕种成天德家庭承包的土地和居住成天德的房屋维持基本生活，并将居住的房屋拆除，用拆除房屋的材料修建新房屋，也应当对遗赠人进行赔偿。

法律援助律师对案件进行认真分析后，决定对成天福提起反诉，要求成天福赔偿成天德、赵光琴夫妇的损失。

【承办结果】

2006年7月21日，该案在桐梓县人民法院城南法庭开庭审理，法庭认为双方在遗赠抚养协议履行过程中，成天德夫妇与成天福相互间履行给付和扶持义务，成天福虽每年向成天德夫妇交纳了一定的粮食，但这是耕种成天德家庭承包的土地获得的，因成天德为成天福操办婚事，提供居住房屋和耕种土地，奠定了成天福在当地继续生存和发展的基础和条件，最终，桐梓县人民法院于2006年8月3日作出判决，驳回了双方的诉讼请求。

桐梓县人民法院的驳回双方诉讼请求的判决达到了受援人成天德的诉讼目的，同时也维护了他们的合法权益，成天德夫妇对判决结果表示满意，决定不上诉。

【案例点评】

法律援助律师以自己对法律援助事业的执著和不懈努力，三次对受援人进行无私地法律援助，最大限度地维护了受援人的合法权益。法律援助案件有一个特点，往往是法院判决后并不一定就能打开当事人的心结，这就需要法律援助律师付出更多的精力、心力解决好他们在维权中遇到的问题。打开他们的心结，从而起到维护稳定、和谐的社会环境的效果。

收养是我国婚姻家庭中极为重要的环节。收养关系可以在法律上改变家庭的组成和权利义务的实现。因此，由收养引发的法律纠纷也屡见不鲜。如何在维护一方利益的同时兼顾家庭和社会的稳定，是今后在处理这类纠纷问题上应该着重考虑的问题。

本案中，在桐梓县法律援助中心的努力下，历经两年共三次援助，一对农村老年夫妇的家庭纠纷就此结束，不仅解除了早已名存实亡的“抱养”关系，还收回了本属于自己的土地，其合法权益得到充分维护。

二、王某向李某追索扶养费案件

【案　由】扶养费纠纷①

【案情简介】

王某与李某经人介绍认识，于2001年登记结婚，婚后两人感情不错。不料王某在2002年患上了功能性妇科疾病，使这段婚姻降到了冰点。随着身体越来越虚弱，王某逐渐失去了劳动能力和生活来源，李某也开始嫌弃体弱多病的妻子，经常威胁、恐吓，逼迫王某与其无条件离婚。在遭到王某的拒绝后，李某曾于2003年和2004年两次向北京市大兴区人民法院、北京市第一中级人民法院提起诉讼，要求与王某离婚。在被北京市第一中级人民法院终审驳回诉讼请求后，李某开始侮辱、虐待妻子，多次在打骂后将其赶出家门，并开始拒绝支付妻子看病所需费用和日常生活费用，以致王某不得不依靠借钱来看病和维持生活。

【承办过程】

在好心邻居的指点下，走投无路的王某拨通了北京市大兴区法律援助中心的热线电话。王某的遭遇引起了大兴区法律援助中心工作人员的高度重视，为了方便行动不便的当事人，中心指派了王某所在辖区司法所的法律工作者孙涛承办该案。由于王某的户口仍在河北，而且其病情属于间歇性质，这样给取证工作造成了一定困难，但承办人员不畏艰辛，认真调查，一方面代其向大兴区人民法院提起诉讼，另一方面主动为没有经济来源的王某向法院提出申请缓交诉讼费。法庭辩论时，承办人员从情理和法理上据理力争，认为王某与李某双方是在夫妻关系存续期间，应当互相尊重、互相帮助，一方患病时他方应予以关心和照顾，并应尽相互扶养的义务。现王某患有功能性妇科疾病，医院告知其要定期检查，一旦发现病情恶化就需要马上手术，术后还须长期休养。而且王某因病失去了劳动能力，目前无能力养活自己，生活困难，李某应当给予适当的经济帮助和精神支持，扶养妻子。

【承办结果】

大兴区人民法院采纳了律师的意见，判决被告李某自2004年7月起，每月15日前支付王某生活费用300元。

【案例点评】

我国婚姻法中明文规定了夫妻之间的扶养问题。《中华人民共和国婚姻法》

---

① 北京市司法局：《法律援助案例选编》，商务印书馆2006年版，第70页。

第20条规定："夫妻有相互扶养的义务。一方不履行扶养义务时，需要扶养的一方，有要求对方付给扶养费的权利。"本案中的王某与李某具有合法的夫妻关系，双方有相互扶养的义务。在王某患病失去劳动能力和无生活来源之时，有权利要求李某给付扶养费。法律援助律师正是抓住了这一点，正确维护了原告的合法权益。

在民事诉讼中，原告通常须先向法院交纳一定金额的诉讼费。《中华人民共和国民事诉讼法》第107条规定："当事人进行民事诉讼，应当按照规定交纳案件受理费。财产案件除交纳案件受理费外，并按照规定交纳其他诉讼费用。当事人交纳诉讼费用确有困难的，可以按照规定向人民法院申请缓交、减交或者免交。"本案中的王某患病后失去劳动能力，没有生活来源，无力支付诉讼费用。因此，法律援助律师依法为王某向法院提出申请缓交诉讼费，并得到法院准许，使得王某能够顺利地赢得这场诉讼。

另外，需要指出的是，《中华人民共和国刑法》第260条第1款规定："虐待家庭成员，情节恶劣的，处二年以下有期徒刑、拘役或者管制。"李某在被北京市第一中级人民法院终审判决驳回离婚请求后，开始侮辱、虐待妻子，多次在打骂后将其赶出家门，并且拒绝支付妻子的看病费用和日常生活费用的行为，已涉嫌犯罪。但本罪属于告诉才处理，王某寻求法律援助的目的是维系夫妻关系，以获得李某的照顾扶养，故未提出刑事自诉，法律援助律师并未获得刑事自诉案件的委托，因此，法院只判决李某自2004年7月起每月支付王某的生活费用，而未追究其相应的刑事责任。

第三节　见义勇为类法律援助案例

王某见义勇为人身损害赔偿纠纷案件

【案　　由】人身损害赔偿纠纷①

【案情简介】

37岁的王有实是贵州省册亨县个体驾驶员。他家住农村，全家五口人，上有年迈双亲，妻子无业，下有一子正在念小学六年级，全家仅靠他一人在县城开三轮车维持生计，生活贫困，2004年4月14日0时30分，他驾驶自己的机动三轮车到县城送完货往回走。此时，一辆由四川省广安县驾驶员秦华平驾驶的广西驰程汽车运输公司百色分公司的桂L00911号大宇牌大型卧铺客车（该车已承包

① 司法部法律援助中心：《全国法律援助百优案例》，法律出版社2008年版，第255页。

给杜俊）正由广西百色市驶往贵州望谟县。当该车行至贵州省册亨县者楼镇城区时，与迎面驶来的册亨县黄永涛驾驶的贵 E40342 号货车（系杨成武所有）猛然相撞，后冲向右前方 19 米，又撞到了路旁罗云飞一家所租用民房并致使该房屋倒塌，罗云飞一家三口被压在废墟中，生命垂危。王有实刚好路过此地。听到罗云飞的呼救声，他将车急刹停靠在路旁，一跃下车，凭一己之力将罗云飞一家三口从废墟中扒了出来，并用自己的三轮车将三人立即送往册亨县人民医院抢救，为罗云飞一家争取到了宝贵的抢救时间，挽救了他们一家三口的性命。

在救罗云飞一家三口的过程中，王有实左手拇指不慎被大客车的碎玻璃划伤。后在册亨县医院住院治疗将近 20 天才出院，但其左手拇指功能已完全丧失，经法医鉴定为九级伤残。可是，在这起交通事故的处理中，由于王有实的伤不属于该次交通事故直接造成的，故双方当事人和被救人罗云飞一家都不愿意承担赔偿责任。因此除医疗费外，他一分钱都没有得到赔偿。

现由于左手拇指功能完全丧失，他再也不能开车，也不能干重体力活，全家人生活立刻陷入困境。此时，以前日子再艰难都没皱过一下眉头的他，面对年迈双亲和妻儿，心里的酸楚无人能体会，脸上悄然无声地流下了眼泪。正所谓“男儿有泪不轻弹，只因未到伤心时”，英雄的见义勇为竟陷入了如此尴尬的境地！

【承办过程】

经过多次与该交通事故双方当事人及被救人罗云飞协商未果，王有实来到册亨县法律援助中心寻求法律手段解决赔偿问题的渠道和方式。册亨县法律援助中心人员在听取了他的诉求后，热情、耐心地为他讲解了相关法律法规知识。咨询后，王有实心里有了底儿，并于 2005 年 4 月 3 日一纸诉状将肇事大客车桂 L00911 所属的广西驰程汽车运输公司百色公司、肇事货车贵 E40342 的车主杨成武、受益人罗云飞三方作为被告告到册亨县人民法院，同时向册亨县法律援助中心申请法律援助。册亨县法律援助中心指派法律援助工作者王坤同志代理此案，向王有实提供法律援助。经过多次艰苦、细致的调查取证工作，王坤同志向法庭提出诉讼请求，要求被告赔偿王有实残疾赔偿金、误工费、子女抚养费、扶养费、差旅费共计 26227.44 元。

册亨县人民法院受理此案后，于 2005 年 8 月 22 日依法组成合议庭公开审理了此案，各方当事人及代理人均参加了庭审。各方争论的焦点是：被告罗云飞是否适当承担补偿义务。经过激烈的庭审辩论和质证，册亨县人民法院于当日下达了一审民事判决书。判决认为：原告王有实在无约定义务和法定义务的情况下对罗云飞一家进行施救，其行为是见义勇为行为；此次交通事故引发罗云飞一家三人受困待救、王有实见义勇为并受伤的过程，是被告广西驰程汽车运输公司百色分公司享有所有权的桂 L00911 号大客车与被告杨成武享有所有权的贵 E40342 号货车相撞所造成的，为此，享有该二辆车所有权的被告应确定为具体的侵权人，罗云飞是受益人，原告王有实在见义勇为过程中受伤（九级伤残），其所遭受的损失应当得到赔偿；根据我国法律及相关司法解释的规定，二侵权人应当按在此次交通事故中的责任大小来承担赔偿义务，即广西驰程汽车运输公司百色分公司承担60%，杨成武承担40%。

【承办结果】

依据《民法通则》及最高人民法院《关于审理人身损害赔偿案件适用法律若干问题的解释》的有关规定，一审判决如下：由广西驰程汽车运输公司百色分公司与杨成武共同赔偿原告王有实残疾赔偿金、误工费、子女抚养费、扶养费共计15163.76元，其中：广西驰程汽车运输公司百色分公司给付9098.26元，杨成武给付6065.50元；广西驰程汽车运输公司百色分公司与杨成武互负连带责任；驳回原告对罗云飞的诉讼请求。

拿到判决书时，王有实心中感慨万千。他说："是法律援助帮我讨还了公道！"

【案例点评】

确定合格的诉讼当事人是维护受援人合法权益的前提条件，而如何找准合格的当事人，是检验法律援助律师法律素养功底的试金石。本案能成功地维护受援人的合法权益正在于此。根据我国法律及相关司法解释的规定，在没有侵权人、不能确定侵权人或者侵权人没有赔偿能力的情况下，人民法院对赔偿权利人请求受益人在受益范围内对其予以适当补偿的诉讼请求方予支持。而本案有具体侵权人，且主张人（含侵权人）未举出侵权人不具有赔偿能力的证据，因此，受益人罗云飞不承担适当补偿义务，罗云飞既是车祸的受害方，同时也是王有实见义勇为行为的受益方，归根结底，侵权方是广西驰程汽车运输公司百色分公司与杨成武，因此，法院判决两肇事方承担侵权损害赔偿的法律责任是正确的。

法律援助律师成功地办理此案的经过及结果，使见义勇为的精神得以彰显，对社会道德水平的提高具有积极的促进作用。

第四节　交通事故类法律援助案例

一、李刚人身损害赔偿案件

【案　　由】人身损害赔偿纠纷①

① 司法部法律援助中心：《全国法律援助百优案例》，法律出版社2008年版，第261页。

【案情简介】

李刚（化名），生于1926年12月11日，曾在抗美援朝战役负伤致残，晚年与妻子韩心（化名）相依为命，每月靠民政部门给付的生活补助金生活。

2004年5月13日14时，一场突如其来的灾难降临在这位风烛残年的老人身上。当时，李刚在北京市平谷区新星建筑公司西北口由北向南跑着横过道路。这时，一辆奥迪轿车由东向西疾驶，将李刚撞成重伤，被送到平谷区医院抢救。李刚受重伤后成为植物人，经法医鉴定为一级伤残，后于2004年12月2日死亡。

事故发生后，平谷区交通支队于2004年7月1日作出交通事故认定书，认定李刚对这次交通事故负主要责任，肇事司机孙福负次要责任。李刚住院期间自己支付医药费7万元，肇事司机出了5万元，还欠医院22万余元，巨额的费用使李家一贫如洗，在调解未果的情况下，2005年2月18日，韩心以孙福为被告向北京市平谷区人民法院起诉，要求孙福赔偿医疗费、死亡赔偿金、护理误工费、丧葬费、住院伙食补助费、精神抚慰金共计271715元。

庭审前，韩心到平谷区医院调取医药费凭证，医院称：先把欠款交上才能开具证明。眼看开庭日期临近，韩心急火攻心，突然脑中风偏瘫了。就在她将要绝望的时候，一次偶然的机会，韩心从电视上看到了对北京市法律援助中心的报道，得知法律援助是专为经济困难的人提供法律援助的，到那里请律师不花钱，她的心中又燃起了希望。

【承办过程】

2005年6月17日，韩心在子女的陪同下来到北京市法律援助中心递交了法律援助申请材料，当时正在值班的韩静波律师热情地接待了他们。在了解案情后，市法律援助中心经过审查，当天就受理了案件，并指派北京市华泰律师事务所律师刘建国和中心律师韩静波承办此案。

接到指派后，两位律师立即停下手头的工作，老人的不幸遭遇，深深激发了承办律师的同情心。经过调查，两位律师很快了解案情的疑点：肇事司机孙某驾驶着奥迪轿车在公路上超速行驶，当他发现李刚横过公路时，丝毫没有想到应当立即刹车或者采取其他有效措施避让行人，反而与李刚抢道并向左打轮，致使车的右前角撞到由北向南横穿道路的李刚的身体左侧，并造成其重伤。刘律师认为，孙福超速和不集中精力驾驶机动车，发现行人没有采取有效的避让措施，才是造成此次交通事故最直接和最主要的原因。且出事道路是新修的，交管部门尚未施画交通标线，也没有人行横道线和过街天桥等行人过路等标识设施，李刚横穿没有任何交通标识的道路并不违章，横过道路与事故发生不存在直接因果关系，在此次事故中李刚没有过错，不应当承担责任。

另外，刘律师还发现本案的肇事车在中国人民财产保险股份公司北京市某支公司投保了机动车第三者责任险，根据《道路交通安全法》第76条规定，机动车发生交通事故造成人身伤亡、财产损失的，由保险公司在第三者责任强制保险责任限额范围内予以赔偿。韩心在起诉时遗漏了被诉主体，诉讼请求也需要进行变更，刘律师立即代书了追加被告、增加诉讼请求两份申请书，将赔偿数额由27万余元增加至40余万元，经韩心确认后，提交到平谷区人民法院。

在法庭上，援助律师据理力争，摆事实，讲道理，引法条，与对方律师进行了唇枪舌剑的激烈辩论，尽自己最大的努力维护受援人的合法权益，但遗憾的是，法院最终并未完全采纳援助律师的意见。2005年11月17日，法院以李刚未走人行横道为由，认定其应对此交通事故承担主要责任，鉴于孙福驾驶的车辆第三者责任保险合同签订在《道路交通安全法》实施之前，属于普通的商业保险，保险合同关系与侵权关系属于不同的法律关系，依据《民法通则》对本案作出了一审判决，判令被告孙福赔偿原告因李刚死亡造成的医疗费、法医鉴定费、住院费等损失共计15万元，驳回了原告的其他诉讼请求。一审判决后，韩心不服向北京市第二中级人民法院提出上诉，因经济困难申请缓交上诉费获得第二中级人民法院的批准，北京市法律援助中心又给予了她第二次法律援助。上诉的过程中，韩心老人因伤心过度去世了，她的继承人满怀着悲愤继续参加诉讼。

二审开庭审理中，援助律师针对一审判决发表以下代理意见：

1. 一审法院认定事实错误。受害人李刚出事的道路是新修的，交管部门尚未施画交通标线，也没有人行横道线和过街天桥等行人过路设施，道路两侧居民日常通行只能横穿道路，李刚只是选择了和其他人一样的正常的通行方式。根据我国立法精神，只要法律没有禁止，公民的行为即为合法。因此，李刚横穿没有任何交通标识的道路并不违章，因为他无章可违，所以他在此次事故中没有过错，不应当承担责任。

2. 一审法院适用法律错误。此事故发生在2004年5月13日，无论事故发生时间，还是一审立案时间均在《道路交通安全法》颁布实施之后，《道路交通安全法》从颁布到实施经历了长达几个月的时间，立法机关已给保险业以充足的时间进行调整。因此，2004年5月1日《道路交通安全法》生效后，保险公司及机动车一方应当按照新法的规定变更保险合同条款，未变更的，保险公司不得以此为由对抗第三人，剥夺上诉人依法应当享有的权利。同时，由于我国法律实行新法优于旧法、特别法优于普通法的基本原则，《道路交通安全法》颁行后，一审法院在审理此案时，应当直接适用《道路交通安全法》。而且根据《道路交通安全法》的立法精神，机动车第三者责任险是为了保障第三人的合法权益能够充分实现而设立的，第三人有权要求保险公司直接赔付，因此一审法院认为保险合同关系与侵权纠纷是两个法律关系，将保险公司排除在外，是对立法精神的误解而作出的错误判决，其不应当摒弃《道路交通安全法》，以《民法通则》作为审判的依据。

【承办结果】

2006年8月24日，二审法院采纳了代理人的大部分代理意见，撤销了一审判决，依法判决中国人民财产保险股份公司北京市某支公司在机动车第三者责任强制保险责任限额内，赔偿韩心的继承人因李刚死亡造成的医疗费、法医鉴定费、护理费、住院伙食补助费、营养费、死亡赔偿金、丧葬费、精神损害抚慰金损失共计10万元；孙某赔偿韩心的继承人因李刚死亡造成的医疗费、法医鉴定费、护理费、住院伙食补助费、营养费、死亡赔偿金、丧葬费、精神损害抚慰金损失共计12.5万元，以上两项合计22.5万元。至此受援人的权益得到保护，公平正义得以实现，再一次体现了法律援助的力量，彰显了社会的公平与正义。

【案例点评】

根据《道路交通安全法》的规定，公安机关作出的道路交通事故认定书在民事诉讼中仅具有证据效力，如作为判定案件的依据，还需要经过审理质证并综合其他证据认定。机动车强制责任保险，是一种由保险公司对被保险机动车发生道路交通事故造成受害人（不包括本车人员和被保险人）的人身伤亡、财产损失，在责任限额内予以赔偿的强制性责任保险。只要被保险的机动车肇事造成受害人损失，应予赔偿。

由于本案的受援人不懂法，也没钱请律师，在援助律师介入案件时，责任事故认定已经超过了复议时限，在起诉时也遗漏了被诉主体。两位律师凭着深厚的法律知识和熟练的办案技巧，迅速发现了本案的疑点，找到问题的关键，追加了被告，增加了诉讼请求。依据新颁布《道路交通安全法》中的强制保险条款重新认定受援人的赔偿数额，保证了受援人的主张的权利得到充分保障。

二、朱某人身损害赔偿案件

【案　　由】人身损害赔偿纠纷①

【案情简介】

朱勇从河南老家来到北京并受雇于他人从事运输工作。2005年1月30日凌晨2时许，48岁的朱勇驾驶着拉满红酒的解放牌货车行驶到八达岭高速公路进京方向53公里处时，刹车突然失灵。情急之下，为了自保，赶紧把车开进了高速路旁边的紧急避险区。他和同伴长出了一口气，悬着的心终于放下了。但他们

① 司法部法律援助中心：《全国法律援助百优案例》，法律出版社2008年版，第269页。

却没有拨打交通事故报警电话，而是选择了自己维修。朱勇在车头底部忙活起来，希望车修好后继续上路。约40分钟后，朱勇还在车下修车时，一辆拉着满满一车煤的斯太尔大货车也因为刹车失灵高速冲进了第三避险区，斯太尔的右前部撞在了已经停在这里的解放货车左后部。相撞后，两辆货车又在满是石子的避险区内向前滑了几米，朱勇车上拉的红酒全部撞得粉碎。

【承办过程】

2005年3月30日，受害人朱勇（死者）的妻子于华（化名）来到北京市昌平区法律援助中心就其丈夫死于交通事故的人身损害赔偿纠纷一案申请法律援助。工作人员进行了认真接待，详细了解了案件经过。

八达岭高速公路进京方向51公里到56公里路段内，是事故高发区，这段约5公里长的道路被当地人称为“死亡谷”。据有关专家分析，这段长约5公里的路段在设计上存在严重的缺陷，车辆长距离连续下坡，刹车片承受不了连续摩擦产生的高温，极易引起刹车失灵，发生追尾事故。为了预防事故，这段路上设了3个紧急避险区。避险区是由高速路上斜伸出的坡道，几十米长，铺着厚厚的鹅卵石，旁边有护栏，尽头堆放着很多旧轮胎。这次事故就发生在第三个紧急避险区内。

据斯太尔大货车司机张传（化名）回忆，当时发现自己的车辆刹车失灵，第一和第二个避险区内都有车辆避险。那时容不得自己多想，就直接把车辆开进了第三个避险区，否则自己的命就没了。车开进避险区后，当发现前面有车时已经来不及躲闪了。两车相撞后，正当张传庆幸自己幸免于难的时候，从解放牌大货车上下来一个人说车底下还有人在修车。于是他们赶紧对着车下呼喊，但没有任何回应。由于避险区的路面上都是鹅卵石，两车相撞后又向前冲了几米，所以解放牌货车下面已经被鹅卵石填满了，朱勇被埋在了里面。由于救援难度太大，他们两人无法处理，张传赶紧拨打了交通事故报警电话。

2005年1月30日中午，朱勇的妻子于华（化名）从老家河南周口赶往北京。在北京昌平中医医院看到了丈夫朱勇的尸体，于华悲痛欲绝。第二天，于华在交通队见到了斯太尔的司机张传及车主李刚（化名）。李刚对失去亲人的于华非常同情，当即支付了于华8000元，并承认自己在事故中有责任，承诺自己的车有第三者险，等事故责任认定后，再对于华进行赔偿。2005年2月8日，这一天是大年三十，交通队责任认定书还没有出来，于华只好带着丈夫朱勇的骨灰回家过年。“那个春节别人家放鞭炮，我和女儿却看着朱勇的骨灰掉泪，痛苦地等待着交通事故认定结果”于华边说边哭，哽咽难语。

2005年3月16日，在等待中煎熬了一个多月的于华终于拿到了昌平交通支队出具的交通事故认定书，可认定结果大大出乎她的预料。认定书中写着：朱勇和张传驾驶机动车进入紧急避险停车区，属于意外发生事故，双方均无导致交通事故的过错，各方均无责任。“双方均无责任，难道我丈夫就白白地被撞死了？”于华对认定结果非常不满，于是找到北京市交通管理局信访科，但信访科的负责人表示，事故认定没有错误。本想承担一定责任的李刚，面对这样的无责判定表示：虽然很同情于华，但交警判定双方都无责任，为货车承保的保险公司也不可能出钱给于华了。昌平交通支队对于华表示，想要得到赔偿，只有走法律程序。

在丈夫朱勇死亡后，家中再无经济来源。于华要赡养80多岁的婆婆和供养两个子女念书。女儿现在大学就读，儿子在初中就读。于华自己的身体也不好，长期患有冠心病、心功能不全等疾病。朱勇生前的收入是家中生活众多开支的唯一来源。身有疾患的于华在承受丈夫死亡的惨痛事实下，更无力担负起家庭的重担。丈夫死后，于华家中所余价值千元以上财产仅为电视机一台。在追究事故造成者责任，请求人身损害赔偿的过程中，其已是家徒四壁、债台高筑，更别说再支付委托律师的费用。后有人建议她找昌平区法律援助中心，或许能够得到帮助。

昌平区法律援助中心工作人员认真核实了于华提供的相关材料后，当即决定给予于华提供法律援助，并指派昌平区马池镇第二法律事务所承办此案。案件承办人王春河、李玉斌尽职尽责，克服困难，缜密研究，积极准备。针对案件的事实，他们认为：超载是事故主要原因。张传驾驶的斯太尔货车最大承载量为8吨，出事时拉了50吨煤，属于严重超载，出事的这段八达岭高速路是严禁载重8吨以上的货车行驶的。另外虽然这起交通事故双方都不存在过错，导致交通管理部门无法认定责任，但是针对损害赔偿问题张传驾驶的车辆却是造成朱勇死亡的直接原因，张传对朱勇的死亡有直接的因果关系。张传又是受雇于李刚，故此根据法律规定，李刚应该对事故承担赔偿责任。

【承办结果】

在法庭上通过代理人据理力争，最终法院全部采纳了代理人的代理意见，认定张传违反道路交通管理法规，驾驶严重超载车辆，违章驶入高速公路，致使车辆制动失效，是造成交通事故，导致朱勇死亡的直接原因，故张传应该承担交通事故全部责任；朱勇驾驶车辆虽然存在超载、制动不合格的违章行为，但事故发生时，朱勇车辆系处于静止状态，并停放在规定的停车区内，故朱勇的违章行为与交通事故的发生并无直接的因果关系，故朱勇不应承担交通事故责任。被告李刚作为张传的雇主，应承担民事赔偿责任。北京市昌平区人民法院于2006年5月26日作出判决：判决李刚赔偿朱勇家属包括死亡补偿金、丧葬费、被抚养人生活费、精神损失费等共计38.33万元。

【案例点评】

本案涉及两个方面的法律问题：

1. 关于交通事故的赔偿责任问题。在本案中由于交通管理部门对交通事故作出的认定是双方均无责任，故此如何按照责任进行民事赔偿成为此案的焦点。被告认为原告也存在超载行为，属于违章，故此原告亦应该承担事故责任。此案中被告忽视了一点，那就是死者虽然存在违章行为，但是当时死者的车辆处于静止状态，死者的违章行为与其死亡之间没有因果关系。而法律援助律师正是抓住了这一点，没有机械地以交通管理部门的责任认定为依据，而是从因果关系入手。最终法院采纳了该意见，判定被告承担事故的全部赔偿责任。

2. 由谁赔偿的问题。本案中肇事司机张某系受雇于李刚，其驾驶车辆的行为是职务行为。根据《最高人民法院关于审理人身损害赔偿案件适用法律若干问题的解释》第9条的规定，雇员在从事雇佣活动中致人损害的，雇主应当承担赔偿责任；雇员因故意或者重大过失致人损害的，应当与雇主承担连带赔偿责任。雇主承担连带赔偿责任的，可以向雇员追偿。故此，法律援助律师在如何列被告问题上动了脑筋，法院也最后判决车主李刚应该承担事故赔偿责任。

三、李某人身损害赔偿案件

【案　　由】人身损害赔偿纠纷①

【案情简介】

2005年7月28日凌晨3点左右，李君从父母家返回，在骑摩托车通过皮弄村铁路和公路平交道口时，被由无锡开往江阴的37106次货运火车撞死。媳妇徐冠莉哭得死去活来，却无力回天，看着才上小学二年级的儿子和疾病缠身的公公，再想到自己干临时工每月仅500元的收入和盖房欠下的4万元外债，她实在无法面对这一切，但事情已经发生，她只能去面对。她与公公多次找到铁路部门，铁路部门只同意给付300元抚慰金，这是她无论如何也接受不了的，双方无法达成协议。

【承办过程】

有人提醒她可以请律师与铁路部门打官司，可家里一贫如洗，又付不起律师费。最后在一位好心的律师指点下，2005年9月，她找到江苏省江阴市法律援助中心，一进门她就泣不成声，说不出话来，断断续续讲明了原委。接待人员从她的哭诉中了解到她家住在江阴市云亭镇佘城村，家境贫穷，此时离丈夫被火车

① 司法部法律援助中心：《全国法律援助百优案例》，法律出版社2008年版，第281页。

撞死已经两个多月了。

一条鲜活的生命难道仅仅值300元？江阴市法律援助中心当即受理了这位乡下普通妇女的援助申请，决定给予法律援助。由主任殷溆贤与其他两位援助律师黄亚芬、周焕润一起共同担任徐冠莉一家三口的诉讼代理人。案子是接下来了，可如何开展工作，援助律师们心里却没了底。此类案件不要说援助中心没有受理过，就是江阴法院、江阴的律师界都没有碰到过。援助中心的同志们进行了长时间的分析、讨论，深深感到这起案件的特殊性和复杂性，毕竟被告方是“铁路部门”，老百姓眼中的“铁老大”，这个特殊的被告决定这起案件注定是一场“白刃战”。

在反复研究、多次讨论后，援助律师抖擞精神做好了打硬仗的一切准备。通过互联网，他们了解到浙江宁波在2002年曾处理过类似的案子，承办律师叫陈小芳。三位援助律师喜出望外，激动地一连打了十几个电话，转弯抹角终于联系到了陈小芳律师。第二天一早便驱车赶到宁波面见陈律师。经了解，得知她的官司也打得十分艰难，花了两年多时间“铁老大”才拿出10万元钱赔了一条人命。她的经验是一定要找到铁路部门的过错，案件处理不能使用上个世纪70年代铁道部制定的《火车与其他车辆碰撞和铁路路外人员伤亡事故处理暂行规定》，要按照《民法通则》处理。

此后，他们又找到苏州大学法学院教授张永泉以及市内一些知名律师对案件进行深入的分析与探讨，最后一致认为：（1）案件适用《民法通则》；（2）赔偿标准适用最高人民法院《关于审理人身损害赔偿案件适用法律若干问题的解释》的有关规定；（3）着重查找铁路部门存在过错的证据。三位援助律师亲自到事故现场进行实地勘察，寻访事故发生时的目击证人，与当天值班的道口人员进行联系。铁路方面不见面，不提供方便，不开口，态度可以说十分强硬。一次、两次、三次……律师们一共去了六次，不急不躁，不卑不亢，诚恳坦诚，讲了律师的责任，宣传了有关法律法规，谈了死者家属面临的精神上的巨大伤痛以及生活上所面临的绝境，同时也重点访问了曾到过现场的死者的亲属好友，仔细翻阅了铁路运输的相关规定。取证工作持续了近3个月，行程数千里，走访各类人员200余人，做各类笔录80余份，吃了几十次的“闭门羹”，艰苦细致的工作终于结出了硕果，一个隐秘而重大的事实浮出了水面：该平交道口的栏杆在李君与列车直接相撞后，竟然没有一点被撞击的痕迹，更没有撞断或折损的现象，连一个微小的撞击点和擦痕都没有。这个事实足以说明道口看守员事发之前根本没有将道口栏杆放下，从而使李君误认为当时无列车通过，从而造成惨剧。因此可以认定：被告未尽到保证行车安全的义务。随着对案件调查的深入，细心的援助律师还发现，事故发生后铁路方面没有打“120”，也没有对受害者进行施救，而是直接将李君送到殡仪馆，有悖于人道主义的原则。铁路方面在事故全过程中存在重大过错。至此，殷溆贤、周焕润、黄亚芬三位援助律师认为在法律理论和事实证据上的前期准备工作已经就绪，决定向江阴市人民法院提起民事诉讼，要求事故对方新长铁路有限公司给予受害人家属包括丧葬费、被抚养人生活费、精神损害抚慰金以及其他财产损失费共计356259元的赔偿。

与此同时，市法律援助中心依据事实和法律，由殷溆贤律师起草形成了1万余字的《法律意见书》，一并提交人民法院供庭审参考。

2006年4月27日，江阴市人民法院民事庭开庭公开审理已在市内外造成很大影响，备受各方关注的本市首例铁路伤害案。法律援助中心的三位律师出庭。在庭审过程中，双方律师唇枪舌剑，辩论激烈。争论的焦点是：铁路方认为受害人是骑摩托车抢道自行撞火车致死的，被告方没有责任。援助律师则公开了调查结果：事故现场路面宽10米，略有坡度，道口栏木放下后，高度为110～115厘米。如果按照铁路方的说法，李君是骑车抢道，他如何能骑着车从栏木下穿过？如果照被告方称“栏木由值班人员已经放下”，那么，李君冲过道口时，必定与栏木产生猛烈碰撞，留下破损或者明显擦痕，但栏木上未见到明显的撞击点和擦痕。此外，在道口外侧也无摩托车刹车痕迹，被告方律师提出的“紧急制动后滑过栏木”的论据也不攻自破。在此基础上，三位援助律师又严肃指出被告方在处理李君事故上存在的几点缺陷：（1）被告单方面组成的事故调查组作出的事故处理认定书程序违法，不具备法律效力；（2）被告方没有及时拨打“120”急救电话，也没有通知伤者家属到场，没有尽到施救责任；（3）被告方始终坚持本案应当适用上世纪70年代的内部规定来处理违反法律规定。

【承办结果】

经过审理，江阴市人民法院民事庭宣判：原告徐冠莉一家三口因李君死亡造成的财产损失合计人民币23万元，由被告新长铁路有限责任公司赔偿。

一审判决后，新长铁路有限责任公司不服一审判决，认为原判认定事实不清、适用法律错误，向无锡中级人民法院提起了上诉。在二审中，道口栏木是否放下仍是争辩的焦点问题，援助律师在庭审中据理力争，与对方展开了激烈的论辩。而上诉人一直未能向无锡中院进一步提供新的证据。最终，二审法院认为原审法院采用证据优先原则，认定事发道口在货物列车通过时道口栏木未及时放下，这一判断是正确的，依法应予以支持。这起广受关注的铁路交通案历时1年，终于有了结果，孰是孰非，法律给予了一个公正的判决。目前，徐冠莉已拿回全部赔偿金。

【案例点评】

飞来横祸夺走了李君的生命，留给家中老弱三口的是一堆的债务和可能只有区区300元的赔偿。上个世纪70年代制定的不合理规定仍在适用，一条鲜活的生命仅值300元，公理何在？面对强势，法律援助中心的律师们没有退缩，与其展开了一场艰苦卓绝的“战役”。通过多方取证，几经周折，使扑朔迷离的案情水落石出，法律援助让被告承担起应该承担的责任，使这贫弱的一家重拾生活的希望。

试想，若没有法律援助制度，没有专业经验和认真负责的法律援助工作者，像徐冠莉这样的贫弱群体怎么去面对强势企、事业单位，他们的合法权益如何得到法律应有的维护？因此，法律援助制度是落实我国宪法中规定的“法律面前人人平等”的实际行动，是党和国家亲民、爱民、为民政策的具体体现，通过法律援助机构履行职责，为弱势群体擎起了一把法律的大伞，使他们不因贫弱而打不起官司，不因地位的悬殊而难以维权。

第五节　人身损害赔偿类法律援助案例

一、纪华人身损害赔偿案件

【案　　由】人身损害赔偿纠纷①

【案情简介】

纪华（化名），女，45岁，出生在北京市平谷区农村。1979年10月，纪华和同事们像往常一样到本村机砖场制砖机组上班，在生产间隔阶段，正当纪华按工序清理制砖机传动工作面的时候，同事无意中触动了制砖机启动开关，正在工作的纪华右手臂被卷入机器中，整个右臂完全丧失劳动功能和感知功能。20多年来，这只残臂伴随她组成家庭，成为妻子和两个孩子的母亲；对纪华因公致残的补偿，也历经了从80年代每年给相当于一个人平均工分，到90年代农村经济体制改革后每年给付现金100余元，最终到2003年度涨至1400元的漫长过程。

2004年，由于残臂萎缩严重影响了纪华的生活，她进行了全右臂整体截肢，村委会仅负担了其截肢医疗费。根据本人及家庭的实际情况，纪华向村委会提出一次性解决赔偿事宜请求，但双方未能达成一致意见。

【承办过程】

为维护自己的合法权益，2005年1月7日，纪华在儿子的陪同下踏进北京市平谷区法律援助中心，寻求法律援助。法律援助中心受理该案，并及时指派了经验丰富的北京市时雨律师事务所付学军律师承办此案。

---

① 北京市司法局：《法律援助案例选编》，商务印书馆2006年版，第34页。

由于纪华因公受伤的年代距今长达25年之久，为了妥善合法解决本案，减少当事人的诉累，法律援助中心的工作人员与付学军律师专门研究此案，寻找案件突破口，确定合理的诉讼请求。首先，针对年代久远，以2004年11月截肢手术是基于最初的损伤引起的事实及村委会一直向纪华支付补偿金、医疗费的事实，排除诉讼时效的障碍；其次，以农村的劳动者不适用于《劳动法》，而排除村委会可能提出的劳动争议先行裁决的可能性；最后，根据实际拟出索赔20万元的诉讼请求（含精神损失费）。

为使本案顺利解决，付律师根据案件性质、致害原因、当事人间的关系、村委会的负担能力等情况，拟定了以调解为主的解决方案。因纪华此前没进行残疾等级鉴定，只有中国残疾人联合会颁发的残疾证，其中记载其为"二等残疾"。调解时对残疾等级认定是索赔的主要问题，是否能与对方达成一致，关键是取得对方当事人的同意和理解。为此，付律师在前述办案原则基础上又制定了详细的工作计划、方法，在当事人之间做了大量的调解工作。

【承办结果】

该案在平谷区人民法院的主持下，一次开庭就以调解方式结案，村委会同意分期赔偿纪华人民币共计14万元。

【案例点评】

根据《中华人民共和国劳动法》第2条规定："在中华人民共和国境内的企业、个体经济组织（以下统称用人单位）和与之形成劳动关系的劳动者，适用本法。"本案中的纪华虽属于因公负伤，但由于村（当时应为生产队）既不是企业，也不属于个体经济组织，因此本案不适用《劳动法》，可不经劳动仲裁程序而直接向法院提起诉讼。根据最高人民法院《关于审理人身损害赔偿案件适用法律若干问题的解释》第11条规定，雇员在从事雇佣活动中遭受人身损害，雇主应当承担赔偿责任。纪华在本村的机砖厂制砖机组工作期间受伤致残，应由村委会承担赔偿责任。法律援助律师对于此法律规定显然有清晰的认识，这对于确定赔偿人是至关重要的。

《中华人民共和国民法通则》规定，身体受到伤害要求赔偿的诉讼时效期间是1年，诉讼时效因提起诉讼、当事人一方提出要求或者同意履行义务而中断，从中断时起，诉讼时效期间重新计算。诉讼时效期间从知道或者应当知道权利被侵害时起计算。但是，从权利被侵害之日起超过20年的，人民法院不予保护。有特殊情况的，人民法院可以延长诉讼时效期间。本案中，村委会一直向纪华支付补偿金、医疗费，时间达25年之久，虽然从纪华受伤时起已超过20年，但由于直到2004年纪华才因当年工伤所导致的残臂萎缩而进行了全右臂整体截肢，根据最高人民法院《关于贯彻执行〈中华人民共和国民法通则〉若干问题的意见》第168条规定："人身损害赔偿的诉讼时效期间，伤害明显的，从受伤害之日起算；伤害当时未曾发现，后经检查确诊并能证明是由侵害引起的，从伤势确诊之日起算。"因此，本案并未超过诉讼时效期间。在这一方面，要求法律援助律师积极寻找诉讼时效方面的证据。由于时间久远，法律援助律师费了很大的心思。

由于残疾赔偿金的确定要依据残疾等级鉴定，而纪华此前没有进行残疾等级鉴定，这将对其索赔造成障碍，在这种情况下，法律援助律师拟定以调解为主的解决方案有利于案件的顺利解决。发挥了法律援助律师在充分考虑具体案情的基础上保护当事人合法权益的积极作用。

二、宋某人身损害赔偿纠纷案件

【案　　由】人身损害赔偿纠纷①

【案情简介】

宋某是北京市昌平区百善镇一农民，双眼视力均不足0.01，其妻为智力残疾，现有一个4岁的女儿。由于缺乏劳动能力，整个家庭仅靠每月农村低保的200元钱维持生活。宋某虽然视力残疾但脑袋瓜儿好使、敢说话，村里个别人就是看中他这一点，鼓动他带头闹事。2004年宋某在他人指使下以农村某些领导干部的腐败问题、村集体的土地问题、集体财产的流失等为由，带着一部分群众到村委会讨说法，遭到本村村民苏某的殴打，造成双侧鼻骨骨折，左右眼眶内壁骨折，多处软组织损伤等，住院治疗26天。

事件发生后，宋某认为各级政府包庇打人者，不解决问题，他带领村民到镇政府、区政府、市政府上访，人数最多时达几十人，后来竟领着残疾的媳妇和年幼的孩子到中南海去上访，严重影响了社会稳定。从越权上访到影响政府正常工作，宋某在当地都出了名，人称"滚刀肉"。

【承办过程】

经他人介绍，宋某就人身损害赔偿问题来到了北京市昌平区法律援助中心，当时宋某满脸伤痕，情绪异常激动，提出要严惩苏某，并要求巨额赔偿，否则继续上访。法律援助中心的工作人员根据宋某的实际困难决定给予援助，指派中心公职律师李颖为其代理此案。在办理过程中，李律师对宋某动之以情、晓之以理，明确告诉他哪些要求是合理的，是可以得到赔偿的，哪些是不合理，是得不到法律支持的。通过耐心细致的说服教育工作，宋某不但彻底放弃了再次上访的念头，而且还将其他群体上访的信息告诉了法律援助中心。由于信息准确、采取

---

① 北京市司法局：《法律援助案例选编》，商务印书馆2006年版，第37页。

措施得力，有效避免了这次群体上访的发生。

李颖律师在做好安抚工作的同时，积极收集有关证据，向昌平区人民法院提起诉讼，要求苏某赔偿医疗费、误工费等各项损失。

【承办结果】

经过三次协商，双方达成一致意见，苏某除赔偿宋某医药费、误工费、护理费、交通费等各项损失外，再赔偿宋某人民币1万元。

【案例点评】

有些群众常会有一些错误的认识，以为只有通过上访才能解决问题，甚至认为上访的级别越高就越容易解决问题，而事实上并非如此。根据《信访条例》的规定，信访工作机构对已经或者依法应当通过诉讼、仲裁、行政复议等法定途径解决的事项不予受理，信访人应当依照有关法律、行政法规规定程序向相关机关提出。《信访条例》还规定，多人共同信访的，应当推选代表，代表人数不得超过5人；信访应当向依法有权处理的本级或者上一级机关提出；信访事项已经受理或者正在办理的，信访人在规定期限内向受理、办理机关的上级机关再提出同一信访事项的，该上级机关不予受理。

本案中，宋某遭到本村村民苏某殴打所造成的伤害，完全可以通过法律手段得到人身损害赔偿，但其最初却采取了错误的解决方式，以为凭着越级上访对政府施压可以解决问题，但结果却并不能如愿。直到后来他通过法律援助才讨回了公道，并真正了解到法律才是维护自己利益的最有力的武器。

根据相关法规的规定，受害人遭受人身损害，因就医治疗支出的各项费用以及因误工减少的收入，包括医疗费、误工费、护理费、交通费、住宿费、住院费、住院伙食补助费、必要的营养费乃至受到的精神损害，都有权要求赔偿义务人予以赔偿。因此最终苏某除赔偿宋某医药费、误工费、护理费、交通费等各项损失外，又赔偿了宋某1万元。法律援助不但使没有经济条件的人得到了法律上的帮助、维护了自己的合法权益，而且使以前不懂法的人走上了正确维护其合法权利的道路。

第六节　买卖合同类法律援助案例

王老太太房屋买卖合同纠纷案

【案　　由】买卖合同纠纷①

【案情简介】

王老太太住在北京市朝阳区劲松小区，属于城市低保人员，生活很困难，家里值钱的就是现在居住的房子。2003 年 10 月，她回山西老家办事，便委托自己的外孙女李某帮忙看管房屋，不料后者却打起了这套房子的主意。回到老家不久，老人就接到了李某打来的电话，谎称有人想和老人换房，让她赶紧回京处理此事。王老太太回到北京后，李某将她领到自己刚买的新房里说是换房人的房子。见该房宽敞舒适，比自己原来的房子要好很多，老人心里十分高兴，便同意了"换房"的事。由于不太识字，再加上对自己一手带大的外孙女十分信任，王老太太便将"换房"的事完全委托给李某办理，并且未经审查就在合同上签了字。"换房"手续办完后，老人提出要尽快把自己的户口和低保证明转到所"换"房屋所在地的派出所和街道，免得以后麻烦。此时，李某才被迫说了实话，告知其上次领她看的房子是自己新买的，王老太太的房子已经卖给刘某。老人一下子傻了眼，房子如果卖了，自己岂不无家可归。她赶忙从李某手中要回房屋所有权证和户口本，并向刘某表示房子不卖了。刘某认为自己的权利受到侵害，遂向朝阳区人民法院提起诉讼，要求王老太太履行房屋买卖合同并双倍返还定金。

【承办过程】

接到法院传票，老人感觉很委屈，可从没进过法院的她又不知怎么办才好，走投无路的老人经人提醒这才找到了北京市朝阳区法律援助中心。

听完老人的陈述，中心工作人员耐心向她解释，虽然在房屋买卖合同上签了字，但并不是其真实的意思表示，因此，该民事法律行为无效，只要提供相应的证据，法院会依法作出公正判决的。中心根据老人的具体情况，迅速办理了法律援助手续，并指派了一名经验丰富的律师做诉讼代理人。考虑到本案法律事实比较清楚，承办律师决定从调解入手，积极和刘某协商，告知王老太太的困难情况和判决可能出现的结果。

【承办结果】

经过多次的劝说调解工作，刘某主动提出撤诉，朝阳区人民法院经过审查，

---

① 北京市司法局：《法律援助案例选编》，商务印书馆 2006 年版，第 72 页。

同意了刘某的撤诉请求。

【案例点评】

本案是一起因当事人疏于审查合同而引起的房屋买卖合同纠纷案件。根据《合同法》的相关规定，此类合同不属于无效合同，但当事人可以通过申请法院撤销或变更合同来维护自己的权利。《中华人民共和国合同法》第 54 条第 1 款、第 2 款规定："下列合同，当事人一方有权请求人民法院或者仲裁机构变更或者撤销：（一）因重大误解订立的；（二）在订立合同时显失公平的。一方以欺诈、胁迫的手段或者乘人之危，使对方在违背真实意思的情况下订立的合同，受损害方有权请求人民法院或者仲裁机构变更或者撤销。"根据案情介绍，本案中买方刘某应属于善意相对方，但王老太太是在误以为该合同为换房合同的情况下，在房屋买卖合同上签字的，因此，王老太太有权以重大误解为由申请法院撤销该合同。

但王老太太未经审查就在合同上签字，对合同的签订负有过错，根据《中华人民共和国合同法》第 58 条规定："合同无效或者被撤销后，因该合同取得的财产，应当予以返还；不能返还或者没有必要返还的，应当折价补偿。有过错的一方应当赔偿对方因此所受到的损失，双方都有过错的，应当各自承担相应的责任。"在本案中买方刘某支付了定金，根据法律有权要求双倍返还，但王老太太属于城市低保人员，生活都很困难，更无力支付赔偿。如果刘某坚持起诉，即使法院判决王老太太赔偿刘某的损失，也将因为其没有赔偿能力而无法执行。因此，承办律师从调解入手，最终促成刘某主动提出撤诉，使本案获得了圆满的解决。

第七节　工伤事故类法律援助案例

卫某工伤事故损害赔偿纠纷案

【案　　由】工伤事故纠纷①

【案情简介】

北京市延庆县延庆镇村民卫某 1995 年在镇某铸造厂做工，在一次拆除旧厂房时被突来的一阵大风从 2 米多高的墙头上吹落下来，当即失去知觉，被厂方送往北医三院治疗，后又转到解放军 514 医院治疗，因伤势过重，未能痊愈。从此瘫痪在床，吃饭、大小便等一切不能自理，需专人照顾，经鉴定为一级伤残。之后，卫某家人多次找厂方协商解决均未达成协议，厂方因担心劳动部门处罚也一

① 北京市司法局：《法律援助案例选编》，商务印书馆 2006 年版，第 139 页。

直不报工伤，但又不肯多出钱赔偿。卫某的妻子承受不了如此大的经济、精神、生活等方面的压力，多次上吊自杀未遂；卫某自觉是一个不称职的丈夫，只好忍痛同意妻子另嫁他人，女儿因家庭经济困难、父亲没人照顾只能辍学在家。

【承办过程】

此案长达 8 年之久未得到解决，无奈之下，卫某的女儿到北京市延庆县法律援助中心寻求帮助。延庆县法律援助中心受理了此案，指派北京市开拓律师事务所胡云律师为其代理。胡律师首先帮卫某找县劳动局要求工伤认定之后，代其申请劳动仲裁，仲裁被驳回后，于 2002 年 4 月 1 日向延庆县人民法院提起诉讼。

【承办结果】

2002 年 10 月 23 日延庆县人民法院一审判决延庆县延庆镇某铸造厂一次性赔偿 56 万元。对方不服，于 2003 年 11 月上诉到北京市第一中级人民法院，延庆县法律援助中心又继续指派胡云为其代理。经开庭审理后，北京市第一中级人民法院于 2003 年 8 月 1 日作出判决：驳回上诉，维持原判。

【案例点评】

工伤保险制度是社会保障体系的重要组成部分，对于保障因工伤残和死亡职工及其遗属的法定权益，促进安全生产，维护社会稳定具有重大意义。1951 年 2 月 26 日政务院公布、1953 年 1 月 2 日修正公布了《中华人民共和国劳动保险条例》，确立了企业职工因工伤残的保险制度，明确了工伤及因工残废时的各项待遇。随着社会主义市场经济的发展和现代企业制度的推行，工伤保险制度也在不断的探索和改革中，1996 年 8 月 12 日劳动部颁布的《企业职工工伤保险试行办法》（以下简称《办法》），对我国旧的保险制度进行了一次全面的改革。在对《办法》完善和总结实践经验的基础上，2003 年 4 月 27 日，国务院颁布了《工伤保险条例》，于 2004 年 1 月 1 日起正式实施。《工伤保险条例》的颁布实施，是社会保障法制化进程中具有里程碑意义的大事，标志着工伤保险制度改革进入了一个新的发展阶段。根据《工伤保险条例》第 14 条的规定，职工在工作时间前后和工作场所内，因从事与工作有关的预备性或者收尾性工作受到事故伤害的或受到暴力等意外伤害的；因履行工作职责患职业病的；因公外出期间，由于工作原因受到伤害或者发生事故下落不明；在上下班途中，受到机动车事故伤害的等情况都应当认定为工伤。

本案中卫某是在铸造厂做工过程中发生的伤害，应属于工伤，但由于其所在的厂方因担心劳动部门处罚未在规定的时间内进行工伤认定申报，致使卫某错过了工伤认定的时间。卫某向延庆县法律援助中心申请法律援助后，在其代理律师的帮助下为其进行了工伤认定，鉴定结果卫某为一级伤残，并通过诉讼使铸造厂一次性赔偿卫某 56 万元，为他讨回了公道。

第十章　刑事案件法律援助案例研究

第一节　刑事辩护法律援助案例

一、一般刑事案件被告人的法律援助

【案　　由】走私毒品①

【案情简介】

受援人：奥某、马某，尼日利亚人；斯某，坦桑尼亚人。

援助单位：山东省烟台市法律援助中心

承办人：山东通世律师事务所律师高晓燕、于涛

　　　　山东金律通律师事务所律师李建丽

　　　　山东烟泰光远律师事务所律师王秀珍、李莉

2010年5月至7月间，犯罪嫌疑人奥某为非法获利，纠集斯某、马某共谋用邮寄的方式从印度走私大麻叶到广东销售，并约定由具备汉语读写能力的马某欺骗中国公民代收邮件，再由斯某联系出售。此案由青岛海关烟台海关缉私分局侦破，三名犯罪嫌疑人分别于2010年7月12日、14日被抓获。烟台市人民检察院于2011年1月6日起诉至山东省烟台市中级人民法院。因三名被告人不委托辩护人，受法院指定，烟台市法律援助中心为其提供法律援助。

【承办过程】

受理此案后，中心领导高度重视，研究决定，指派山东通世律师事务所高晓燕律师、于涛律师，山东烟泰光远律师事务所王秀珍律师、李莉律师，山东金律通律师事务所李建丽律师为三名外籍被告人担任辩护人。

承办律师接受指派后，立即与烟台市中级人民法院的主审法官取得联系。经过整整三天时间的阅卷，对本案的证据、犯罪嫌疑人的供述、证人证言等材料认真仔细查阅，发现三名被告人的供述自相矛盾。为了更全面地了解案情，须会见被告人，但看似简单平常的会见，如何请到翻译人员，克服会见、出庭中的语言障碍，与被告人顺利沟通了解案情，取得被告人的信任和配合成为了本案的

① 案例来源：中国法律援助网。

关键。

为了能顺利地为被告人提供辩护，完成好法律援助义务，切实维护犯罪嫌疑人的合法权益，承办律师高晓燕在会见被告人奥某之前，仔细将《中华人民共和国刑法》的相关规定以及会见需要落实的问题，翻译成英文以备被告人阅读和了解。会见中，高晓燕律师与被告人奥某用英语进行了长时间的沟通交流，将刑法中关于走私毒品案件的相关规定做了详细、具体解释，使被告人奥某知道走私毒品无论数额多少都是违反中国法律的，要受到中国法律处罚的。被告人奥某对烟台市法律援助中心为其提供法律援助表示感谢，同时对自己的犯罪事实供认不讳并表示愿意接受中国法律的制裁。

承办律师李建丽通过阅卷了解到被告人马某在中国生活了两年，可以用汉语正常地交流，但仍按照规定程序询问他是否可以使用汉语，被告人马某表示希望用英语进行对话，并要求翻译到场，而被告人无钱聘请翻译。鉴于此情况，李建丽律师果断中止第一次会见，之后个人出资聘请翻译进行了第二次会见，虽然被告人马某要求联系其家人及女朋友，否则不交流案情，但经过李建丽律师的耐心说服和沟通，最终打消了其顾虑，较好地配合。

承办律师王秀珍、李莉不能完全用英语与被告人进行交流，作为“烟台市维护妇女儿童权益律师团”成员，她们在妇联法律援助工作站值班时了解到，曾在英国留学又在烟台市妇联做过义工的吴建华老师可以做翻译，遂向烟台市妇联权益部的陈雅平部长求援，陈部长帮助联系了现在开发区一家大型企业做翻译工作的吴老师，听说是法律援助案件，非常愿意帮忙。但因吴老师未办理翻译证，看守所不同意吴老师陪同律师会见，承办律师又多方协调，取得了看守所领导的理解和烟台中院的支持。一同会见被告人斯某时，斯某由于对中国的法律不了解，开始时拒不认罪，并对承办律师有不信任和抵触情绪。通过王秀珍、李莉律师的耐心说服及吴老师的认真翻译，详细向斯某讲解中国法律的相关规定，态度诚恳地与斯某交流，最终取得了斯某的信任。斯某最后表示愿意接受中国法律的制裁，但对本案也提出了他个人的看法：一是起诉书指控他第二次走私到广州不是事实，开始他并不知情，是事后才知道的；二是他希望能将他的案件通知坦桑尼亚大使馆。承办律师认真听取和记录了斯某的陈述和意见。

承办律师通过会见被告人和查阅大量的资料，了解到本案所涉及的毒品大麻叶属于国家规定的麻醉药品，不同于海洛因等烈性毒品，吸食者不太容易上瘾。另外，被告人的三次走私其中有两次被公安机关查获，毒品并未流入社会造成危害，而且通过会见交流后，被告人认罪态度都比较好。以此为据，初步准备了书面辩护意见，并向烟台市法律援助中心及时进行了汇报，市法律援助中心组成专家组与承办律师经过共同讨论，最后确定了辩护的五个要点：1. 公诉机关认定的第二次走私大麻到广州的证据不足；2. 主、从犯应区别对待，从犯依法应当从轻或者减轻处罚；3. 归案后认罪态度好，具有悔罪表现；4. 认定三名被告人于2010年5月走私大麻的证据存在瑕疵；5. 后两次走私入境的大麻均被及时查获，未流入社会造成危害。

【承办结果】

2011年3月1日，烟台市中级人民法院公开开庭审理此案，坦桑尼亚大使馆派员旁听。被告人积极配合法庭调查，表示愿意接受中国法律的制裁，最终法庭采纳了承办律师的辩护意见，对三名被告人从轻处罚，依法判处：被告人奥某有期徒刑4年，罚金人民币5000元，并驱逐出境；被告人马某有期徒刑4年，罚金人民币5000元，并驱逐出境；被告人斯某有期徒刑3年，罚金人民币4000元，并驱逐出境。庭审至下午近一点结束，当承办律师走出法庭时，坦桑尼亚大使馆的工作人员朝承办律师鞠了一躬，用汉语对承办律师说“谢谢”。承办律师的工作受到了坦桑尼亚大使馆工作人员的尊重。

【案例点评】

本案是一起涉外刑事案件，由于三名被告人不了解我国的相关法律规定，且不懂得汉语，在诉讼过程中尤其需要懂得法律知识、掌握诉讼技巧的中国律师的帮助，烟台市法律援助中心特指派了5位律师为他们提供无偿的刑事辩护。这些律师通过聘请翻译、阅卷、会见、法庭调查和辩论等工作，不仅取得了被告人及家属的信任，也使法庭采纳了承办律师的辩护意见，对三名被告人作出了从轻处罚。本案的法律援助不仅取得了良好的法律效果，也赢得了外国友人的认可和尊重，社会效果很好。

二、特定刑事案件被告人的法律援助

（一）可能判处死刑的被告人的法律援助

【案　　由】张小建特大杀人抢劫①（二审辩护）

【案情简介】

张小建等16名被告人在1993年4月到1994年6月间，在深圳市到深圳机场之间的宝安路段，持续进行了一系列的杀人、抢劫小汽车的犯罪活动。16名被告人（10男6女）中，有张小建与其弟弟张小坡、妹妹张小风以及他们的配偶或同居关系人等。他们的犯罪手法狡猾，手段凶残。男性被告人多采用冒充乘客、警察等，将汽车拦截后，杀死司机抢走汽车；女性被告人则多以色相招摇等手段，将汽车诱骗到犯罪窝点后，即由男性被告人杀害司机，抢走汽车。被告人

---

① 案件来源于http：//www.sina.com.cn，载2007年8月20日金羊网－羊城晚报。

作案后多抛尸于路边、水塘等。仅1年多时间内就作案21次，其中犯罪未遂3次，在18次犯罪既遂行为中，共杀死17人，仅1人重伤后侥幸逃生；抢劫了18辆各种名贵汽车，价值600多万元。

案件侦破后，1995年10月25日，深圳市中级人民法院宣告了对张小建等16名被告人杀人、抢劫案件的一审判决，判处张小建等14名被告人死刑。宣判后，有9名被告人向广东省高级人民法院提出了上诉。

【承办过程】

广东省高级人民法院受理上诉后，决定由院长麦崇楷主持二审，这是省高院首次组成以院长担任审判长的巡回法庭，到深圳、宝安等地巡回开庭审理、宣判的二审刑事诉讼案件。省检察院派出以副检察长董平波为首的4名检察员出庭参加诉讼。同时，广东省高级人民法院决定为此案一审中被判处死刑而没有委托辩护人的12名上诉的原审被告人指定辩护人。广州市法律援助中心接受省高院的指定委托，派出李峻峰等12名律师为没有委托辩护人的、一审被判死刑的12名被告人义务辩护。

为配合法院审理活动，切实维护法律的正确实施，广州市法律援助中心高度重视这次任务，专门组成了由市属多家律师事务所共12名律师组成的辩护团。接受委托后，律师们都暂时放下其他案件，全力以赴投入到该案中去。他们反复查阅了案件卷宗材料，会见了被告，全面掌握案件事实，5次召开全体辩护律师会议。为了避免由于辩护律师多而出现辩护意见过于杂乱的情况，提高辩护质量和效果，该法律援助中心还专门安排1名律师综合所有辩护人的观点，对整个案件作综合辩护。在两天的庭审中，所有律师都自始至终坚守岗位，认真履行辩护人的法定职责，充分维护了被告人的合法权益。

【承办结果】

1995年12月15日，广东省高级人民法院在深圳宝安区对此案宣告判决。判决书中对各被告人的上诉意见和各律师为其发表的辩护观点做了概括性的表述，并部分采纳了律师的意见。其中对上诉人付立敏认定："鉴于其系被纠合与他人共同作案一次，比较其他主犯作用稍次"，撤销一审判处死刑的判决，改判为"判处死刑，缓期二年执行，剥夺政治权利终身"。维持对其他15名被告人的判决。到此该案审理终结，律师团的法律援助辩护工作取得了预期的良好效果。

【案例点评】

这宗刑事辩护案是广州市法律援助中心成立以来接受人民法院指定辩护的第一宗重大刑事法律援助案件。在广东省，如此大型的有组织的律师团辩护也属首次。

根据我国1996年刑事诉讼法的规定，可能判处死刑的被告人如果没有委托辩护人的，人民法院应当为其指定承担法律援助义务的律师为其辩护。本案一审，判处张小建等14名被告人死刑，二审时，广东省高级人民法院为此案一审中被判处死刑而没有委托辩护人的12名上诉的原审被告人指定辩护人的决定是符合法律依据的。广州市法律援助中心接受省高院的指定，积极履行法定义务，派出李峻峰等12名律师为没有委托辩护人的、一审被判死刑的12名被告人义务辩护。这些律师认真履行辩护人的责任，通过阅卷、会见、集体讨论等活动进行了精心的庭前准备；在两天的庭审中，坚守岗位，积极应变，充分阐述辩护观点。省高级人民法院院长麦崇楷对这次律师辩护工作给予充分肯定，认为律师在这次辩护中认真细致，庭审中每个律师都能抓住自己辩护的要点，法理、证据都运用得比较好。最后，省高院部分采纳了律师的辩护意见，律师团的法律援助辩护工作取得了预期的良好法律效果和社会效果。

（二）未成年被告人的法律援助

【案　由】聚众斗殴①

【案情简介】

魏某和关某是北京市平谷区某校高中学生，2010年8月20日晚，二人因为琐事发生矛盾，后双方约定次日放学后解决此事。小辉是魏某的同班同学，2010年8月21日下午放学后，魏某叫上了包括小辉在内的十多个人到达了先前的约定地点。关某也不示弱，同样纠集了十余人一同前往，双方决定用打架的方式一决胜负来解决前一日魏某和关某发生的矛盾。斗殴的过程中，双方参与者都受到了不同程度的身体损伤。2010年8月22日，小辉因涉嫌犯聚众斗殴罪被北京市公安局平谷分局刑事拘留，同年9月11日被取保候审，2011年3月20日被平谷区人民检察院依法提起公诉。

【承办经过】

北京市时雨律师事务所受平谷区法律援助中心的指派，安排杨律师担任被告人小辉的辩护人。接到援助指派后，杨律师认真及时查阅了本案的卷宗，会见了被告人，通过对本案认真细致的分析，提出了以下几点辩护意见：

1. 被告人小辉系主动到案并如实供述了自己的犯罪事实，符合自首的构成条件，具备自首情节。

被告人小辉于2010年8月22日接到魏某电话通知作为证人到公安机关陈述所知案件事实，当时其并未受到讯问也未被采取强制措施，在询问过程中便交代了参与斗殴的事实。根据最高人民法院《关于处理自首和立功具体应用法律若干问题的解释》的规定：犯罪事实或者犯罪嫌疑人未被司法机关发觉，或者虽

① 案例来源：北京市法律援助网。

被发觉，但犯罪嫌疑人尚未受到讯问、未被采取强制措施时，主动、直接向公安机关、人民检察院或者人民法院投案，并如实供述了自己的主要犯罪事实，为自动投案。此外，根据最高人民法院《关于处理自首和立功若干具体问题的意见》(以下简称《意见》）对自动投案进行了进一步解释，该《意见》规定：在司法机关未确定犯罪嫌疑人，尚在一般性排查询问时主动交代自己罪行的，应视为自动投案。小辉的到案经过符合自动投案的构成条件，其到案后便如实供述了自己的主要犯罪事实，应认定小辉具有自首情节。

2. 被告人小辉此前从未受到过刑事处罚，本次犯罪乃是偶然失足，系初犯。

3. 被告人小辉犯罪情节轻微、主观恶性不深、人身危害性不大。

4. 被告人小辉认罪态度好，并有悔罪表现。

5. 被害人的损失已经得到了相应赔偿。

【承办结果】

此案于2011年4月12日开庭审理，在庭审中杨律师向法庭提出了上述辩护意见。2011年4月14日平谷区人民法院对此案作出判决，采纳了杨律师提出的上述辩护意见，依法判决被告人小辉犯聚众斗殴罪，判处有期徒刑6个月，缓刑1年。判决宣判后，小辉哭着来到法律援助中心，向工作人员和援助律师表示感谢，并保证以后好好做人，决不再犯类似错误。

【案例点评】

如今青少年犯罪问题已经成为继环境污染、贩毒吸毒之后的第三大社会问题，引起了全世界各国的强烈关注，我国也不例外，特别是在构建社会主义和谐社会，物质文明和精神文明齐发展的今天，青少年犯罪问题更是我们亟待解决的头等大事。青少年是祖国的未来和希望，对于青少年犯罪应重在预防和教育，在教育、挽救、感化的原则下对他们的量刑减到最低，以鼓励他们积极做人，防止再次犯罪。为保护和帮助涉嫌犯罪的未成年人，我国1996年刑事诉讼法特别规定，未成年的被告人在没有委托辩护人时，人民法院应当为其指定承担法律援助义务的律师为其辩护。

本案中，接受指定的辩护律师认真履行了辩护人的责任，紧紧围绕案件事实，进行了全面理性的分析和论证，并依照现有的法律和司法解释对小辉的量刑作出了充分阐述，使得在对他进行惩罚和教育的同时，更给了他改过自新、回报社会的机会。正是由于法律援助律师认真负责和切实为当事人着想的工作态度，坚定了误入迷途的小辉改过自新、重新做人的信念，使他在今后的人生道路上少走弯路，继续丰富多彩的校园生活。

（三）身体有残疾的被告人的法律援助

【案　　由】未成年哑女贩毒①

【案情简介】

2008 年 11 月的一天，北京市大兴区法律援助中心接到一件大兴区人民法院指定辩护的刑事法律援助案件。被告人哑女，姓名不详，年龄不详，汉族，出生地、户籍所在地不详。因涉嫌运输毒品被逮捕，现羁押于北京市大兴区看守所。

【承办过程】

接到这个案子，法援中心刘爱军主任心里一震，干法援工作这么多年都没遇见过这样的案件。被告人基本情况不详不说，还是个哑女。这样的案子太不好处理了。由于被告人是哑女，不容易交流，不能准确知道当事人的具体情况，难以保证案件审判结果的正确。

考虑再三，刘主任将案件指派给了三维律师事务所。三维律师事务所了解到案件的情况后，立即派出会哑语的程明珠律师办理此案。程律师马上与法院联系查阅相关案件材料。会见哑女后得知她是四川人，母亲是盲人，她既不知道自己父母叫什么，也不知道自己多大岁数。她从四川去云南玩，在公园碰到了两个新疆人，问她想不想挣钱。一心想挣钱的哑女才跟着他们去运输毒品。在逮捕哑女时，起获毒品 530 余克。我国刑法规定运输毒品 50 克以上的，最高可判死刑。程律师申请对哑女进行骨龄鉴定，鉴定结果哑女骨龄为 17.3 岁，为未成年人。程律师先后为哑女进行了三次庭审辩护，为哑女提出了几点辩护意见：1. 哑女犯罪时是未成年，且是聋哑人；2. 哑女运毒是被人指使，是从犯且认罪态度较好；3. 哑女无前科劣迹，这次是被人利用，主观恶性小。

【承办结果】

法院审理认为，哑女是从犯的辩护意见证据不足，不予采纳，其他意见予以采纳，依法对哑女作出了从轻处罚的决定。

【案例点评】

我国 1996 年刑事诉讼法规定，被告人是盲、聋、哑人，或未成年人，如果其未委托辩护人的，人民法院应当为其指定承担法律援助义务的律师为其辩护。本案被告人不仅是未成年人，还是哑女，由于其年龄和自身身体的缺陷，难以通过自己的诉讼行为维护自身的合法权益。此时，法律援助对她就显得尤为必要。提供法律援助的律师庭前做了大量的准备工作，特别是通过申请鉴定，确定了哑女是未成年人这一法定的从轻减轻情节，为从轻的辩护意见提供了确实可靠的证据。最终，援助律师依据法律和事实提出的从轻辩护意见被法院采纳，挽救了哑

① 案例来源：北京市法律援助网。

女的生命，给了她重新做人的机会，达到了预期的法律效果和社会效果。

第二节 刑事代理法律援助案例

一、自诉人的法律援助

【案　由】轻伤害①

【案情简介】

某日，一位白发苍苍神色恍惚的老人步履艰难地走进了北京市丰台区法律援助中心，“我请求法律保护，保护我的人身安全”，一语刚出，老人顿时老泪纵横。

中心工作人员细致耐心地与之交谈，老人哭诉了自己20年来所忍受的家庭暴力。原来，30多年前，老人王某某在家人的介绍下与大自己1岁的丈夫刘某某结婚，婚后感情一般。1年后，儿子出世，给这个家庭带来了欢声笑语。随着孩子的成家立业，王某某、刘某某之间潜在的矛盾日益凸显出来。王某某曾经不断努力挽救夫妻的感情，试图通过主动沟通维持这个家庭，但自1997年以来，脾气暴躁的刘某某经常因为家庭琐事殴打王某某，有时还因为工作上不痛快的事情迁怒于王某某，给其肉体和精神上造成了极大的伤害。

1995年，刘某某与他人合伙做生意亏本，心情低沉的刘某某将怨气出在王某某身上，当时刘某某多次掐王某某的脖子，搧她的脸，用拳头打她的胸部，因此留下病根日后反复发作。2000年，刘某某因换煤气没有找到绳子，曾用拧成好几股的电线抽打王某某腰部。去年年底，因为一顿晚饭不可口，刘某某将王某某推到门厅的镜子上猛撞，当场将镜子撞得粉碎。经医院检查，王某某脑血流速升高，脑供氧、供血不足。

长期以来，王某某因为家丑不可外扬，对丈夫始终抱有幻想，没有及时寻求有关部门解决，一忍再忍。1个多月前，因王某某忘记关纱窗，导致夜间蚊子叮咬，刘某某又大打出手，打伤了王某某的左眼，当医生告诉她左眼如果再受撞击将会有失明的危险时，王某某最终鼓起勇气，到丰台区法律援助中心寻求法律帮助。

老人向工作人员提供了丈夫殴打她时使用的电线，被打掉的假牙，被撕裂的衣服，还有厚厚一沓的看病单据，仅2003年1年的医药费用就高达13000余元，而这些高额的医药费用都是王某某用自己为数不多的退休金支付的，丈夫没有给予任何帮助。王某某已经决定到法院起诉丈夫离婚，希望能够通过申请法律援

① 案例来源：中国法律援助网。

助，摆脱自己长期遭受虐待、折磨的困境，远离家庭暴力。

【承办过程】

考虑到王某某目前因为治病需要承担高额的医疗费用，现在每月发放的退休金已经到了入不敷出的地步，且该案件诉讼时效的紧迫性，从及时保护妇女合法权益的角度出发，法律援助中心的工作人员当即为王某某提供了法律援助。帮助王某某向法院提出自诉并进行代理，法院接受了律师的建议，在法院主持下，双方达成调解协议。

【案例点评】

根据我国《婚姻法》相关规定，刘某某对王某某所实施的家庭暴力，王某某可以向当地居委会或所在单位提出请求劝阻，正在实施的，也可以请求公安机关予以制止，公安机关依法予以行政处罚。同时，由于家庭暴力造成受害人轻伤以上的，受害人可以依法向法院提起刑事自诉，公安机关应当依法侦查，检察院应当依法提起公诉。同时，实施家庭暴力属于法定应准予离婚事由；双方共同财产由双方协议处理，协议不成的，由法院根据照顾被实施暴力一方权益的原则予以判决；王某某作为无过错方有权请求损害赔偿，包括物质损害赔偿和精神损害赔偿，且损害赔偿请求必须在离婚诉讼的同时提出。

二、刑事被害人、刑事附带民事诉讼原告人的法律援助

【案　　由】交通肇事赔偿①

【案情简介】

河南省辉县实验小学教师徐洁家访返回途中，在辉县共字大转盘处，被新乡市八一塑料厂孙其福所驾驶的一辆伏尔加轿车撞倒。徐洁和所骑自行车倒在肇事车辆的前边，但肇事车辆却前行逃逸，将徐洁在车前推拖了87余米，又从徐洁身上碾过后继续逃逸，肇事车辆后被愤怒的围观群众拦截，但徐洁因车撞、拖、碾造成全身几十处严重受伤，虽经几十次手术，仍截瘫，胸部畸形愈合。

此案经辉县人民法院一审，以交通肇事罪判处孙其福有期徒刑2年6个月，赔偿医疗费等20余万元。一审判决后，被害人和被告人均就民事和刑事部分提出上诉，在上诉审中，徐洁已花医疗费用近40万元，而二审判决却还迟迟未下。徐洁在万分困难之时，受到新华社的关注，此事在新华社内参清样上报道后，李岚清、丁关根、李铁映、邹家华、李长春、陈至立等中央领导均极为关心，分别对本案作了批示，这样，二审法院迅速维护了原判，并执行了法律文书。但是，徐洁已花去医疗费用40余万元，还在继续治疗之中，孙其福明知车前有受害人，

① 案例来源：广东法律援助网。

但为了逃逸继续前进，加重了徐洁的伤害后果，应负伤害罪的法律责任，因此徐洁又申诉，此案被河南省高级人民法院指令再审。直到1999年3月，再审仍无进展。教育部为维护教师的合法权益，对徐洁进行了全面救助并指定武汉大学社会弱者权利保护中心为徐洁提供法律援助。

【承办过程】

1999年3月12日，武汉大学社会弱者权利保护中心接到教育部的函后，非常重视，立即成立了以顾问马克昌教授及王映晖、柳正权律师组成的援助小组为既是刑事被害人又是刑事附带民事原告人的徐洁提供法律援助。

援助小组在对案情进行了初步分析后，制订了详尽行动方案并拨出专款，保证办案的必要经费。随即，柳正权等律师到北京同徐洁及其家属进行了深入、细致的座谈，详细了解案情，办理了法律援助手续。王映晖、柳正权二位律师以被害人代理人的身份参加诉讼，通过收集犯罪证据，揭露、控诉犯罪，要求司法机关依法严惩犯罪分子，以维护法律的尊严。同时为徐洁代理附带民事诉讼，使其获得必要的赔偿，维护其合法权益。

针对徐洁一案的症结，法律援助小组经过分析后认为：

第一，对被告人孙其福的定性及量刑问题。由于原一、二审法院均认定孙其福犯交通肇事罪，判处有期徒刑2年6个月，法律文书已发生效力。而作为被害人，根据刑事诉讼法的规定，其并无刑事上诉权，目前的再审裁定也仅是根据被害人的申诉，其性质系民事赔偿部分重审。因此，尽管我们分析案件后初步认为被告人应负故意伤害罪的刑事责任，但鉴于现状及法律的规定，我们一方面向最高人民法院、河南省高级人民法院作了专案汇报，讨论对孙其福的定性问题。另一方面，派出律师赴案发地进一步收集、甄别证据，尽可能使犯罪事实清楚、证据充分。

第二，关于对徐洁的民事赔偿问题。由于徐洁处于继续治疗之中，病情不稳定，赔偿数额一时难以确定，另外，刑事附带民事诉讼的被告人孙其福、八一塑料厂均无赔偿能力，而新乡市民政局作为行政机关，民事赔偿能力亦非常有限，加上徐洁已获赔偿28万元，这在新乡市的民事赔偿个案中已是罕见，而法律对附带民事诉讼的赔偿范围也限定为直接的物质损失，其赔偿原则是必要的赔偿。所以获得充分的完全赔偿可能性不大，我们所能做的工作主要是在法律规定的范围内力争获得合理的赔偿，这就要求从赔偿事实、赔偿依据、赔偿标准等方面作出充分的论证。

4月10日，柳正权律师等人赶赴河南，首先向新乡市中级人民法院递交了代理诉讼委托手续，查阅了徐洁一案的卷宗材料，对案情有了进一步的了解，并与新乡市中级人民法院办公室、审判监督庭庭长、本案承办法官交换了意见；接着针对案件中原疏漏的、影响案件定性的几个环节，寻找线索，以图建立完整的证明体系。这些疏漏的证明环节主要有：1. 被告人孙其福对被害人就在车前，继续行车将会导致严重危害后果的认识问题；2. 被告人明知道开车逃逸会产生严重的危害结果，但放任结果发生的意志因素；3. 刹车在本案中的意义，以及刹车有无突然消失之可能；4. 事发时，被告人有无惊慌失措，举止失常的意识暂时缺陷。对这些待证事实，法律援助人员调查了现场的目击者，对案发现场进行了仔细勘查，还驱车查看了事发时肇事车辆的行驶路线，并且模拟事发时肇事车辆的行车、刹车、停车状况。收集了这些原疏漏的证明环节以及有关证据，使认定被告人犯故意伤害罪的证据构成了一个完整的证据锁链。此外，就本案的社会影响，法律援助人员又走访了辉县的部分教师、徐洁的同事，还找到徐洁家访的学生，了解当地教师以及社会对此案的反响。对民事赔偿部分，进一步提供了证据，证明了损害事实，查阅、收集了所有赔偿法律依据（包括河南省的地方性规定），使民事赔偿要求有理、有据、合法。

通过细致的工作，法律援助人员掌握了本案的大量、全面的证据，准确地把握了案情，并对收集的证据进行了深入、认真的分析，最终形成了本案的律师代理意见，并与所调取的证据材料一起，提交到新乡市中级人民法院。代理意见提交后，新乡市中级人民法院非常重视，连续召开审判委员会讨论此案，抽调人员加强办案力量，并保证案件办理的其他需要。但是，由于认识上的差异，使得其对实体的处理难作决断。6 月，柳正权律师等人二赴河南，与新乡市中级人民法院承办法官讨论了本案的事实认定，从法律上进行了论证，阐明了对本案的综合意见，以求依法处理。并向新乡市中级法院领导，新乡市党、政部门的有关领导汇报案情、阐明观点，说明社会对本案的关注程度，引起他们的高度重视，以准确查明事实、正确适用法律、排除不必要的干扰，及时处理，从而促使了本案的公正解决。

【承办结果】

河南省新乡市中级人民法院（1999）新中法刑监字第 14 号刑事附带民事判决书判决：撤销原一、二审判决、裁定；被告人孙其福犯故意伤害罪，判处有期徒刑 15 年；判处附带民事诉讼被告孙其福、新乡市民政局、新乡市八一塑料厂民事赔偿 576049.07 元。

【案例点评】

本案被害人、刑事附带民事诉讼原告人的遭遇引起了社会的广泛关注，并引起相关领导的高度重视。承办案件的法律援助小组不负众望，通过阅卷了解案情、座谈走访了解被告人的赔偿能力，积极调查收集犯罪证据，不仅揭露、控诉犯罪，维护了法律的尊严；同时为徐洁代理附带民事诉讼，使其获得必要的赔偿，维护其合法权益，取得了良好的法律效果和社会效果。

第十一章　行政诉讼与国家赔偿法律援助案例研究

第一节　行政诉讼法律援助案例

一、工伤认定

1.【案　　由】工地受伤工伤认定行政诉讼案①

【案情简介】

受援人：杨立华

援助单位：深圳市法律援助处

承办人：李万福，广东巨龙律师事务所律师

受援相对方：深圳市劳动和社会保障局

第三人：汕头市建安实业（集团）有限公司深圳分公司（以下简称建安深圳分公司）

2008 年 3 月 24 日，原告杨立华在建安深圳分公司的工地安装钢筋工作时肩部、足部受伤。由于经济原因，杨立华断断续续在多家医院检查治疗。同年 4 月 11 日建安深圳分公司向深圳市劳动和社会保障局申请工伤认定。由于建安深圳分公司未提交杨立华 2008 年 4 月 2 日在医院检查肩部的病历，深圳市劳动和社会保障局于同年 4 月 30 日作出只认定杨立华的足伤是工伤的工伤决定。杨立华不服，向深圳市政府提起行政复议。深圳市政府作出维持深圳市劳动和社会保障局工伤认定的复议决定。

【承办过程】

在离提起行政起诉时间只剩下 3 天的时候，杨立华向深圳市法律援助处提出法律援助申请。考虑到时间紧迫，深圳市法律援助处当天就指派律师承办。

承办律师接受指派后，立即安排与杨立华见面，仔细询问有关案件的具体情况，详细研究案件材料，并于 2008 年 6 月 18 日向深圳市福田区人民法院就本案

① 案件来源：广东河源法律援助网。

提起行政诉讼。

一审开庭时，承办律师提出了如下代理意见：

首先，杨立华有肩部在2008年3月24日受伤的事实。2008年4月2日，建安深圳分公司派员带杨立华去南山人民医院检查，医院病历也有相应显示，如主诉“……肩部疼痛8天”，检查出“外旋内旋受限……”，X线报告“右锁骨肩峰上缘密度增高”。2008年4月11日，第三人建安深圳分公司向被告申请工伤认定时，原告杨立华向被告深圳市劳动和社会保障局提交了两份亲笔书写的经过，描述了肩部和足部受伤。另外，2008年6月6日，原告杨立华到深圳市人民医院进行检查，该病历的主诉也有“右肩外伤2月”、“……右肩周活动稍受限”等记载，该医院的放射报告有“右肩峰骨质密度不甚均匀，边缘不规则，考虑陈旧撕裂性骨折可能”等记载。

其次，被告遗漏认定原告杨立华肩部损伤的原因是被告自身工作不负责所致，建安深圳分公司有漏报行为。2008年4月11日，建安深圳分公司申请工伤认定时仅叙述足部受伤，没有向被告深圳市劳动和社会保障局申报原告肩部受伤，且没有提交同年4月2日的病历材料。2008年6月20日第三人建安深圳分公司获得原告2008年6月6日的病历材料后，也没有向被告申报或说明。更重要的是，被告工作人员有严重失误。2008年4月11日被告接受建安深圳分公司提交的工伤认定申请时，关于原告受伤部位的描述与原告的亲笔说明不一致。然而，被告工作人员没有能够澄清此事，也没有追查出原告2008年4月2日的病历或者是了解原告的相关治疗情况。反而偏信了建安深圳分公司找的两个工人（工人名字没有显示在被告证据，而且此二工人无从考证）的陈述作出的深劳社认字（南）［2008］第440754001号《深圳市工伤认定书》，认定右踝的损伤为工伤。从而遗漏了肩部损伤属工伤的认定。

2008年9月24日福田区法院完全采纳了承办律师的代理意见，判决撤销原工伤认定。同年9月26日深圳市劳动和社会保障局不服福田区法院的判决，上诉至深圳市中级人民法院。杨立华就二审行政诉讼案件再次申请法律援助，深圳市法律援助处继续指派李律师承办。

【承办结果】

深圳市中级人民法院2008年11月19日开庭。承办律师除了继续阐述一审的代理意见外，还提出不能因为初诊病历没有详尽记载，不能因为2008年4月2日的检查没有确诊，不能因为不同医院对受伤部位的诊断不同，就认为杨立华的肩部没有受伤的代理意见。深圳市中级法院最终也采纳了承办律师的代理意见，于同年12月8日作出维持一审的判决。

【案例点评】

行政诉讼案件往往被称为“民诉官”案，由于被告是强大的国家行政机关，而受理案件的法院又是被告所在地的法院，因此，在该类诉讼案件中，作为原告的一方当事人通常有一定的顾虑，对案件的审理缺乏一定的信心。尤其是在本案中，工伤认定是一个专业技术性较强的问题，即使是提供法律援助的承办律师对此也未必通晓。但在本案中，承办律师在多次仔细分析案件材料的基础上，利用自己在法律业务上的优势和经验，从本案的关键证据上寻找突破口，指出了被告在工伤认定中存在的过错和问题，最终说服法院采纳了自己的代理意见，使得受援人的诉求得到了法院的支持，合法利益得到了及时保护。

本案之所以最终取得较好的结果，除了援助律师精湛的业务素质外，更主要的是面对被告是国家行政机关的事实，援助律师能够排除一切顾虑和私心杂念，坚决维护受援人作为弱势群体合法权益的法律信念和决心，显示了法律工作者良好的职业道德和法律援助的精神价值。

2.【案　　由】盐酸伤眼工伤认定行政诉讼案[①]

【案情简介】

受援人：陈某

受援相对人：佛山市劳动和社会保障局

援助单位：广东天爵律师事务所

承办人：唐浩宇律师

陈某为佛山市二建建筑工程集团有限公司的员工，负责公司广州龙湾工地及员工宿舍的清洁工作。2004 年 8 月 23 日，陈某在清洗厕所时被盐酸溅入右眼，马上自己用水清洗，因工地负责人尚未上班，陈某自行到工地附近的佛山市物资储运公司医疗室治疗，初步诊断为右眼灼伤。后陈某因右眼不见好转，又自行到盐步医院及广州芳村医院治疗，仍不见好转。9 月 13 日至 9 月 20 日期间，龙湾工地的负责人派人送陈某到佛山市第二人民医院治疗并支付医疗费用。

2004 年 9 月 28 日，陈某向佛山市劳动和社会保障局申请认定工伤，佛山市劳动和社会保障局以陈某陈述的事故伤害经过无证据证实为由，认定陈某不属于工伤。陈某不服，申请行政复议，复议结果为撤销佛山市劳动局作出的工伤认定书。陈某第二次申请工伤认定，佛山市劳动局以因无证据证明，认定不属于工伤。陈某第二次申请复议，等到的是维持结果。此时已是 2005 年 8 月，奔波了一年的陈某来到佛山市法律援助处申请不服工伤认定的行政诉讼法律援助。

---

① 案件来源：广东佛山律师网。

【承办过程】

面对陈某几近失明的右眼，仔细分析了陈某手中的几份残缺不全的病历，结合陈某在工作中确实需要接触盐酸及独自操作的工作性质，佛山市法律援助处决定受理该案，并指派给广东天爵律师事务所，由唐浩宇律师具体承办。

由于陈某对自己受伤时间的表述在不同医院的病历和工伤申请表中出现 5 次反复，陈述的受伤时间分别是 8 月 13 日、8 月 23 日、8 月 25 日、8 月 27 日已伤 20 天、9 月 1 日的 1 月前受伤，一审出师不利，法院认定陈某受伤的时间无法确认，自述的受伤经过也没有充分的证据予以确认，判决维持佛山市劳动和社会保障局作出的不属于工伤的认定结论。

陈某上诉，第二次申请法律援助，仍由熟悉案情的唐律师承办。唐律师反思了一审中败诉的教训，认真推敲判决书，琢磨判词中漏洞，认为一审判决认定的事实不清，提出三点上诉理由：一是陈某平时是用盐酸清洁及洗厕所，因此存在上班清洁过程中被盐酸溅入右眼的可能；二是有证人证言能证明其见到陈某在 2004 年 8 月 23 日 7 时 30 分清洗眼睛；三是 2004 年 9 月 13 日到 20 日期间龙湾工地的负责人派人送陈某到医院治疗并承担医疗费用，是对陈某工伤的确认。

二审法院经审查认为：陈某提供的虽然都是间接证据，但基本上能互相印证，可以初步证明陈某在清洗厕所时被盐酸溅入右眼的事实。虽然陈某对受伤的日期表述不一，但基于当事人的记忆问题，具体受伤的日期陈述不是判断陈某是否属于工伤的主要的、唯一的因素。基于陈某单独工作难以有直接证据证明的特殊情况，在认为证据有矛盾的情况下，佛山市劳动和社会保障局未对陈某及其证人的证言作进一步调查核实，认定事实不清，证据不足。判决撤销一审判决，撤销佛山市劳动和社会保障局作出的不属于工伤的认定，由该局重新作出具体行政行为。

【承办结果】

2006 年 4 月，佛山市劳动和社会保障局就陈某受伤之事作出第三次认定，终于认定为工伤。陈某经鉴定伤残等级为八级。既高兴又不知如何索赔的陈某第三次申请工伤赔偿的法律援助。这次代理工作又义不容辞地落在唐律师身上。唐律师为陈某仔细地计算仲裁请求数额、申请缓减免仲裁费用、整理医疗费用病历和收据、和用人单位协商调解，在唐律师不懈的努力下，2006 年 8 月，陈某和用人单位达成和解，用人单位一次性赔偿陈某 45000 元，陈某撤回仲裁申请。

【案例点评】

一滴盐酸引发的伤害，在整整两年时间内，历经三次工伤认定、两场行政诉讼、一次劳动仲裁，作为普通劳动者的陈某，面对着法律上的困惑、工伤认定专业上的无知、事实和证据上的困难、态度强硬的行政机关、不利的行政复议结果……从表面上看，在法律资源支配上明显处于弱势地位的陈某几乎没有获得胜利的可能。然而，该案经过三次法律援助，在援助律师的帮助和不懈努力下，法律最终给了陈某一个说法，还了陈某一个公道，维护了陈某应有的权利。对于法律援助，该案留给我们的思考还有很多……

3.【案　由】交通事故工伤认定行政诉讼案①

【案情简介】

受援人：黎某

援助单位：萍乡市湘东区法律援助中心

承办人：钟武律师

黎某系江西省萍乡市某瓷业有限公司职工，2008 年 12 月上晚班时，当班的生产厂长邓某请他骑摩托车外出叫窑炉工，当黎某骑摩托车载着邓某行至 320 国道长春村路段时，与停在路边待修理的农用车尾部相撞，造成两人重度开放性颅脑损伤。当事人黎某在交通事故中既是受害人也是肇事人，其赔偿所得绝大部分得支付给事故中无责任的邓某。

【承办过程】

黎某的妻子向萍乡市湘东区法律援助中心申请法律援助，法律援助中心指派钟武律师承办该案。援助律师认为本案的重点应放在工伤认定上。然而，用人单位拒不同意工伤认定。应黎某妻子的申请，2009 年 9 月 9 日，湘东区劳动争议仲裁委员会作出裁决，裁定黎某与萍乡市某瓷业有限公司劳动关系成立。但后来萍乡市劳动和社会保障局和萍乡市人民政府先后分别作出不认定工伤决定和复议决定，认定黎某没有明确证据证明是因工外出，无法确认黎某上班期间外出遭遇交通事故是由于工作原因造成。

2010 年 4 月 18 日，援助律师代理黎某向萍乡市安源区人民法院提交了行政起诉状，理由是：根据《工伤认定办法》和《工伤保险条例》的规定，职工或者其直系亲属认为是工伤，用人单位不认为是工伤的，由用人单位承担举证责任，即实行举证责任倒置。但萍乡市某瓷业有限公司向市劳动和社会保障局提供的证据不能证明黎某是因私外出，且与黎某一同外出的邓某系该厂生产厂长，系黎某的主管领导，一同外出应当视为因工。

【承办结果】

2010 年 8 月 12 日，安源区人民法院经审判委员会讨论，判决撤销萍乡市劳动和社会保障局于 2009 年 12 月 2 日作出的萍劳社工不认字［2009］5 号不予认定工伤通知。萍乡市某瓷业有限公司不服一审判决提出上诉，萍乡市中级人民法院经审理后，于 2010 年 11 月 10 日作出维持原判的终审判决，受援人的合法权

---

① 案件来源：中国法律援助网。

益得到了维护。

【案例点评】

这是一起较特殊的交通事故案件，一起交通事故中的受害人同时又是肇事人，在交通事故中几乎得不到赔偿，援助律师经过对案件仔细的研究和分析，寻找案件的突破口，决定把案件重点放在工伤认定上，代理受害人依法提起行政诉讼，经过不断努力，通过有力证据说服办案法官采用了援助律师的意见，并在一审、二审作出一致的判决，撤销了市政府及其有关部门作出的不予认定工伤的决定，最大限度地维护了受援人同时也是受害人的利益。不仅彰显了法律援助的意义，更显示了援助律师积极负责的工作态度和良好的业务素质。

二、违法注销企业

【案　　由】工商机关违法注销企业行政诉讼案①

【案情简介】

受援人：北京市海淀区所属的福利企业铁木安公司（化名）的11位残疾人

援助单位：海淀区法律援助中心

承办人：北京市雪野成融律师事务所律师

铁木安公司是在北京市海淀区民政局注册的社会福利企业，11名工人都是该企业的残疾职工、股东。2004年年初，他们得知北京市工商行政管理局海淀分局注销了自己的企业。职工认为铁木安公司未按《公司法》的规定由股东组成清算组；注销申请未按照《福利企业管理暂行办法》经民政部门主管机关确认；未完成职工工资和劳动保险费用项目，在这种情况下工商机关准予铁木安公司注销违反了法律程序，致使11名残疾人至今不能办理各项社会保险，损害了残疾人股东的合法权益。此外，工商机关依据铁木安公司提供的同意企业注销决议的股东签字是仿造的，工商机关在审核决议时也没有尽到审核义务，使假签字顺利过关。

【承办过程】

2004年4月份，北京市海淀区所属的福利企业铁木安公司（化名）的11位残疾人的监护人来到海淀区法律援助中心，反映该企业的法定代表人违法申请注销公司，并获得工商机关的准予，导致企业的残疾人职工各种社会保险无法办理的侵权情况，请求法律援助。

海淀区法律援助中心认真接待并听取了他们反映的情况，感到这起案件确实复杂，这些残疾人属于智力残疾，与其他残疾人的情况有所不同。此案在实体上

① 案件来源：北京市海淀区司法行政网。

既涉及行政法律关系，也涉及民事法律关系；在程序上，既可以进行行政复议又可能发生诉讼。解决起来难度大，工作量大，影响大。中心认为，为了保护这些特殊群体的合法权益，应该最大限度为他们提供法律上的援助。海淀区法律援助中心特别指派了北京市雪野成融律师事务所承办此案。代理律师在分析了案情以后，决定代表委托人以北京市工商管理局为被告，依法向海淀区人民法院提起行政诉讼。

海淀区人民法院公开审理了此案。该案被告在答辩中称，工商机关在办理铁木安公司企业注销事项过程中，按照规定要求申请人提交了相关的各项文件，包括企业清算报告和股东会决议、股东签字等，因此不存在未尽审核义务的情况。我国《公司法》并未规定注销福利企业必须经过民政部门同意，《福利企业管理暂行办法》不能和《公司法》相对抗。

作为第三人的原企业经理李某在法庭上说，铁木安公司在注销前进行了企业清算，企业转让协议也经过残疾人的监护人签字同意；每名残疾职工都领取了2万元的转让费；但上报给工商机关的企业注销股东决议确实是别人代签的名字。

【承办结果】

海淀区人民法院审理后于2004年12月20日作出判决：撤销北京市工商行政管理局准予铁木安公司注销的决定。

海淀区社会福利办公室的领导表示，他们可以先行垫付残疾人保障金，以解决残疾人的燃眉之急；同时表示一定会按照海淀区人民法院生效的判决积极解决本案中残疾人的社会保障问题。

【案例点评】

残疾人是社会的弱势群体，建立福利企业，促进残疾人就业对改善残疾人生活状况、提高其社会地位具有重要作用。但由于工商机关审核不严，导致本案中的福利企业铁木安公司被注销，使这些残疾人失去了就业机会，不能办理各项社会保险，严重损害了其合法权益。法律援助为这一类受援人维护自身合法权益及时提供了帮助，使得他们像其他公民一样被法律和社会关爱，能够有尊严地生活和就业，彰显了法律援助的公平和正义价值。

第二节　刑事赔偿法律援助案例

一、任某某国家赔偿案[①]

【案　　由】再审改判无罪，刑期已执行——法院错判之刑事赔偿

① 案例来源：中国法律援助网。

【案情简介】

受援人：任某某

援助单位：烟台市法律援助中心

承 办 人：山东德扬律师事务所律师　张军辉

1994 年，受援人开办的个体工商户与某家电供应公司因为合同纠纷，在山东省烟台市芝罘区人民法院进行民事诉讼，诉讼中受诉法院因个体工商户受援人伪造证据，对其作出了罚款和拘留的决定，后又以受援人涉嫌诈骗为由，案件性质由民事案件转为刑事案件。芝罘区公安局遂对受援人进行拘留，后改变强制措施将受援人取保候审。案子一直拖到 1998 年 7 月 6 日，芝罘区人民法院以伪造支票为由认定受援人犯诈骗罪，遂作出刑事判决，判处受援人有期徒刑 10 个月。该判决犹如晴天霹雳，受援人怎么也不会想到，本来与某家电公司一件简单的民事纠纷，拖了 4 年的时间经过千回百转，竟然落得个诈骗犯的罪名。受援人当然不服，为了维护自己的合法权益遂提出申诉，该案经烟台市中级人民法院指定芝罘区人民法院再审，终于在 2005 年 3 月 2 日认定受援人提供的支票并非伪造，原判决错误，遂撤销原刑事判决并宣告受援人无罪。

通过申诉之路，受援人的诈骗罪名得以洗清，但也因为错误判决导致受援人被关押 11 个月。按照《国家赔偿法》的规定，因错误判决并已执行的，当事人有权依法获得国家赔偿。自此受援人踏上了长达 5 年的国家赔偿申请之路，但由于种种原因，却迟迟没有获得相应赔偿。

【承办过程】

2010 年 4 月，烟台市莱山区法律援助中心了解到受援人的遭遇后，对此非常重视，及时为受援人办理了法律援助手续，指派山东德扬律师事务所张军辉律师承办此案。因该案须于 2010 年 5 月去山东省高级人民法院开庭，因此时间紧任务重。

受援人来到律师事务所后，将厚厚的一摞材料交给代理律师。代理律师接到指派后迅速了解案情。由于该案涉及民事、刑事案件，法律事实错综复杂，并且经过一审、二审、申诉等法律程序，且距今年代久远，增加了办案的难度。但是本着为当事人负责的态度，遵循以事实为依据以法律为准绳的办案原则，代理律师查阅了自 1994 年至 2010 年该案所有卷宗材料，并认真分析各个法律关系。

在查阅卷宗材料之后，为了更全面地了解案情，代理律师及时与受援人取得联系，询问整个案件发生、发展的过程。因案件发生时间太久，当事人年近古稀，因此对案件事实的陈述存在不一致的地方。对此，代理律师将查阅卷宗的信息与当事人陈述的信息对比，通过询问当事人帮助其回忆案件事实。最终确定国家赔偿的范围：烟台市中级人民法院赔偿委员会确认的罚款 2 万元，因错判而被执行关押的11个月，有待确认的违法拘留15天。

在了解了案件事实后，受援人又提出精神损害赔偿的要求。根据法律规定，国家赔偿不同于一般的民事赔偿，不包括精神损害赔偿。因此，对于当事人的要求代理律师依法作出告知，并提供了相关的法律依据。

为了能够使本案顺利圆满地解决，使当事人不再受申诉之累，最大限度为受援人争取赔偿款，代理律师带着当事人与芝罘区人民法院工作人员进行了积极沟通，依法提出国家赔偿请求并陈述受援人申诉道路的艰辛。

【承办结果】

在山东省高级人民法院工作人员的主持下，双方达成协议，同意以和解的方式一次性处理受援人国家赔偿请求，并当场支付部分赔偿款，剩余赔偿款也于7日内付清。至此，历时16年经过民事、刑事、国家赔偿各个程序的案件终于在各方的努力下尘埃落定，当事人国家赔偿的请求在法律范围内得到了支持。

【案例点评】

1. 法律援助工作是一项具有挑战性的工作，需要当事人、国家机关及代理律师的共同努力，才能较为圆满地完成此项工作，尤其是在国家赔偿案件中，案件往往涉及多个司法机关。法律援助制度为国家赔偿案件的当事人提供了行使权利的又一个入口。

2. 国家赔偿案件的援助工作，一方是强大的国家机器，一方是受到冤假错案侵害的普通百姓；一方是苛刻的法律制度和赔偿限额，一方是为了洗清冤屈而付出艰辛和巨大经济利益的受害者。为了当事人的合法权益，为了当事人免除诉累，除了要具有良好的专业素质外，更需要援助律师具有良好的协调能力。

3. 本案中，当事人要求赔偿的数额与实际赔偿额有相当大的差距，但由于当时的国家赔偿不包括精神损害赔偿，这固然有其不合理之处，但是为维护现行法律的效力与实施，就要求代理律师、司法机关在案件处理过程中向当事人宣讲国家赔偿有关的法律规定，能够使当事人心平气和地接受裁判结果，消除不安定因素。

二、洪某国家赔偿案①

【案　　由】错拘、错捕、错押——刑期未执行之刑事赔偿

【案情简介】

受援人：洪某

援助单位：广州市法律援助处

承办人：广东至信忠诚律师事务所律师　董亚民

---

① 案例来源：中国法律援助网。

华夏银行广州分行处长洪某因涉嫌与他人共同实施金融凭证诈骗犯罪于2000年2月29日被刑事拘留，后被广州市人民检察院以金融凭证诈骗罪向广州市人民法院提起公诉。广州市中级人民法院一审判决洪某金融诈骗罪成立（案号（2002）穗中法刑经初字第69号），洪某被判处有期徒刑15年，并处罚金10万元。洪某上诉后，广东省高级人民法院于2006年2月13日以（2003）粤高法刑二终字第737号刑事裁定书，裁定撤销原判，发回广州市中级人民法院重审。2006年12月11日，广州市中级人民法院重审判决洪某无罪（案号（2006）穗中法刑二重字第1号）。此案经广州市中级人民法院重审后，最终于2007年7月5日被广东省高级人民法院以（2007）粤高法刑二终字第23号《刑事裁定书》裁定洪某无罪。

【承办过程】

洪某在2006年12月13日被无罪释放后，即来到广州市法律援助处寻求帮助。要求指派广东至信忠诚律师事务所董亚民律师为其提供法律帮助，董亚民律师接受了法律援助处的指派和洪某的委托，以错拘、错捕、错押为由，于2007年8月24日向广州市人民检察院、广州市中级人民法院提出了国家赔偿请求，将广州市中级人民法院、广州市人民检察院列为共同赔偿义务机关，请求其共同赔偿：1. 因侵犯赔偿请求人人身自由2480天，支付赔偿金人民币246288.8元（自2000年2月29日，洪某因涉嫌金融凭证诈骗一案被刑事拘留，到2006年12月13日被无罪释放时，已经被羁押2480天）。2. 支付从2000年2月29日失去人身自由至2007年8月3日，减少的90个月的直接损失工资人民币486000元，直至恢复工作之日止。3. 支付因被限制人身自由被迫转让正在按揭购买的房屋，以偿还银行贷款，因而造成的直接财产损失人民币350000元。4. 支付因侵犯赔偿请求人人身自由2480天，造成单位应缴未缴90个月的社会保险与住房公积金，直至工作单位恢复缴交之日止。5. 因对赔偿请求人错误拘留、逮捕、判罪，在中信、华夏银行范围内公开消除影响、恢复名誉、赔礼道歉。6. 因冤狱侵权，支付精神损失赔偿金人民币114708.51元。总计要求两机关赔偿各项损失1127147.25元。

由于上述二赔偿义务机关未在法定期间内作出赔偿决定，2007年10月24日洪某委托董亚民律师向广东省高级人民法院提出了国家赔偿请求。

广东省高级人民法院赔偿委员会于2007年11月29日公开进行了听证。广州市中院派员出席了听证。同意按我国《国家赔偿法》的规定支付人身自由赔偿金，但应扣除其被监视居住的时间，因监视居住期间国家不承担赔偿责任。其他损失，因不属于法定范围，故不应赔偿。广州市人民检察院未派员参加听证，其认为，《国家赔偿法》及司法解释均没有规定法院审理国家赔偿案件必须采取听证的方式，因广东省高级人民法院对国家赔偿案进行听证没有法律依据，故不派员参加听证会。

2008年10月6日，广东省高级人民法院赔偿委员会对洪某申请国家赔偿一案作出（2007）粤高法委赔字第15号《决定书》，决定：1. 共同赔偿义务机关广州市人民检察院、广州市中级人民法院赔偿洪某人身自由赔偿金246288.8元，上述赔偿金由共同赔偿义务机关各承担一半。2. 驳回赔偿请求人洪某的其他赔偿请求。

在该案的审理过程中，双方在赔偿的范围、项目及标准等问题上出现了争议。争议的焦点主要集中在以下几点：

1. 关于赔偿义务机关的拘留和强制集体监视居住是否应予赔偿的问题

根据广州市中级人民法院（2006）穗中法刑二重字第1号刑事判决书、广东省高级人民法院（2007）粤高法刑二终字第23号刑事裁定书分别判决赔偿请求人无罪与维持原判，证实其曾被赔偿义务机关广州市公安局错误拘留30天、错误监视居住（在黄埔大沙地被集体监视居住）146天，违法剥夺人身自由共176天。

根据我国《刑事诉讼法》第61条、第51条规定，刑事拘留和监视居住由公安机关执行。首先，赔偿请求人并不具备拘留条件，没有犯罪事实，也没有证据证明有重大犯罪的嫌疑，故广州市公安局的拘留属于违法拘留。其次，广州公安局对赔偿请求人作出的监视居住决定也不合法。赔偿请求人在本市拥有自己合法的住所，却还是被广州市公安局强制关押在海运公安局黄埔大沙地参加“集体监视居住”，且不准通信和会见律师。公安机关的行为严重违反最高人民法院、最高人民检察院、公安部、国家安全部、司法部、全国人大常委会法制工作委员会《关于〈中华人民共和国刑事诉讼法〉实施中若干问题的规定》第23条、第24条的规定，严重违反了公安机关办理刑事案件的法定程序，非法剥夺了赔偿请求人的人身自由权和通信自由权，应当承担赔偿责任。

广州市中级人民法院在听证会上的答辩意见认为，《国家赔偿法》规定赔偿洪某被错误羁押期间的人身自由赔偿金，但洪某被错误羁押的时间应扣除其被监视居住的时间，因为监视居住期间国家不承担赔偿责任。对于除人身自由赔偿金以外的其他损失，因不属《国家赔偿法》规定的赔偿范围，故不应当给予赔偿。另外说明，该院受理洪某申请国家赔偿案后，由于需要调取海运公安局的卷宗，故未能在法定审理的期限内审结案件及作出赔偿决定。

2. 有关广州市人民检察院因错误批准逮捕、起诉洪某，导致羁押483天，是否应承担赔偿责任

根据广州市中级人民法院（2006）穗中法刑二重字第1号判决书、广东省

高级人民法院（2007）粤高法刑二终字第23号刑事裁定书，赔偿请求人被裁定无罪。因此，根据《国家赔偿法》第19条的规定，广州市人民检察院的批准逮捕属于对“没有犯罪事实的人错误逮捕”的情况，共羁押483天，应当承担国家赔偿责任。

广州市人民检察院书面答辩意见认为，国家赔偿法及最高人民法院、最高人民检察院的司法解释均没有规定人民法院审理国家赔偿案件必须采取听证的方式，故广东省高级人民法院赔偿委员会对洪某申请国家赔偿一案进行听证没有法律依据，决定不派员参加本案的听证会。对于洪某提出的赔偿请求，广州市人民检察院在收到广东省高级人民法院赔偿委员会送达的申请书副本后，也未以任何其他方式作出答辩。

3. 赔偿请求人被赔偿义务机关广州市中级人民法院以（2002）穗中法刑经初字第69号刑事判决书错误认定犯金融凭证诈骗罪并判处有期徒刑15年，并处罚金10万元，共羁押1815天，是否应承担赔偿责任

广州市中级人民法院严重违反了我国《刑事诉讼法》第162条第2项、第3项规定“依据法律认定被告人无罪的，应当作出无罪判决；证据不足，不能认定被告人有罪的，应当作出无罪判决”；广州市中级人民法院在赔偿请求人无犯罪事实，也无证据证明有罪的前提下，对赔偿请求人作出了错误的有罪判决，共羁押1815天，造成了严重的伤害。

以上广州市公安局、广州市人民检察院、广州市中级人民法院对错拘、错捕、错判承担刑事侵权责任。根据高检发释字〔2001〕1号《〈关于办理人民法院、人民检察院共同赔偿案件若干问题的解释〉有关问题的答复》第3条关于“一审人民法院判决有罪，二审人民法院发回重审后，一审人民法院改判无罪，或者发回重审的，一审人民法院在重新审理期间退回人民检察院补充侦查，或者人民检察院要求撤回起诉，人民法院裁定准许撤诉后，人民检察院作出不起诉决定或者撤销案件决定的，一审人民法院和提起公诉的人民检察院为共同赔偿义务机关”的规定，赔偿义务机关广州市人民检察院与广州市中级人民法院应共同对赔偿请求人承担赔偿责任。

4. 关于赔偿项目的确定及其计算依据问题

（1）因侵犯赔偿请求人人身自由2480天，应支付赔偿金人民币246288.8元。

根据我国《国家赔偿法》第26条规定：侵犯公民人身自由的，每日的赔偿金按照国家上年度职工日平均工资计算。2006年国家上年度职工日平均工资为83.66元。

赔偿请求人于2000年2月29日被拘留30天，至2000年3月28日被集体监视居住146天，共计羁押176天；2000年的8月22日被逮捕至2001年12月24

日被起诉共羁押483天，2006年12月12日判决无罪释放共羁押1815天，总共羁押2480天。所以赔偿金为：2480天×83.66元=207476.80元

（2）支付从2000年2月29日赔偿请求人失去人身自由至2007年8月3日，减少的90个月的直接损失工资人民币486000元。赔偿请求人在原单位华夏银行任职期间每月基本工资3600元，地区补贴为1800元，合计5400元。

工资损失为：102月×5400元=550800元

（3）支付赔偿请求人因被限制人身自由被迫转让正在按揭购买的房屋，以偿还银行贷款，因而造成的直接财产损失人民币350000元。

（4）支付因侵犯赔偿请求人人身自由2480天，造成单位应缴未缴102个月的社会保险与住房公积金，直至恢复应缴之日。

（5）因对赔偿请求人错误拘留、逮捕、判罪，在中信、华夏银行范围内公开消除影响、恢复名誉、赔礼道歉。

（6）因冤狱侵权，支付精神损失赔偿金人民币114708.51元。

对于赔偿请求人的赔偿请求，广州市中级人民法院认为除人身自由赔偿金以外的其他损失，如工资、社会保险、住房公积金等损失及精神损害，因不属国家赔偿法规定的赔偿范围，故不应当给予赔偿。洪某提出赔偿因被侵犯人身自由造成被迫转让房屋的损失350000元，不属直接经济损失，故根据《国家赔偿法》第28条第7项的规定，国家不承担赔偿责任。

【承办结果】

广东省高级人民法院赔偿委员会认为，洪某被执行监视居住的地点位于广州市黄埔区地西九号，即广州市海运公安局干警培训基地的宿舍楼内，该宿舍楼二、三楼的走廊加装了铁防盗网，洪某就被安排在二、三楼居住，期间丧失人身自由。本案已经确认了广州市中级人民法院对赔偿请求人洪某的有罪刑事判决错误。广州市人民检察院作为本案的公诉机关，广州市中级人民法院作为本案的一审人民法院，应当对错误羁押洪某的行为承担共同赔偿责任。

根据《国家赔偿法》的有关规定，国家赔偿系实际羁押赔偿原则，公民在取保候审、保外就医、假释、监视居住期间实际上未被羁押的，国家对此期间不承担赔偿责任。但是，名义上采取取保候审、监视居住等非羁押措施，实际上却完全限制公民人身自由，形成事实上羁押的，国家仍应当承担赔偿责任。本案赔偿请求人洪某在广州市区原有固定的住处，但公安机关却将其带到指定的地点执行监视居住。因此，公安机关对洪某采取的监视居住形成事实上的羁押，国家应当对此承担赔偿责任。

根据《国家赔偿法》第26条及最高人民法院《关于人民法院执行〈中华人民共和国国家赔偿法〉几个问题的解释》第6条的规定，侵犯公民人身自由权

的，每日的赔偿金按照国家上年度职工日平均工资计算，上年度应为人民法院赔偿委员会作出赔偿决定时的上年度。2007 年度全国城镇在岗职工日平均工资标准为 99.3 元，据此，洪某被错误羁押 2480 天的人身自由赔偿金应为 246288.8 元。另根据最高人民法院、最高人民检察院《关于办理人民法院、人民检察院共同赔偿案件若干问题的解释》第 3 条的规定，上述赔偿金应由本案的共同赔偿义务机关广州市人民检察院与广州市中级人民法院平均分担，即各承担 123144.4 元。

至于洪某提出的其他赔偿请求，由于工资、社会保险、住房公积金等损失及精神损害不属于《国家赔偿法》规定的赔偿范围，故不予支持，建议洪某向其原所在单位申请补发和补缴。洪某提出赔偿因被侵犯人身自由造成被迫转让房屋的损失 350000 元，经查，该损失是洪某自有房屋的目前可售价与当时售价之间的差价，由于该差价属赔偿义务机关行使职权时的预期可得利益损失，不属直接经济损失，故根据《国家赔偿法》第 28 条第 7 项的规定，国家不承担赔偿责任。另外，由于被错捕、错判的事实，确实给洪某的名誉权造成了严重的损害，根据《国家赔偿法》第 30 条的规定，共同赔偿义务机关应在侵权影响的范围内为洪某消除影响、恢复名誉、赔礼道歉。

【案例点评】

首先，洪某的案件，自其 2000 年 2 月 28 日因涉嫌金融凭证诈骗犯罪，被广州市公安局刑事拘留。后来被广州市人民检察院提起公诉，历经广州市中级人民法院、广州市高级人民法院的一审、二审、重审，到判决洪某无罪而将其释放。从刑事诉讼到国家赔偿，前后接近 8 年，尽管《国家赔偿法》实施多年，许多刑事案件的蒙冤者却很难获得国家赔偿。在本案中，可以看到广州市中级人民法院能够做到有错必纠，并在事后积极对当事人赔偿。应该说，使受害人及时获得国家赔偿，司法工作人员执法观念的转变显得尤为重要，更是法治理念、人权理念在执法过程中的贯彻和体现。

其次，我国《国家赔偿法》缺乏相应的程序法予以保障。由于对受害人申请国家赔偿的程序没有明确的规定，常导致一些受害人无法遵循现有的法律程序主张自己的权利。

最后，洪某作为蒙受冤狱的受害者，近 7 年来能够一直坚持申诉，显示了他对法律的信仰和信任。但特别值得一提的是为其提供法律援助的律师，在此案中所表现出来的一种职业信仰和精神。面对洪某对相关法律的近乎无知、法律资源的匮乏以及该案的复杂性、长期性，面对强大的司法机关以及国家赔偿制度的不完善，申请并获得国家赔偿谈何容易。然而，法律援助律师克服重重困难，细致分析并研究受害人获得国家赔偿的法律关系和依据，抓住案件的争议点和关键点，运用法律事实和证据、业务知识及技巧充分证明并最终确定了受害人获得国家赔偿的范围及标准，使得受害人的合法权益得到了保护。希望法律援助能够对遭受冤案的人、权利受到侵害的弱势群体给予更多的帮助，使他们走出“人为”的困境，维护法律的正义，平等享受法治的进步。

三、滕燕申请国家赔偿案①

【案　　由】死刑已执行——法院错判之刑事赔偿

【案情简介】

受 援 人：刑事被告人滕兴善的女儿　滕燕

援助单位：湖南省怀化市法律援助中心

承 办 人：怀化市法律援助中心律师　周开松

湖南省麻阳县公安局刑侦队于1987年4月27日晚接到本县高村乡尧里村二组66岁老妇人（滕凤英）提着一只人的断手报案，故而将此案立为“4·27”特大刑事案件——故意杀人（碎尸）案。滕凤英报案称听说麻阳县神塘湾渡口处姓刘的渡船佬看见有河里漂下女尸躯干、脚、手而怀疑与自己女儿张金连失踪1个多月有关，与刘某一同寻找到此手。

麻阳县公安局经过对“4·27”特大刑事案件的侦查，确定滕兴善为该案的重大犯罪嫌疑人。滕兴善于1987年12月6日被麻阳县公安局收容审查，1988年8月30日经麻阳县人民检察院批准，同年9月2日由麻阳县公安局执行逮捕。1988年9月21日移送起诉。湖南省人民检察院怀化分院湘怀检刑起字（1988）第38号起诉书指控：1987年4月上旬的一天傍晚，被告人滕兴善发现家中丢失现金，便追赶与其有暧昧关系的女青年石小荣至马兰洲上，将石活活捂死，而后用小斧等工具肢解分尸，抛入锦江河中。被告人滕兴善目无国法，将他人杀死后，又肢解分尸抛入河中，手段极其残忍，情节特别恶劣，后果特别严重，其行为构成故意杀人罪，应依法严惩。

1988年12月13日湖南省怀化地区中级人民法院以（1988）刑一初字第49号刑事判决书判决：被告人滕兴善犯故意杀人罪，判处死刑，剥夺政治权利终身。一审宣判后，被告人滕兴善不服，以“没有杀人、以前的交代是乱讲的”为由向湖南省高级人民法院提出了上诉。湖南省高级人民法院于1989年1月19日以（1989）刑一终字第1号刑事裁定书裁定：驳回上诉，维持原判，核准上诉人滕兴善死刑，剥夺政治权利终身。1989年1月28日被告人滕兴善被执行死刑。

---

① 案例来源：安徽潜山法律援助信息网。

【承办过程】

2004年12月26日被告人滕兴善的女儿滕燕向怀化市法律援助中心提出刑事申诉法律援助申请，怀化市法律援助中心决定指派本中心律师周开松作为特别授权的刑事申诉代理人代为申诉。受理该案后经调取原审案卷查阅，援助律师认为：

1. 被告人滕兴善一直不承认自己有杀人行为，案件必须具备的相关证据严重不足

被告人滕兴善自被麻阳县公安局收容审查起，不管是在侦查阶段、审查起诉阶段的多次讯问中，还是在湖南省怀化地区中级人民法院第一审开庭审理庭审记录中及执行枪决前的供述都没有承认自己实施了杀人行为，此其一；其二，案件相关证人证言都不能证实被告人滕兴善实施了杀人行为；第三，杀人碎尸案件没有杀人第一现场、碎尸第二现场和抛尸现场的现场勘查笔录；第四，案件没有邀请当时在麻阳务工的被害人石小荣的胞姐石树珍（后改名为石桂仙）去辨认尸体容貌，无辨认记录。仅凭被告人滕兴善本人在长期逼供下时供时翻前后矛盾的供述认定被告人滕兴善实施了杀人，明显违背了1979年《刑事诉讼法》第35条“对一切案件的判处都要重证据，重调查研究，不轻信口供。只有被告人供述，没有其他证据的，不能认定被告人有罪和处以刑罚”之规定，属违法判决。

2. 案件相关鉴定结论疑点重重，根本不能采信

1988年5月13日中山医科大学法医物证血检验鉴定书物字第27号鉴定结论：“一、从斧头上提取的可疑斑迹（一号检材）未检见有人血。”这一物证鉴定结论充分说明被告人滕兴善本人供述用于碎尸的工具——“斧头”就没有被用于杀人碎尸——未检见有人血，此其一；其二，1988年1月23日辽宁省铁岭地区公安局“铁岭市公安局213研究所”颅像重合检字（97）号鉴定书的鉴定结论“送检颅骨（97）与嫌疑人石小荣人像经颅像重合检验，因人像头部很小，放大后上颌左第一、二齿缝较大，与颅骨不符，其他各项指标均重合一致，可定为同一人，如能补充一张比较大的人头像更能提高检验的准确性”。这一鉴定结论没有明确确认送检对象即死者就是石小荣；其三，案卷材料中出示的证明，证实案件被害人石小荣（女）系贵州省松桃苗族自治县瓦溪乡人，出生于1969年11月18日，案发时年龄不满18周岁，与多个鉴定中提到的被害人年龄——23岁左右的实际年龄相差5岁左右，这些根本不能采信的所谓证据竟然没有引起案件承办机关和办案人员的高度注意和重视，令人痛心。

3. 案件直接证据匮乏，各证据之间没有形成证据锁链，事实不清，证据不足，不能认定被告人有罪

综观所谓“滕兴善故意杀人”一案，整个案件只有被告人滕兴善前后矛盾

的供述这一“直接证据”，没有其他直接证据能证明被告人滕兴善实施了杀人，各个证据能证明的事实与案件必须证明的事实即被告人滕兴善“故意杀人”的事实之间没有直接的、必然的联系，即证据的关联性没能体现出来，证据没有证明力，证据之间没有形成证据锁链，从而导致案件必须证明的事实——被告人滕兴善故意杀人的事实不清，证据不足。一审判决被告人滕兴善犯故意杀人罪，判处死刑，剥夺政治权利终身，二审及死刑核准裁定维持判决，是非常不慎重的。

4. 裁定核准被告人滕兴善死刑立即执行没有事实根据和法律依据，依法应当撤销

湖南省高级人民法院于1989年1月19日作出的（1989）刑一终字第1号刑事裁定书认定“被告人滕兴善杀人，碎尸手段残忍，情节特别恶劣，后果极为严重，罪该处死”。而申诉人在前面两点的申诉理由中就已经阐述了本案纯系冤案、错案的事实及理由，被害人石小荣没有死亡，案件相关鉴定结论疑点重重，直接证据匮乏，都足以说明裁定书认定的事实不清，证据不足，违背了“以事实为根据，以法律为准绳”的刑事法律原则，依法应当撤销。

周开松律师通过到贵州等地向证人石桂仙（案件判决时认定的被害人石小荣的胞姐，1987年在湖南省麻阳县同时与石小荣一起务工）调查取证，其证实案件被害人石小荣于1987年正月下旬被他人拐卖至山东与赵洁友为妻，生育一儿一女后于1994年与家中取得了联系，次年回到了贵州，现在在贵州省清镇市生活。2004年1月1日，周开松律师又找到了案件被害人石小荣，其证实自己于1987年正月上旬被拐卖至山东、怎样回到贵州及不认识被告人滕兴善的事实，同时也证明滕兴善案件认定的案件被害人石小荣错误即犯罪对象错误。周开松律师考虑到案情重大，社会影响非凡，加之证据还达不到“确实充分”的程度，于2004年5月28日向湖南省人民检察院提出申诉，省检察院于2005年5月17日立案，6月12日作出“建议湖南省高级人民法院立案再审”的复查决定；2005年6月8日周开松律师又向湖南省高级人民法院提出申诉，6月13日省高院以（2005）湘高法刑监字第15号作出再审决定。

【承办结果】

2005年11月8日，湖南省高级人民法院再审正式开庭，周开松律师会同申诉人滕燕、滕辉姐弟俩出席法庭，审判长当庭宣读了湖南省高级人民法院于2005年10月25日作出的（2005）湘高法刑再字第15号刑事判决书，撤销湖南省高级人民法院（1989）刑一终字第1号刑事裁定书和原湖南省怀化地区中级人民法院以（1988）刑一初字第49号刑事判决书，宣告原审被告人滕兴善无罪。同年11月9日湖南省高级人民法院与赔偿请求人滕燕、滕辉就国家赔偿事宜达成《赔偿协议书》，与麻阳苗族自治县人民政府达成一次性经济补偿协议

书，滕燕、滕辉姐弟俩获得国家赔偿、补偿款666660元。

【案例点评】

滕兴善故意杀人一案，在其被执行枪毙16年后被再审宣判无罪并获得国家赔偿，是党的十一届三中全会以来的全国首例，社会影响大，教训深刻。该案之所以在较短时期内得到纠正，主要有以下因素：

1. 有关部门的高度重视及相关职能部门的密切配合。

2. 案件本身存在诸多疑点。第一，犯罪对象错误；第二，事实不清，证据不足；第三，裁定核准被告人滕兴善死刑立即执行没有事实根据和法律依据。

3. 法律援助中心及援助律师共同努力，通过对本案进行深入研究分析，对案件中出现的诸多疑点进行了重新调查取证，运用精湛的业务能力对该案进行了重新梳理，代表受援人通过正当法律程序进行申诉，使得该案平冤昭雪并最终获得国家赔偿。体现了法律援助对弱势群体的保护，彰显了法律的正义。

四、吴正雨国家赔偿案①

【案　　由】证据不足，违法超期羁押之刑事赔偿

【案情简介】

受援人：吴正雨

援助单位：云南省曲靖市法律援助中心

承办人：曲靖市法律援助中心主任　朱伟

吴正雨，1954年8月5日生，汉族，沾益县人，1971年进云南省沾益柴油机厂工作，1976年应征入伍，在成都空军雷达部队39团服役，1979年退伍回柴油机厂工作，1985年在他人介绍下，与张慧泽结婚，婚后生一子吴鹏，其妻张慧泽婚前有精神病，他并不知情，婚后其妻也一切正常。自从生孩子之后，张慧泽经常在外游走，数日不归，吴始起了疑心，经当地医院确诊是精神分裂症。这下可苦了吴正雨，他既要给妻子治病，照顾患精神病的妻子，又要抚育年幼的孩子，后来，虽经医治，总不见妻子病情好转，经常一出去几天都不见回来，随着时间的推移，他也渐渐习惯了。1996年7月4日，外出游走多日的妻子死于单位宿舍厕所内，当地公安机关误认为吴有杀妻的重大嫌疑，即以涉嫌故意杀人将吴拘留，1个月后逮捕，由于当地公安机关没有确凿证据，案件久侦不结，超期羁押。1997年由于当地行政区划变化（原曲靖市划分为沾益县和麒麟区，案件地属于划分后的沾益县所在地，原立案侦查机关曲靖市公安局被撤销划归麒麟区），案件一直没人过问，吴正雨被违法羁押长达4年之久，2000年6月19日，

---

① 案件来源：中国法律援助网。

在人大等有关部门的过问下，吴正雨杀人案因证据不足，超期羁押，才得以取保候审释放。由于长期关押，吴的身体和精神受到严重摧残，生活无着，而公安机关却没有个说法。吴多次向有关部门上访无果，经好心人介绍，他找到了曲靖市法律援助中心，请求给予法律援助。

【承办过程】

法律援助中心工作人员听取吴的陈述后，对吴的遭遇非常同情，立即向中心主任朱伟汇报了情况，法律援助中心高度重视，当即决定向吴提供法律援助，并由主任朱伟亲自办理。

案件受理后，经朱伟多方调查、了解、查证，证实吴正雨的陈述属实。朱伟认为：公安机关在证据不足的情况下，长期羁押公民，违反了《刑事诉讼法》有关规定，根据“疑罪从无原则”，公安机关超期羁押吴违反法定程序，理应承担赔偿责任。为维护吴的合法权益，朱伟主任代其起草了《刑事赔偿申请书》，并代申请人送交应当作为赔偿义务机关的沾益县人民检察院、沾益县公安局。沾益县人民检察院、沾益县公安局认为案件是原曲靖市公安局受理的案件，应当由原办机关所在地麒麟区受理。为此，朱主任多次到沾益县人民检察院、沾益县公安局协商，并指出：“《国家赔偿法》第7条规定，赔偿义务机关被撤销的，继续行使其职权的行政机关为赔偿义务机关；本案原承办机关曲靖市公安局被撤销，理应由继续行使其职权的行政机关沾益县人民检察院、公安局为赔偿义务机关。”在朱主任据理力争下，赔偿义务机关勉强受理了申请。几日后却答复说：“案件还在侦查中，没有结案，不予赔偿。”朱主任接到通知书后，再次找到沾益县人民检察院、公安局，并向他们提出：“刑事案件的侦查不能久侦不结。吴正雨被超期羁押长达4年之久，2000年6月19日在人大等有关部门的过问下，因证据不足，以取保候审的方式释放，已经造成超期羁押的违法事实，违法就应当确认和赔偿。才能体现法律的公平正义。”与此同时，朱主任将这一案件向市委政法委多次汇报，得到了有关领导的高度重视和支持。

【承办结果】

在市委政法委的督促下，案件几经周折，终于在2003年11月19日宣布撤销案件，同时在律师的参与下与申请人吴正雨达成国家司法赔偿协议，一次性赔偿吴正雨58366.79元。协议签订后，由于赔偿义务机关经费紧缺，一再拖延支付。吴正雨看到应当得到的赔偿一时不能兑现，走投无路的吴正雨，再次来到法律援助中心请求给予法律援助。看到吴正雨的无奈，中心律师又多次与赔偿义务机关联系，经多方面的协调、沟通，2004年6月28日沾益县公安局在无经费的情况下，想方设法，从其他部门调剂了经费，将58366.79元付给了吴正雨。他接到赔付款后，来到援助中心感慨万千，连声称谢，激动地说：“没有法律援助，我的问题不知道何时才能解决呀！”

由于吴被限制人身自由1445天，原在柴油机厂的劳动关系被暂时中止，吴正雨再次申请法律援助，中心律师为其起草了《恢复劳动关系申请书》，请求厂方恢复吴的劳动关系，并给予《劳动法》规定的相关待遇。在多次与厂方协商的情况下，2004年8月12日，厂方根据国家《劳动法》规定和本人申请，以沾柴场厂字［2004］第06号文件恢复与吴正雨的劳动关系，并给予他相应的待遇。使吴正雨真正感受到了法律的公平及党和政府的温暖。

【案例点评】

吴正雨国家刑事赔偿案，是曲靖市在国家赔偿法实施以后，第一个以非诉讼调解方式处理的国家刑事赔偿案件，也是曲靖市法律援助中心承办的第一个申请国家赔偿案件。承担法律援助的律师不辞辛苦，多次找到赔偿义务机关据理力争，使其先受理了申请；其次在争取相关领导的支持后促使办案机关撤案；最后又积极促使其达成国家司法赔偿协议。在赔偿义务机关经费紧缺拖延支付时，又多方面协调、沟通，使受援人终获赔偿。尤其是，在法律援助律师的帮助下，受援人终于与原单位恢复了劳动关系，很好地解决了受援人的善后问题，使受援人再无后顾之忧。这一案件的成功办理，在当地引起轰动，不仅使司法部门正视了工作中存在的一些问题和缺陷，引起了对处理类似问题的高度重视并主动解决，尤其体现了法律援助制度在社会主义法制建设和维护社会公平中的重要作用。

五、谢洪武国家赔偿案①

【案　　由】超期羁押28年之刑事赔偿

【案情简介】

受援人：谢洪武

援助单位：广西壮族自治区法律援助中心

承办人：广西壮族自治区法律援助中心主任　钟贵文

谢洪武，男，1940年生，广西玉林市兴业县高峰乡人。“文化大革命”末期，1974年6月22日上午8时多，生产队通知说“昨天晚上有美蒋飞机飞过”，要全体社员出去拣传单。谢洪武在山坡上找了半天，一无所获，于是就先回了家。

正在他准备做饭时，大队民兵营长带着几个民兵闯了进来：“谢洪武，听说你私藏了反动传单，赶快交出来！”没等谢洪武进行任何表白，民兵不由分说，上前就把他扭了起来送到高峰乡派出所，直到最后被人送入看守所。谢被抓走

① 案件来源：安徽法制网。

后，由于亲属的家庭成分都不好，在村里都属于“管制对象”，没有人敢过问他的情况。时光流逝，渐渐地，不仅普通村民们不记得此事，就连亲属们也以为他已不在人世。

据调查卷宗显示，除了一张1974年6月24日由当时的县公安局长签发的拘留证外，什么都没有。一张薄薄的拘留证，就把一个无辜的公民关了几十年。由于当年签署拘留证的公安局长以及办案人员都已离世，谢洪武当时被抓的具体情况已无法了解。但耐人寻味的是，调查看守所官员，从1974年以来的历任看守所所长均表示“不知道谢洪武为什么被关着”。

1999年6月，谢洪武被送往南宁市第五人民医院做了精神病鉴定，被确诊为“精神衰竭症”。谢洪武何时患上此病症的？得病后看守所方面又做了些什么？玉林市公安局监狱管理科科长程小宝解释：“谢洪武被关进监舍不久，就被发现患有精神病。按规定，精神病人不能关押，要清理出去。但调查过几次，都说他家里没有人，没有亲属，所以清理不出去，就一直呆在看守所里。”

1999年7月19日，在分别了25年后，谢的亲属终于和他见面了。此时谢洪武由两个狱警架着出来，“几乎都坐不稳”，除了能说出自己的名字外，对于亲人的呼唤，谢洪武已没有任何反应。鉴于谢的病情，1999年7月21日，看守所将谢转往玉林市复退军人医院精神病科进行治疗，此时谢的身份还是“在押犯人”。

3年多后，直到2002年10月30日，玉林市公安局终于签发了“释放证明书”，宣布谢无罪释放。

【承办过程】

在2003年1月召开的广西第十届人大一次会议上，广西第十届人大代表、广西法律援助中心主任钟贵文向大会提出了“关于要求玉林市公安局妥善处理谢洪武被关押28年事件的意见”建议。同年2月，广西法律援助中心依谢洪武申请为其提供法律援助，申请国家赔偿。要求赔偿义务机关赔偿谢洪武侵犯人身自由赔偿金、医疗费、残疾赔偿金共计773984元。法律援助律师提出，《国家赔偿法》于1995年1月1日开始生效，1995年1月1日至2002年10月30日，谢洪武被无罪释放之日，按照国家上一年度（2002年度）的基本工资予以赔偿；1974年6月24日被羁押至1994年12月底《国家赔偿法》生效前，参照国家赔偿法的规定执行，可以按该段时间总额的60%～70%予以赔偿，残疾赔偿金按照上一年度的基本工资的20倍计算，医疗费用一次性赔偿10万元。

【承办结果】

2003年8月2日，赔偿申请人谢洪武及其监护人与赔偿义务机关广西兴业县公安局达成刑事赔偿协议，赔偿义务机关认定拘留谢洪武属错误拘留，赔偿义务机关赔偿谢洪武侵犯人身自由赔偿金、残疾赔偿金、医疗费、护理费等费用共计 639853.84 元。

【案例点评】

该案的解决过程，引起国内外媒体的普遍关注，也引起了中央领导和自治区领导的重视，引发了全国开展清理超期羁押专项整治活动。

2003 年 6 月 20 日，全国人大内务司法委员会听取了公、检、法机关关于超期羁押问题的专题工作汇报，同时全国人大内务司法委员会提出，公、检、法机关要建立起预防和纠正超期羁押的长效工作机制，切实解决好超期羁押问题。全国人大副委员长顾秀莲向公、检、法机关提出要求：2003 年彻底解决 3 年以上的超期羁押问题。

时任最高人民检察院监所检察厅厅长陈振东说起谢洪武被超期羁押 28 年的事时表示：要以“三个代表”重要思想为行动指针，坚决纠正超期羁押，要建立预防超期羁押长效机制。在最高检内部的多个场合，检察长贾春旺由衷地希望当时在座的厅局级干部换位思考：“你们设身处地想一想，你或者你的亲人被不明不白关上 12 年，关上 28 年是什么滋味。人的一生有多少个 28 年!”最高人民检察院副检察长赵登举说：“超期羁押就是非法拘禁。”

11 月 12 日，最高人民法院、最高人民检察院、公安部联合发布通知，要求严格执行《刑事诉讼法》，切实纠防超期羁押现象，有罪依法追究，将予以责任人行政或纪律处分；情节严重的，追究刑事责任。

该案被评为 2003 年广西十大法治新闻事件，推动了中国法治的进程，也彰显了法律援助对谢洪武这类患有精神疾病的特殊弱势群体的保护，使得这一群体能够平等地享受法律公平和正义，体现了“法律面前人人平等”的宪法原则。

六、《国家赔偿法》修订后安徽省首例国家刑事赔偿案①

【案　　由】死刑已执行——法院错判之刑事赔偿

【案情简介】

受援人：蒋某某

援助单位：安徽省宿州市灵璧县法律援助中心

2005 年 3 月 6 日蒋某某之父蒋某在娄庄街某农机门市部购得东方红 240 拖拉机一台，同年 6 月 16 日，因产品质量问题，蒋某把拖拉机开到娄庄街某农机门市部，要求调换后轮胎，双方未达成一致意见，发生争吵，继而发生相互殴打。参加打架人陈某某右手第四掌骨骨折，法医未打开包扎即鉴定为轻伤，蒋某某当

① 案例来源：全国百优法律援助精品案例。

时赤手参加打架并未伤及陈某。公安机关办案人员把蒋某某锁定为伤害陈某的犯罪嫌疑人进行网上追逃。2006 年 4 月 15 日，蒋某某在浙江杭州接受身份证号查验时被当地公安机关抓获。2006 年 9 月 7 日安徽省宿州市灵璧县人民法院公开开庭审理蒋某某故意伤害一案。辩护人提出无罪辩护意见。庭审程序全部进行完毕后，无法认定被告人蒋某某有罪。一审法院同意公诉机关补充侦查。经补充侦查后，未取得有价值证据。10 月 27 日，灵璧县人民法院重新开庭，恢复法庭调查。12 月 4 日下达（2006）灵刑初字第 83 号刑事附带民事判决书，判处蒋某某有期徒刑 1 年 6 个月。判赔包括被害人申请鉴定费，法医出车加油费，鉴定书打印费等累计 3129. 32 元。被告人不服，在法定期限内具文上诉。宿州市中级人民法院于 2007 年 1 月 31 日制作（2007）宿中刑终字第 39 号刑事附带民事裁定书。裁定驳回上诉，维持原判。当事人提起申诉，2008 年 5 月 15 日宿州市中级人民法院院长周榕签发［2007］宿中刑监字第 19 号再审决定书决定：本案由本院另行组成合议庭进行再审。后两审判决被撤销。由一审法院再审，奇怪的是灵璧县人民法院［2008］灵刑再字第 1 号刑事判决书几乎和原一审判决相同。被告人不服，上诉到宿州市中级人民法院，中院撤销一审判决，指定泗县人民法院再审，泗县人民法院认为本案事实不清，将案卷退回泗县人民检察院，泗县人民检察院于 2010 年 3 月 26 日作出《不起诉决定书》。

【承办过程】

2010 年 12 月 5 日灵璧县法律援助中心代理蒋某某向宿州市中级人民法院提出国家赔偿申请，2011 年 3 月 7 日，宿州市中级人民法院作出（2011）宿中法赔字第 00001 号赔偿决定书，决定赔偿侵犯蒋某某人身自由 548 天的赔偿金。但蒋某某认为宿州中院的赔偿决定书未提及为其消除影响、恢复名誉、赔礼道歉，遂向安徽省高级人民法院申诉。

【承办结果】

安徽省高级人民法院赔偿委员会在法定期限内下达（2011）皖法委赔字第 00001 号决定书支持申诉人主张为其消除影响、恢复名誉、赔礼道歉的请求。2011 年 7 月 15 日，灵璧县法律援助中心收到安徽省高级人民法院赔偿委员会（2011）皖法委赔字第 00001 号决定书。决定赔偿请求人蒋某某被侵犯人身自由 548 天赔偿金 77996. 84 元。这场历经 4 年的法律援助案件最终画上了一个圆满的句号，当事人的合法权益得到了有效的保护。当事人感激国家法律援助制度，给予灵璧县法律援助中心“维护公平正义、冒险抗争枉法”的褒奖。

【案例点评】

新《国家赔偿法》2010 年 12 月 1 日起开始实施，本案是新国赔法实施以来安徽省第一例受到法律援助的国家司法赔偿案件，无论是法律援助中心、援助律师，还是审理本案的法官，都需要对新国赔法的内容变化和立法精神有一个全面的理解和把握。该案件之所以在提出国家赔偿申请后能够较快得到赔偿，除了新国赔法对国家赔偿案件简化程序外，法律援助中心及援助人员的积极努力和良好的业务素质也为该案的圆满解决起到了关键的作用，及时维护了当事人的合法权益。作为新《国家赔偿法》实施以来全省第一例国家赔偿案例，该案对于以后的国家赔偿案件具有一定的借鉴和参考价值。

第三节 行政赔偿法律援助案例

一、唐某某、董某某行政赔偿案

【案　　由】郭某某在派出所留置期间死亡之行政赔偿①

【案情简介】

受援人：唐某某（郭某某之妻）、董某某（郭某某之母）

援助单位：长春市二道区法律援助中心

承办人：长春市二道区法律援助中心律师　高丽霞

郭某某，男，30 岁，生前无职业，原住吉林省长春市二道区八里堡街。2002 年 9 月 8 日晚 23 时许，某派出所的干警接到报案：有人在某饭店吃完饭不给钱赖账，然后干警便赶至现场将当事人郭某某带回派出所询问，并将其留置审查，郭某某被铐在留置室里，由警长韩某监管，至第二天 8 时许发现郭某某在留置室内死亡。后经长春市人民检察院法医鉴定，结论为“生前缢死”。

【承办过程】

2004 年初的一天，董某某（郭某某之母）和唐某某（郭某某之妻）携 3 个未成年子女找到长春市二道区法律援助中心，哭诉了事情过程。经审查，认为符合法律援助条件当即指派高丽霞律师具体承办此案。高丽霞律师接受指派后，抓紧时间调阅卷宗，了解案件的始末，搜集相关证据，在取得大量证据前提下，代理受援人向二道区人民法院提起了国家赔偿的行政诉讼，请求人民法院判令长春市公安局二道区公安分局承担国家赔偿义务，赔偿原告全部经济损失。经二道区人民法院审理，于 2004 年 5 月 11 日作出行政判决。维持了长春市公安局二道区公安分局 2003 年 12 月 5 日作出的《行政赔偿决定书》仅赔偿原告 135663. 50 元损失。并且受害人还承担 60% 的责任。对此判决原告不服，代理人亦认为判决不公，故提出了上诉，经长春市中级人民法院审理后作出了驳回上诉，维护原判

① 案例来源：吉林法律援助网。

的终审裁决。

无奈，高丽霞律师根据当事人的要求，又提起了再审请求，长春市中级人民法院于2004年12月10日作出行政裁定，撤销终审判决，并由本院另行组成合议庭对此案进行再审。在庭审中高丽霞律师据理力争，明确提出本案的错误之处是：1. 法医鉴定为“生前缢死”其概念模糊，因“缢死”分为“缢杀”和“自缢”两种，认定受害人郭某某用自己的腰带自缢身亡缺乏依据，证据不足；2. 二道区人民法院对警长韩某的刑事处罚足以说明被告负有不可推卸的法律责任，依法应承担全部赔偿义务，判令受害人承担60%的责任于法无据；3. 在留置期间，由于被告的违法行为是造成受害人死亡的直接原因，依据《国家赔偿法》第3条第5款、第9条之规定，理应承担全部赔偿义务。

【承办结果】

长春市中级人民法院经再审查明，董某某、唐某某再审请求有理，采信了高丽霞律师的代理意见，对原终审判决予以改判。再审判决长春市公安局二道区分局按90%的责任，一次性赔偿上诉人唐某某等人经济损失304330.38元，至此，该案画上了圆满的句号。

【案例点评】

历经近3年漫长的诉讼，在援助律师坚持不懈的努力下，经过一审、二审、再审终于使这起国家赔偿案得到了公正的判决，不仅为当事人讨回了公道，而且赔偿额度由原来40%的135663.50元增至90%的304330.38元。此笔国家赔偿款已于2005年7月底以现金形式全部给付完毕。受援人十分感动地说：“法律援助为老百姓伸张正义，我从内心感谢法律援助律师。”

二、张某、刘某行政赔偿案

【案　　由】行政不作为引起的行政赔偿①

【案情简介】

受援人：张某（死者刘某之妻）、刘某（死者刘某之子）

援助单位：甘肃省天水市法律援助中心

2006年3月3日凌晨，被害人刘某路过甘肃省天水市麦积区桥南伯阳路农行储蓄所门前，遭遇罪犯苏某、吴某、佟某抢劫，罪犯用匕首在刘某大腿外侧及左臂部各刺一刀，在逃离现场前又在其背部刺一刀。刘某被刺伤后喊叫求救，被个体司机胡某看见，胡某即用手机给“110”打电话报警，随后某美容中心经理梁某先后两次打电话报警，值班警员接警后未及时出警。直至6时许又有人拨打

① 案例来源：全国百优法律援助精品案例。

"110"报警，值班人员才通知出警，从第一次报警到出警到现场历时2小时30分钟。此时被害人刘某因失血过多已经死亡。

【承办过程】

被害人之妻张某于2009年1月16日以公安机关行政不作为为由向天水市公安局麦积分局提出行政赔偿的申请，麦积分局在接到赔偿申请后于2009年3月13日作出不予赔偿的决定。被害人刘某的妻子张某、儿子刘某等作为原告于2009年4月27日向天水市麦积区人民法院提起行政赔偿诉讼。与此同时，原告张某、刘某向天水市法律援助中心申请法律援助，法律援助中心指派律师为原告提供法律援助。

【承办结果】

法律援助律师仔细调查和分析案情，进行了大量的走访和取证，经过努力，最终天水市麦积区人民法院作出判决认为，被告天水市公安局麦积分局在接到报警后未及时出警的行为，违反其法定职责，构成行政不作为，该行政不作为与损害结果刘某的死亡存在一定的因果关系，被告应当对被害人刘某的死亡承担相应的行政赔偿责任，原告作为受害人的法定继承人，有获得被告天水市公安局麦积分局行政赔偿的权利，其赔偿请求应予支持，被告的辩解理由不能成立。

【案例点评】

本案是一起行政不作为引起的行政赔偿案件，被告天水市公安局麦积分局"110"报警服务台在被害人刘某被犯罪分子刺伤后，连续五次接到群众报警，近两个半小时不出警，导致刘某因失血过多未及时救治而死亡。本案的焦点和难点是公安机关在接警后不出警的行政不作为与死者受伤死亡之间有无法律上的因果关系，应如何认定。根据最高人民法院《关于公安机关不履行法定行政职责是否承担行政赔偿责任问题的批复》，由于公安机关不履行法定行政职责，致使公民、法人和其他组织的合法权益遭受损害的，应当承担相应的行政赔偿责任。法律援助律师正是凭借丰富的办案经验和扎实的法律专业基础，围绕着该案的这一焦点进行了充分调查和取证，确保了原告在行政赔偿诉讼中举证责任的承担和履行，同时多方引用法律规定，使据理依法、层层深入的代理意见最终被法院采纳，切实维护了受害人的合法权益。

第十二章 非诉讼法律援助案例研究

第一节 仲裁法律援助案例

一、劳动纠纷的法律援助

【案 由】劳动纠纷①

【案情简介】

受援人：广东省佛山市众女工

援助单位：佛山市三水区法律援助处

承办人：陈渝律师

2011年，广东省佛山市某服装有限公司的多名女工，因公司准备停业而被辞退，不但没有得到合理的补偿还被拖欠了部分工资。女工们感到劳动权益受到侵犯，又不知如何维权，便向三水区法律援助处求助。

【承办过程】

三水区法律援助处经审查后迅速指派劳资法务经验丰富的陈渝律师为该集团案件提供全程法律援助。律师接手后发现该案证据相当薄弱，女工们手中既无劳动合同又无工作证件，也未参加过社保，几乎无证据证明劳动关系存在，而且公司作出辞退决定也只是贴出布告，也没有向每个人发书面通知。律师先根据两个员工手上保留的过期暂住证到有关流动人口办公室查到了该公司曾为全部员工办理暂住证的全套手续，使10名女工的劳动关系得以确认，律师又指导女工到公司布告栏将辞退公告拍摄下来，从而将辞退证据予以固定。在仲裁立案后，考虑到该公司是因经营不善而停业的，在外可能欠有大量债务，律师又及时与法院沟通，强调了该案的维稳意义，最终说服法院在女工们不提供担保的情况下，对公司实施了财产保全，防止了财产流失。在往返奔波过程中，陈律师的小车被刮花，她却婉拒了女工们的现金补偿，体现了良好的职业道德。

---

① 案例来源：中国法律援助网 http：//www.chinalegalaid.gov.cn/China_ legalaid/content/2012-02/13/content_ 3346848.htm？node=24972。

【承办结果】

由于前期充分准备，女工们的诉求得到了仲裁庭的全部支持。又因为事先进行了财产保全，随后的强制执行工作也非常顺利，案件最终得以圆满终结。这些独在异乡的女工为法援律师优质高效的服务所感动。

【案例点评】

本案涉及的劳资纠纷具有代表意义。当前我国很多地区出现了拖欠工资侵犯工人权利的事件，本案承办律师的办案经过对全国类似案件的处理具有指导价值。本案中，当事人女工既无劳动合同又无工作证件，也未参加过社保，几乎无证据证明劳动关系存在，但是律师根据单位曾经为女工办过暂住证为线索，证明了劳动关系的存在；另外积极寻求法院实施财产保全，保证了未来判决的执行，体现了很好的专业素质。特别是，律师因办案个人财产受到了损失，也分文不取，体现了法律援助律师的道德素质。由于律师提供的高质量的法律援助，该案取得了很好的社会效果与法律效果。

二、群体性劳动争议的法律援助

【案　　由】劳动纠纷①

【案情简介】

受援人：524 名戴维营员工

援助单位：深圳市福田区法律援助中心

承办人：深圳市格威律师事务所律师　詹欣强

深圳市太上律师事务所律师　刘庆远、陈涛

深圳市财富东方律师事务所律师　程绍琴

2004 年 10 月，深圳市戴维营公司因为拖欠员工工资，引起严重劳动纠纷，所涉人员众多。员工在向戴维营公司追索工资未果的情况下，遂堵塞滨河大道。由于人数众多、事态紧急，引起深圳市委、市政府的高度重视，市领导指示该系列案件特事特办，立即引导员工进入法律途径。深圳市福田区法律援助中心及时介入此案。

【承办过程】

2004 年 10 月 10 日早上 8 点，深圳市福田区法律援助中心秦卫国主任接到电话得知戴维营公司与员工劳动争议群体性纠纷紧急情况，立即打电话通知中心工作人员一道赶往深圳市劳动争议仲裁委员会，并立即与律师事务所进行联系，落实 3 ~ 4 名富有经验的律师立即赶往市仲裁委参与法律咨询和法律援助。同时，

① 案件来源：深圳福田区法律服务网 http：//www. ftlegalaid. com/xxdt/detail. asp？ID = 130。

法律援助中心也及时与市仲裁委立案庭庭长取得联系，对该系列案件的基本情况进行了了解。8 点半左右，中心工作人员和深圳市格威律师事务所詹欣强律师赶到市仲裁委，9 点半左右，深圳市太上律师事务所刘庆远律师和深圳市财富东方律师事务所程绍琴律师也赶到市仲裁委，聚集的员工越来越多。中心和承办律师先稳定员工的情绪，解答员工的问题，统计人数，计算纠纷涉及金额，收集员工签名，告知他们将及时为他们提供法律援助，帮助他们进入法律途径，不要再采取过激行为。对于尚未提起劳动仲裁的员工，专门进行登记，尽快收集材料准备再次申请立案，工作人员不顾辛苦，早餐没有吃，水也没有喝几口，忙到中午 1 点左右才吃上盒饭。

10 日下午，中心工作人员和承办律师拿到了已经在仲裁委立案的 5 个系列案件共 417 名员工的名单，承办律师代书财产保全申请书，由市仲裁委出具给福田区人民法院函尽快提出诉前财产保全申请，由法院尽快查封被申请人财产，确保维护员工的合法权益。

11 日，由于詹欣强律师有其他业务无法继续承办，中心及时另落实太上所陈涛律师参与该系列案件承办。陈涛律师在中心办公室接待尚未申请劳动仲裁的员工，并通过员工代表转告其他尚未申请劳动仲裁的员工尽快在这两天到中心来办理手续。程绍琴律师连夜组织人手加班，一上班就到市仲裁委完成了 34 名员工的立案工作。同时，中心随时与市仲裁委立案庭李庭长和福田区人民法院李副院长联系，按照申请财产保全的程序要求配合组织材料，并将双方的联系电话、两单位的传真等相互告知，便于尽快沟通。对于陆续前往中心的员工，告知乘车方式和路线，方便他们来到中心。

12 日，陈涛律师到市仲裁委完成了 42 名员工的立案工作。上午，中心工作人员根据市仲裁委已经立案的员工名单情况，及时填写法律援助手续，办理审批。下午，中心秦卫国主任组织该系列案件承办律师召开短会，告知根据司法局主管领导的意见，将该系列案件确定为 4 宗法律援助案件，由承办律师进行分工合作，同时明确提出应进一步稳定员工的情绪，将联系电话留给员工或员工代表，主动与他们进行沟通，及时展开庭前准备工作。

13 日上午，中心秦卫国主任和李毅同志主动和员工代表取得联系，了解到现在员工租住田面新村 39 栋 5 楼，对于员工租住宿舍的问题，公司已经承诺在案件解决前予以保证。中心工作人员前往员工租住的宿舍，将中心的便民卡发放给员工代表，由代表转交给各员工，并将各位承办律师的联系电话告知员工，有什么事情或问题可以直接与中心或承办律师取得联系。早上，刘庆远律师打电话告知秦卫国主任，承办律师和员工代表在市仲裁委与公司核对纠纷涉及金额，为下午开庭做准备。13 日下午 14 时 30 分，417 名员工与公司劳动争议纠纷系列部分案件在市仲裁委第七审判庭开庭。20日上午，另107名员工与公司劳动争议两个案件在市仲裁委开庭。20日下午，深圳市福田区政法委组织福田区人民法院、福田区法律援助中心、承办律师召开座谈会，详细了解案件办理进展情况，督促各方面从保障受援人合法权益和维护社会稳定出发搞好各项工作。

【承办结果】

10月22日和25日，深圳市仲裁委作出仲裁裁决书，7个系列案件共涉及受援人员524人，涉及仲裁申请数额2662800元，为受援人挽回经济损失1986263元。据承办律师向员工代表了解，福田区人民法院已经在11月3日查封了戴维营的有关设备，以利于法律文书生效后的执行。

【案例点评】

该案涉及人数众多，是典型的群体性纠纷。群体性纠纷处置不当，不仅导致相关人员的合法利益得不到保障，更会带来严重的社会后果。如在法律援助中心介入前，本案中员工堵塞滨河大道，严重影响了本地的交通。近年来，群体性纠纷越来越受到国家政府的重视。一般情况下群体性纠纷案件呈现5个特点：一是案件涉及常规案由。主要包括侵犯集体经济组织成员权益纠纷、土地承包经营权纠纷、租赁合同纠纷、物业管理纠纷及劳动争议。二是案件原告多为弱势群体。主要包括农民、农民工、城市底层民众及城市务工人员，其文化程度相对较低，法制意识不够健全，被剥夺感相对较强；被告方多为企业、村委会等，处于相对强势地位。三是群体内部具有组织性。群体性纠纷中，当事人之间由传统的松散个体，转变为有组织者、有代表者。另外群体中多个团队之间常“分头行动”，向政府施压。四是纠纷影响面广、不良情绪易于传染。群体中的不良情绪易得到扩散和加强，群体中的个体易受到他人言辞行为的暗示和影响。五是纷争关乎基本民生。无论是涉农纠纷中关于土地的确权或流转，或是劳动争议中的拖欠工资，还是物业纠纷中的不履行物业服务内容等，都涉及当事人生活的基本物质保障，故发生纠纷后，当事人之间矛盾尖锐，迫切要求问题得到迅速解决。①

群体性纠纷的解决需要多方协调机制，积极寻求有关职能部门的参与、协调，保证纠纷的协同处理。其中法律援助工作能够发挥重要作用。一方面法律援助的无偿服务，能够为当事人减轻诉讼压力，体现人道关怀；另一方面法律援助能够引导当事人通过合法途径维权，防止出现民转刑等恶性刑事案件。

本案中，法律援助中心的工作人员和承办律师及相关工作人员，在得到消息后第一时间赶赴现场，维持秩序，稳定众人情绪，并积极与相关职能部门配合。一方面，通过仲裁这一渠道为众人提供法律援助；另一方面，考虑到财产执行的

---

① 详见“北京法院网”http://bjgy.chinacourt.org。

问题，主动与法院联系，通过办理财产保全，保证员工利益不会落空。

在生活方面，中心工作人员前往员工租住的宿舍，将中心的便民卡发放给员工代表，由代表转交给各员工，并将各位承办律师的联系电话告知员工，有什么事情或问题可以直接与中心或承办律师取得联系。防止员工不良情绪的产生与传播。

在法律援助中心及相关律师的努力下，及时为524名员工排忧解难，以维护他们的合法权益为根本，缓和了紧张气氛，避免了矛盾激化，维护了社会稳定。这种方法对于处理群体性事件有非常好的借鉴意义。

第二节 调解法律援助

一、拖欠农民工工资的法律援助

【案　　由】劳动纠纷①

【案情简介】

受援人：50多名农民工

援助单位：北京市密云县巨各庄镇法律援助站

2011年春节前夕，50多名农民工因工资被拖欠，追讨无门寻求法律援助。这些农民工来自北京市密云县东邵渠、河南寨、巨各庄3个乡镇，还有3名外来务工人员。他们于2010年5月至9月期间，在密云县某村做建筑工。工作了近半年之久却未拿到一分的工钱。他们是家庭的顶梁柱，全家都指望打工挣钱过日子，如果没人帮助他们，他们将去县政府上访。

密云县法律援助中心意识到问题的严重性和紧迫性。马上就要过年了，解决不好农民工问题不仅影响农民兄弟的家庭生活，更重要的是影响社会的稳定。于是工作人员一面安抚他们激动的情绪，一面启动农民工法律援助"绿色通道"，指派施工工程所在地的巨各庄镇法律援助站先行援助。

【承办过程与结果】

巨各庄镇法律援助站接受指派后，马上展开调查。经调查了解，此项工程出现分包、转包等违法行为，发包方系北京某建筑工程管理有限公司，余某系此项工程承包方，李某系此项工程第二承包方，二者均不具备资质。李某与51名农民工系雇佣关系，2010年5月30日至2010年9月15日期间，双方约定每天劳动报酬为70元。但工程结束，农民工们向李某索要劳动报酬时，李某以第一承

① 案例来源：北京市法律援助网 http://www.bjlegalaid.gov.cn/zxflzx/zxflzxfysjt/t20110711_270287.htm。

包方未给够工程款为由拒绝支付。因没有签订劳动合同，又没有相应的直接证据，第一承包人余某干脆不认账，拒绝接见。

援助站工作人员理清关系后，依法以发包方、无资质的承包方为被告提起了诉讼。尽管已经提起诉讼，但为了能尽快维护农民工的合法权益，援助站郝站长还是带领工作人员开始了艰苦的调解之路。他们找到发包方北京某建筑工程管理有限公司总经理，开门见山地说出了事情原委。总经理说："工程款我已结清。"听了总经理的话，工作人员赶忙作出了解释。总经理仍坚持说："钱我早已结给承包方，这件事是承包方的责任，与我们公司无关。"随后声称有事离开公司。之后工作人员连去3次该建筑工程管理有限公司，均未见到总经理。工作人员与法官密切配合，终于在第5次时总经理同意商谈此事。工作人员从情理法各个方面耐心细致地讲解了农民工的生活情况，说明农民工如果围堵政府对社会及对公司的不利影响，并明确指出分包、转包属于违法行为，出现此类问题贵公司有不可推卸的责任，这16万元工资款对于公司不算什么，但对于51名农民工来说就是半年来的血汗，公司应以大局为重，为社会的安全稳定负起责任。总经理终于被工作人员的真诚感动，答应由公司出钱给农民工兄弟发工资。

2011年5月24日，在司法所与法庭工作人员的共同协调下，历经5个月，51位农民工终于拿到了久违的血汗钱。

【案例点评】

在这一案件处理中，密云县法律援助中心认识到这一案件的特殊性。涉案人员较多，涉案金额较大；发生在春节前期这一敏感时期；属于拖欠农民工工资的恶劣案件。密云县法律援助中心及时启动农民工法律援助"绿色通道"，对该案重点优先办理。案件的处理过程中，援助站的工作人员策略地选择了调解为该案的主要解决方法。援助站工作人员与法庭法官密切配合，实行调解优先、先调后诉的方法，及时维护了51名农民工的合法权益。本案充分显示了法律援助过程中调解的魅力与价值。在法律援助工作中引入调解机制，建立调援结合的工作机制，成本低、效率高、不伤感情，能及时有效地维护受援人合法权益。

二、医疗纠纷的法律援助

【案　　由】医疗纠纷①

【案情简介】

受援人：左某

---

① 案例来源：中国法律援助网 http：//www. chinalegalaid. gov. cn/China_ legalaid/content/2011 -05/20/content_ 2668490. htm？node =24972。

援助单位：湖南省衡阳市衡阳县法律援助中心

案件承办人：法律工作者　欧阳楚飞

湖南省衡阳市衡阳县金兰镇某村左某，于2005年10月（时年7岁）到某医院进行阴茎矫正手术，因术后漏尿引起医患纠纷，事后虽已治愈，但左某的父母认为医方应承担赔偿责任，因此先后多次从地方到北京有关部门上访，于2010年8月20日经衡阳县卫生局主持行政调解，双方虽达成协议，但左某的父母认为少算了赔偿款而反悔，并继续上访，因上访无果，于2011年4月3日向衡阳县法律援助中心申请法律援助。

【承办过程与结果】

衡阳县法律援助中心及时受理，并指派法律工作者欧阳楚飞承办，承办人在充分了解案情后认为该案宜申请人民调解，在与医患双方进行充分的疏导沟通后，代理受援人申请西渡镇人民调解委员会进行调解，并于4月20日达成调解协议，由医方向受援人赔偿各项损失90280元，但医方还是担心受援人反悔，承办人为消除医方的疑心确保调解协议合法有效和受援人能及时得到赔偿款，当即代理受援人依照《人民调解法》和最高人民法院《关于人民调解协议司法确认程序的若干规定》之相关规定向衡阳县人民法院申请人民调解协议司法确认。法院高度重视及时受理，并不收取诉讼费用，于4月21日作出确认决定书，"决定该调解协议合法有效，如一方当事人不履行调解协议另一方当事人可向人民法院申请强制执行"。医方收到确认书后当即向受援人支付了赔偿款，受援人的法定代理人收到赔偿款时深情地说："我走了咯多年、咯多地方，还是政府的法律援助好。为我们弱者办事牢靠，又快、又好、又不收钱，我现在问题解决了，怨恨消除了，可以睡个安稳觉了。"

【案例点评】

此案为医疗纠纷，是当前社会中一种难于处理的纠纷。因为涉及复杂的举证规则，专业的鉴定结论，漫长的诉讼过程，很多人在医疗纠纷面前都备感维权艰难，弱势群体更觉得维权无力。调解介入医疗纠纷的解决能够摆脱复杂程序的限制，灵活地运用调解技巧，迅速地解决纠纷。本案中，法律工作者引导双方当事人以人民调解的方式解决纠纷，双方在调解时避开了复杂的质证举证过程，直奔赔偿金额这一主题，迅速达成协议。为了消除双方尤其是医院的顾虑，承办人随后引导受援人向法院申请司法确认，以司法确认书的形式提升了调解协议的效力，对防止纠纷的反复性和长期性起到了不可或缺的作用。本案的承办人运用调解这一方法，迅速、高效、低成本地解决了这一历时6年的复杂纠纷，达到了预期的社会效果。这种纠纷解决方法值得推广。

三、工伤索赔法律援助

【案　由】工伤索赔案①

【案情简介】

受援人：左某

援助单位：四川省攀枝花市盐边县司法局法律援助中心

案件承办人：四川信恒律师事务所

2009年3月18日，四川省攀枝花市盐边县某矿业公司下属煤矿与左某签订了劳动合同，特别约定：上下班途中发生交通事故，由左某承担全部责任，与用人单位无关。用人单位也未为左某缴纳社会保险。4月9日下午5时许，左某下班后骑摩托车回家，途中发生翻车事故，伤势严重，诊断为双下肢功能丧失、颈6椎和7椎体及附件骨折、颈7椎体脱位伴四肢瘫，意味着左某将永远瘫痪。左某家在农村，两个孩子未成年，妻子体弱多病，左某是一家人的顶梁柱、一家人的希望，得知左某将永远瘫痪丧失劳动能力时，一家人感觉天都塌下来了。4月16日，交警大队作出了交通事故责任认定：左某无证驾驶，对此次交通事故负全部责任。为此，用人单位认为左某下班后回家是办私事，又无证驾驶受伤，且双方有特别约定，左某的一切后果应由左某自己承担，与用人单位无关，不再为左某支付医疗费，同时拒绝认定工伤。这无疑是在流血的心上撒盐，雪上加霜，左某完全失去了活下去的信心。为照顾左某，两个孩子不得不辍学回家承担照顾父亲、料理家务的重任。6月24日，盐边县劳动和社会保障局认定左某的伤属工伤，后经攀枝花市劳动能力鉴定委员会评定为二级伤残，应享受全部生活护理。用人单位不服，以左某的伤不属于工伤为由提起了行政复议，复议结果维持了原认定，用人单位又向法院提起了行政诉讼，要求撤销工伤认定。看到左某躺在病床上需要治疗而无钱医治，工伤索赔遥遥无期，更不知道法院的判决结果如何，也不知道何时才是尽头，左某家属心力交瘁，走投无路，彻底垮了。

2010年2月，左某的一名亲友拖着疲惫的双脚来到了盐边县司法局法律援助中心寻求法律帮助。法律援助中心高度重视，立即向司法局党组汇报，指派直属四川信恒律师事务所全力为左某进行法律援助。

【承办过程】

1. 积极协商，首先解决被援助人生存问题

信恒所接到指派后，立即指定优秀律师办理。律师分析了案情和左某的实际

① 案例来源：中国法律援助网 http：//www. chinalegalaid. gov. cn/China_ legalaid/content/2011 －02/14/content_ 2471820. htm？ node＝24972。

情况，立即以盐边县总工会法律顾问的名义向总工会作了汇报，争取总工会的支持、协调，在总工会的帮助下，用人单位再次向医院为左某缴纳了4.8万元的治疗费，并借支了一部分生活费，使左某得到了及时治疗，家人的生活也得到了暂时解决。同时，针对用人单位认为不是工伤的观点，律师与用人单位律师取得联系，指出《工伤保险条例》第14条规定：在上下班途中受机动车事故伤害的，应认定为工伤。《工伤保险条例》第16条规定：只有因犯罪或违反治安管理造成伤亡、醉酒造成伤亡、自杀或自残的才不认定为工伤。左某无证驾驶的行为违反的是《道路交通法》，而不是《治安处罚法》，所以，用人单位不是工伤的抗辩理由不成立，用人单位与左某的特别约定也是违法的，是无效的。律师把这些意见向法院提交了书面材料。这些意见一针见血，用人单位向法院撤回了行政诉讼。

2. 申请仲裁，继续维权

用人单位虽然撤回行政诉讼承认了工伤，但对如何支付工伤待遇和数额，劳资双方分歧很大，无法协商。律师根据法律的相关规定和工伤待遇标准，代左某向市劳动争议仲裁院申请仲裁。2010年5月，市仲裁院作出裁决：由用人单位向左某支付一次性伤残补助金、停工留薪期待遇、护理费等11万余元，不得解除劳动合同，左某在用人单位按月领取伤残津贴和护理费。

3. 代理诉讼，欲帮助被援助人实现权利保障最大化

由于用人单位未为左某缴纳社保，又是民营有限责任公司，所以左某亲属认为裁决对左某的权利无保障性。2010年6月8日，左某向当地法院提起民事诉讼，要求用人单位支付工伤赔偿款170余万元。

6月10日，盐边县司法局决定再次为左某提供法律援助。承办律师认真分析案情和梳理法律适用问题。左某的案件确实很特殊，按《工伤保险条例》的规定，市仲裁院的裁决确实是正确的，但用人单位是一家民营有限责任公司，左某才39岁，如果不一次性解决工伤待遇，用人单位一旦破产或注销、资不抵债，左某的权益得不到保障。如果一次性解决工伤待遇，又只能适用《四川省劳动和社会保障厅转发劳动和社会保障部〈关于农民工参加工伤保险有关问题的通知〉的通知》（川劳社办［2004］76号）及《关于一至四级因工伤残农民工选择一次性享受长期待遇有关计算问题的复函》（川劳社函［2007］425号）的规定，而这些规定又对左某显失公平，比如，一年的护理时间只有10天左右，所以总赔偿款只有约40万元。在庭审过程中，承办律师巧思善辩，引起了法官的同情，但法官判案也只能根据现有的法律和政策，所以同情归同情，对左某也无能为力，把可能的判决结果明确告知了左某亲属。左某亲属听到这个结果，群情激愤，纷纷表示，要么由法院判决企业缴纳社保，他们到社保局按月领取工伤保

险待遇（在发生工伤后再缴工伤保险又于法无据），要么他们把左某抬到用人单位，由用人单位处理。他们还表示，他们不打官司了，他们要堵路或采取其他措施上访。承办律师一边在法庭上据理力争，希望法官在考虑经济发展和客观实际作出有利于弱势一方的判决，一方面争取时间，毅然决定尝试调解。

4. 大胆尝试 ADR 调解，化解矛盾大显身手

2010 年 9 月 6 日，承办律师代表左某再次与用人单位协商，用人单位坚持要么按月领取，要么按川劳社办［2004］76 号一次性解决。用人单位法人代表此话一出，左某亲属气愤至极，立即电话联络其他亲属，准备组织上访和堵断交通及破坏用人单位生产场地。承办律师动之以情，晓之以理，劝阻了左某亲属的冲动行为，同时，对用人单位法人代表分析了几个法律、法规、政策适用的矛盾以及客观情况，并表明化解社会矛盾、构建和谐是每个公民、单位、企业应尽的责任，希望在处理特殊案件时法中有情，情中有法，并建议综合几个法律、法规及政策，妥善处理。

【承办结果】

2010 年 9 月 7 日凌晨 2 点钟，经过 10 个小时的谈判和协商，双方达成了协议：解除劳动合同，除前期支付的医疗费和借支款项外，由用人单位一次性向左某支付工伤赔偿款 71 万元。至此，双方握手言和，左某向法院撤回了诉讼。领到赔偿款后，为表示感谢，左某委托亲友请承办律师吃饭，被婉言拒绝后，又拿出 5000 元现金塞给律师，都被办案律师拒绝了。

【案例点评】

近年来，劳动争议案件的数量急剧上升，有媒体报道，2010 年北京市一审法院受理的劳动争议案件比上年同期增长 240%；在左某所在的一审法院受理的劳动争议案件也比上年增长 300% 左右，占民商案件的 60%，而且劳动争议案件当事人中农民工居多，纠纷类型表现为确认劳动关系、工伤保险待遇、签订劳动合同、支付双倍工资等。这主要是因为，农民工大多一方面法律意识匮乏，另一方面文化层次低，受就业的限制，往往对用人单位的不平等劳动合同或不签劳动合同表现出盲目性。企业也正是利用农民工的弱势地位，要求职工签订不平等或违法劳动合同甚至不签劳动合同；同时，由于劳动法律体系对劳动争议案件规定的处理程序繁琐冗长，地区待遇标准差异又较大，劳动争议发生后，劳动者要么妥协，要么采取偏激和破坏性的自力救济手段，成为影响社会不稳定的重要因素，也给法律援助工作带来很大难度。

本案承办律师从维护社会稳定的角度出发，以高度的政治责任感、精深的法律专业知识、真情为民的办案作风，积极为当事人解决问题。首先，用最为直接的方式同被援助人所在单位进行谈判，及时解决了当事人急需的医药费与生活费

用。其次，运用法律程序——仲裁来使被援助人的继后权利得到法律上的支持。再次，由于被援助人所在单位为私营企业，有可能会倒闭，导致当事人的权利无以为继。因此在诉讼中再次提供法律援助，极力为当事人谋取最大利益。最后，当诉讼可能走向不利时，代理律师大胆尝试 ADR——诉讼外纠纷解决机制中的调解，不但充分保障了受援人的合法权益，也为企业解除了后顾之忧。取得了双赢的社会效果，也树立了法律援助工作者良好的社会形象。

四、因工死亡的法律援助

【案　　由】因工死亡索赔案①

【案情简介】

受援人：陈某

援助单位：四川省万源市太平法律援助站

援助人：法律工作者熊道松

2011 年 10 月，四川省万源市庙子乡村民陈某来到山西省一高速公路工地务工，2011 年 11 月 25 日不幸因工死亡，死者亲属得知这一消息后万分悲痛，11 月 26 日死者亲属来到万源市太平法律援助站反映了事故经过，并要求为其提供法律帮助，太平法律援助站工作人员立即向市司法局汇报请示，司法局主要领导本着便民、利民、惠民原则，简化审批程序，决定派法律援助工作者熊道松同志前往山西处理陈某的工亡索赔事宜。

【承办过程与结果】

由于万源与山西相距 1000 多公里，乘火车须进行两次转车才能到达，经过一天一夜的长途奔波，熊道松同志于第二天下午 17 点终于到达了事故发生地山西省忻州市繁峙县。熊道松不顾旅途的劳累，到达繁峙县的当天晚上，就立即找到用人单位的包工头及当天一起上班的工人了解事故原因及救治情况：死者陈某在用人单位安排的工作场所高速公路施工工地上，因铲车翻车滚下后致其死亡，应属工亡事故，本案不存在刑事违法嫌疑，双方均同意和解协商处理，于是双方开始了漫长的协商谈判过程。死者方提出了赔偿金额为 130 万元，用人单位认为山西目前的工亡赔偿最高不超过 70 万元，只愿意在 60 万元以内协商处理，为了最大限度地为死者亲属争取到更大的利益，法律工作者熊道松情法交融，用法理和真诚去说服感化用人单位，经过三天的轮番座谈，死者亲属从 130 万元降至了 100 万元，用人单位从 60 万元提高到了 98 万元，正当这一满意的结果准备马上告之死者的妻子准备双方签订协议时，万万没有想到的意外事情发生了，死者妻

① 案例来源：四川省司法厅网站 http：//www. scsf. gov. cn/alhc/3527. jhtml。

子刘龙润突发急病全身抽搐，口死眼闭，吓呆了在场所有的人，随即拨通了当地“120”急救车，将其送医院抢救治疗。

用人单位的大老板误听传言说死者方已报了“110”，便大骂不休，说“死者方已报案，不谈了，让死者方去告”，谈判一下子陷入了僵局。随后用人单位便拒绝谈判，由于死者的被抚养子女两个均在10周岁以上，父母双亡，如果按照工亡标准计算，只能获得50多万元的赔付。为了打破僵局，法律工作者熊道松两边周旋，用情理和真诚去说服感动用人单位，消除其顾虑，最终双方均作出让步，以90万元的赔付金额达成了和解协议。

【案例点评】

通过法律援助人员长达一周的辛苦谈判，通过非诉讼的调解方式，高效、妥善解决了问题，为死去的农民工伸张了正义，为遇难的亲属获得了高额的赔付，最大限度地保护了当事人的合法权益，维护了弱者的利益，实现了法律援助的精神。

五、见义勇为法律援助

【案　　由】见义勇为赔偿案①

【案情简介】

受援人：王某家人

援助单位：山西省晋城市沁水县法律援助中心

案件承办人：山西省晋城市沁水县龙港镇法律服务所陈春生

2010年8月18日下午，天空飘着蒙蒙细雨，沁水县龙港镇小岭村五六个16岁左右的少年到位于该村的一休闲垂钓池旁玩耍，玩耍中一少年下鱼池游泳不慎滑入深水区，危急关头在岸上游玩的王某立即伸手用力将落水者向外甩出，后面几个少年也同时帮忙，在大家齐心努力下落水少年被救上岸，但王某却随惯性落入水中不见踪影，2个小时后，在鱼塘底部将王某打捞上岸，但此时的王某早已停止了呼吸。

王某是家中独子，父母的希望，暑假前夕刚被沁水县职业高中录取。独子意外去世后巨大的精神打击让王家二老一夜之间白了头，整天以泪洗面，原本十分困难的家庭更是雪上加霜。王某父母都是老实巴交的农民，事发后由其姑父全权负责处理。王某姑父当即就事故发生过程电话咨询了龙港镇法律服务所陈春生（法律工作者，下同），陈春生先行安慰其亲属不要冲动，建议对事情全面了解

① 案例来源：中国法律援助网 http：//www.chinalegalaid.gov.cn/China_legalaid/content/2012-02/09/content_3341841.htm？node=24972。

后依法处理为上。情况紧急，当天晚上陈春生向沁水县法律援助中心汇报了情况，中心随即责成陈春生迅速介入进行援助。

【承办过程】

事发第二天，王家因寻找鱼塘的管理人与相关部门发生矛盾，情绪已相当激动，找到村里二三十人欲抬着王某尸体到政府讨说法，而且随行村民随身都带着斧头，计划如果遇到阻拦，他们将使用暴力对付。得知这一消息，陈春生挺身而出，找到王某姑父劝其先冷静下来，并帮他分析目前处理问题的途径，经过再三劝慰王某姑父暂时接受陈春生意见，同意协商处理，但称如8月20日上午11点得不到满意结果，他们还将抬棺上访。安慰了受害家属后，陈春生顾不上喝口水，冒雨找到鱼塘管理人从中斡旋。

鱼塘管理者认为，鱼塘是经过相关单位批准建成的合法经营场所，平时用于休闲者垂钓娱乐，有专人管理，设施齐备，且几个少年都已16岁，有独立的思维能力和行为能力，到鱼塘游泳本身有错在先，现在事情既然发生，鱼塘出于人道最多补偿2万元，其他免谈。面对僵局陈春生毫不气馁，以充分的理由和透彻的法理阐述其观点：

1. 2010年7月1日《中华人民共和国侵权责任法》开始实施，出台前最高人民法院发布了关于适用《中华人民共和国侵权责任法》若干问题的通知，其中第1条规定：侵权责任法施行后发生的侵权行为引起的民事纠纷案件，适用侵权责任法的规定。侵权责任法施行前发生的侵权行为引起的民事纠纷案件，适用当时的法律规定。而本案发生时间是2010年8月18日，正好可以适用《侵权责任法》作为依据。

2.《侵权责任法》第23条明确规定："因防止、制止他人民事权益被侵害而使自己受到损害的，由侵权人承担责任。侵权人逃逸或者无力承担责任，被侵权人请求补偿的，受益人应当给予适当补偿。"该条正是对见义勇为者提出的保护性措施，陈春生依据本条，认为事情发生时鱼塘管理人员临时有事不在岗位，没有尽到应有的管理和注意义务，所以应该承担主要责任。依据法律，鱼塘也是本次事故的侵权人，理应承担赔偿责任。

3. 王某是出于救助他人而牺牲，本身并没有过错，而其舍己救人的精神值得全社会的肯定和赞扬，于情于理鱼塘管理人都应当赔偿。听了陈春生的解释和耐心劝导，鱼塘管理者心服口服，当场答应赔偿王某的全部损失。

案件有了转机陈春生满心欢喜，但接下来双方提出的条件悬殊太大，王某亲属要求赔偿80万，而鱼塘管理人只赔偿15万，面对这一难题，陈春生又进一步调和，提出王某家庭困难，王某又是家中独子，丧子之痛令人同情，王家又在县城邻近居住，王某虽是农村户口，但可以考虑实际情况，按照城市户口对王家进行赔偿，且鱼塘方面也具有赔偿能力，多给予赔偿既是对王某家属的安慰，也是对社会正气的一种肯定。

【承办结果】

经过陈春生苦口婆心的劝慰，双方最终达成赔偿30万的协议。陈春生为双方拟写了各种法律文书和赔偿协议，使双方在心悦诚服的情况下签署了协议，协议签署当天鱼塘管理者就支付了10万元；8月23日，在陈春生的督促下，又支付了剩余20万元。协议履行完毕的第2天，见义勇为的好少年王某终于入土为安了。

事情处理后，被救者却迟迟不露面，既不对死者家属进行安慰，也没有任何补偿行为，令王某家人非常气愤。又多次找到陈春生表示要起诉被救者，陈春生了解到被救者家庭也很贫寒，建议王某家属平复心情，金钱固然重要，但舍己救人的精神更值得赞扬，如果王某当时想的是获得多少金钱，他一定不会下水救人。之后陈春生又骑车十余里亲自找到被救者家中，把王某家的意见转告他们，批评他们遇事不敢直面现实，担当责任，令死者寒心。在陈春生苦口婆心的劝慰下，被救者家属终于鼓足勇气向王某家属致谢，同时进行了力所能及的补偿，一场即将发生的纠纷也因此化解。

【案例点评】

在我国，见义勇为者因见义勇为行为而导致自己生命、健康、财产受损的案例并不少见。但是对于见义勇为者的救济还存在很多问题。此案表明，通过法律援助对见义勇为人或者家属提供帮助就是一个非常好的解决办法。该案办理难度大、社会影响面广，但陈春生同志不畏艰难，以深厚的法律知识功底、娴熟的调解技巧和过人的胆识，勇于冲到困难第一线，仅用两天时间，就使该案圆满解决，体现了法律援助在社会维稳中不可或缺的作用，同时避免了“英雄流血又流泪”结果的出现，取得了良好的社会效果。

第三节　公证法律援助

【案　　由】智障者的继承权公证①

【案情简介】

受援人：张小香

援助单位：湖南省益阳市安化县法律援助中心梅城工作站，安化县公证处

---

① 案例来源：商都网 http：//law. shangdu. com/b/a/falvzhuanti/xinshouyangfa/2012/0312/23450. html。

湖南省益阳市安化县梅城镇某村村民谭某某和其女儿张小香（化名）都是先天性智障人员。谭某某的丈夫去世后，1997 年 5 月，生活无所依的她带着年仅 8 岁的女儿张小香与梅城镇某村村民张老二共同生活。2011 年 2 月，张老二在商店购物时不小心摔倒撞伤头部死亡。张老二生前所在的公司（深圳某公司）为包括张老二在内的员工在中国人寿保险有限公司深圳分公司投保了团体保险，保险理赔金额 10 万元，根据规定，保险公司要求张老二的亲属办理继承公证后才可以领取该笔保险金。张小香的丈夫陈某某是张小香的法定代理人，他没念过几年书，也没出去见过世面，只会面朝黄土背朝天，对此事茫茫然不知所措。经过别人指点，他向当地法律援助中心梅城工作站求助。

【承办过程】

法律援助工作站的同志了解情况后，立即向县法律援助中心报告案情，法律援助中心随即指派公证处为其提供公证法律援助，并要求梅城法律援助工作站的喻站长协助处理相关法律上的事务。

安化县公证处接到指派后，将办理继承公证所须的相关证明告知陈某某，陈某某收集了相关证据后，来到公证处办理公证。

陈某某带来了如下证明：谭某某、张小香、陈某某、张老二的身份证和户口本，张老二的户口注销证明，张小香与陈某某的结婚证，中国残疾人联合会颁发给张小香的壹级智力残疾人证，梅城镇岩溪村村民委员会出具的亲属关系证明、中国人寿保险有限公司深圳分公司出具的团体保险被保险人员名单表。其中户口本上显示谭某某是户主张老二的妻子，张小香是户主张老二的女儿。亲属关系证明上写着张老二生前有配偶和直系亲属有如下 4 人：妻子谭某某，父亲张春生（化名，已去世），母亲李小兰（化名，已去世），女儿张小香。证明上除了盖有“安化县梅城镇岩溪村村民委员”的公章外，梅城镇人民政府和梅城派出所均盖了章。

公证员在审查材料时发现，当事人提供的证明里没有张老二和谭某某的结婚证。经询问当事人，原来张老二和谭某某并没有办理结婚登记手续，一直是同居关系。

为什么张老二和谭某某没有结婚，户口簿上登记的却是夫妻呢？经过到公安局户政股调查，原来，2008 年全县进行了一次全面的户口登记，农村户口的都是由村里统一造好名册后报到派出所，派出所并没有进行调查核实。像张老二和谭某某的这种情况，因为在一起时间长，村委领导班子几经变化，后来的村委班子就想当然地以为他们是正式夫妻，导致户口登记时出现了错误。在亲属关系证明上，派出所根据户籍登记，给他们在亲属关系证明上盖了公章。

张老二生前还有兄妹 4 人，他们提出，他们作为第二顺序继承人办理继承公证，等把张老二的保险金领回来后，再把保险金给张小香。

此案中，张老二没有配偶，没有亲生子女，父母均已过世。但在没有确定张老二与张小香的关系的情况下，是不适宜为张家4兄妹作为第二顺序继承人办理继承公证的。如果按他们的要求出具了4兄妹为继承人的继承公证书，就等于直接否定了张老二与张小香的养父女的关系。等4兄妹把保险金领回后，谁能保证他们就一定能把保险金给张小香呢？这样做无法保证张小香的权益，也有可能给公证处带来不可估量的隐患。

基于此原因，从慎重的角度出发，公证处认为，张老二与张小香之间是否存在事实收养关系，必须先得到法律上的确认，才能确定是为张小香出具继承公证书还是为张家4兄妹出具为第二顺序继承人的继承公证书。

公证处和法援助中心工作人员与张小香户籍所在地的法庭取得联系，就如何解决这一问题进行了多次磋商。

在调查中得知，张老二生前除了那笔保险金外，另留有老旧房3间。他过世后，一直无法确认这3间房的归属问题，张家4兄妹对此也颇感疑惑，虽然他们也很同情张小香，但毕竟有4兄妹，为了今后不扯麻烦，他们都希望在法律上能有一个明确的答复。

公证处建议以这3间老房为切入点，先解决这3间房的归属问题。梅城法律援助工作站的喻所长代书诉状，陈某某代表张小香向法院起诉4兄妹法定继承（张老二的3间房产）纠纷一案，法院受理了此案，并以简易程序公开进行了审理，对双方进行了调解，达成调解协议。

审理工作结束后，法院制作了（2011）安法民一初字第601号《民事调解书》，调解书中有这样一段话："经审查查明，安化县梅城镇某村村民张老二于1997年5月与谭某某开始同居生活，未办理结婚登记手续，也不构成事实婚姻关系，张老二与谭某某同居时，谭某某携带女孩张小香随张老二共同生活，张老二对张小香尽了抚养教育义务，张老二与张小香已形成了事实上的养父女关系，张小香系张老二的养女。张老二于2011年2月意外身亡，张老二遗有房屋3间，价值约8000元。根据最高人民法院《关于适用简易程序审理民事案件的若干规定》第14条之规定，本案经本院主持调解，双方当事人自愿达成如下协议……"同时，调解书确认了张小香的丈夫陈某某是张小香的法定代理人。

【承办结果】

收到民事调解书后，张小香的法定代理人陈某某来到公证处申请办理张小香的继承公证。有了这份法院出具的调解协议书，张老二与张小香事实上的养父女关系得到了法律的确认，张小香是张老二遗产的合法继承人。据此，公证处很快办好了张小香的继承公证和一份委托书公证。这起一波三折的特殊继承公证终于办结了。

【案例点评】

公证机构也承担着法律援助的职责，公证员也是实施法律援助的法律服务人员。作为弱势群体的残疾人，理所应当是公证员的服务对象。此案的特殊性在于张小香母女的智障和他们与死者张老二之间关系的复杂性，确定张老二和张小香是否构成事实收养关系成为了本案的关键点。为了维护被援助人的合法权益，公证机构想当事人所想，急当事人所急，本着守法、客观、公正的原则，调查了村委会、公安机关，最后技巧性地通过法院判决中确认的收养关系，为当事人做了公证，维护了被援助人的权利。同时，法律援助中心也在诉讼中为被援助人提供了法律援助。公证处与法律援助中心能竭尽全力为被援助人提供服务，体现了法律援助对弱势群体的关爱之心，维护了社会的稳定和谐。

后　记

法律援助是维护困难群众合法权益、保障社会公平正义的一项重要法律制度。近年来，各级司法行政机关和法律援助机构坚持以人为本、服务为民，积极探索推进法律援助工作的新思路、新措施，法律援助服务困难群众成效明显，管理体制基本建立，制度体系不断完善，队伍建设进一步加强，在保障社会公平正义、维护社会和谐稳定中发挥了积极作用。但与此同时，由于法律援助专业化发展较慢，法律援助理论研究相对薄弱，研究成果并不丰富，法律援助的一些重大理论问题亟待解决，研究成果需要不断创新并转化为推动法律援助工作发展的政策措施，以完善具有中国特色的社会主义法律援助制度。司法部党组书记、部长吴爱英在2011年10月11日至12日召开的全国法律援助工作座谈会上强调指出："做好新形势下法律援助工作，是贯彻落实党中央保障和改善民生重大决策部署，加强和创新社会管理，不断满足人民群众日益增长的法律需求，推动法律援助事业又好又快发展的必然要求。要加强法律援助重大理论和实践问题的研究，为进一步推进法律援助工作提供理论支撑。"司法部在每年的法律援助工作要点中，都强调要加强和开展法律援助理论研究工作，推进法律援助理论创新。

中央司法警官学院作为司法部唯一的部属高校，是全国司法行政系统后备人才培养基地、司法行政系统领导干部和高级警官培训基地、司法行政理论研究创新基地，对司法行政基础理论的研究肩负着重要的使命和义不容辞的责任。近年来，我院对司法行政的理论研究和实践发展颇为关注，法律援助理论作为司法行政基础理论的重要组成部分，也成为了学院理论研究的重点。

为适应我院司法行政专业方向本科教学的需要和司法行政系统干部培训的需要，我们在广泛涉猎国内外相关理论和深入考察我国法律援助实践经验的基础上，结合已有的研究成果，着手编写了本教材。本教材适用于普通本科的教学及法律援助工作的业务培训，在编写中力求既准确阐述法律援助的基本知识和原理，又详细介绍我国法律援助的具体制度，既有对理论知识的总结和梳理，又有对具体案例的分析和点评，以期达到理论性和实用性的统一。

为方便学习，本教材每章开始附有"本章要点"，扼要说明本章需要掌握的重点内容和知识体系。每章之后附有"思考题"，有的题目涉及本章的基本知识，有的是对所学知识的深化，需要对所学理论或法律援助工作进行理性思考。这样的结构安排，对于使用者系统学习、拓展相关知识，具有积极的帮助意义。

本教材各章撰稿人（以章节为序）为：

刘燕玲：第一、十一章，蒋若薇：第二、十章，付少军：第三章，董健：第四、六章，郭辉：第五章，黄共兴：第七、八、九章，齐蕴博：第十二章。

本教材由付少军、刘燕玲任主编，蒋若薇、黄共兴任副主编，完成最后的修改定稿工作。

本教材在编写过程中，参考和借鉴了国内外有关专家、学者的研究成果和论述，在此对原作者表示深切的谢意！本书在出版过程中，得到了中国检察出版社的大力支持，一并致谢！

虽然力求准确是我们的编写目标，但由于我们对法律援助理论研究还在不断探索中，在编写过程中时有捉襟见肘之感，加之时间仓促、学术水平有限，书中难免疏漏，敬请各位专家与同仁批评指正。

编　者

2012 年 7 月